# La Bible de l'humour

# La Bible de l'humour

illustrée par Chaval et Piem

collection « le sens de l'humour »

cherche midi

Coordination éditoriale : Arnaud Hofmarcher
Conception graphique : Corinne Liger


23, rue du Cherche-Midi, 75006 Paris.
Vous pouvez consulter notre catalogue général
et l'annonce de nos prochaines parutions sur notre site :
www.cherche-midi.com

# Pensées et aphorismes

Gainsbourg se lavait puis se remettait de la saleté par au-dessus, il paraît. Moi, je me coiffe puis je me redécoiffe après ; et pour la barbe, c'est pareil : je me rase, puis je me recolle les poils après.

**Édouard Baer**

*

Je n'écris pas mes spectacles, j'ai un Blanc qui écrit à ma place.

**Fabrice Éboué**

*

Il n'y a pas de problème, si simple soit-il, qui ne finisse par devenir insoluble pour peu qu'on y consacre le nombre suffisant de réunions.

**François Rollin**

*

S'il oublie de me souhaiter mon anniversaire, c'est qu'il ne me voit pas vieillir.

**Michèle Bernier**

*

J'ai fait très peu de cinéma... Mais j'ai eu la chance de tourner quelques scènes de baisers avec une partenaire ravissante. Une fois, je me suis tellement régalé en l'embrassant que je lui ai fait un lavage du foie...

**Henri Salvador**

*

**Dans ma famille nous étions trois enfants, un de chaque sexe.**

**Gad Elmaleh**

*

Il y a eu un nouveau massacre d'Indiens sur la scène d'un théâtre londonien. La police désire fortement s'entretenir avec les gens qui auraient pu être témoins du crime, à défaut avec des femmes à gros seins, ou bien, faute de mieux, avec quelqu'un qui aime les policiers.

**Monty Python**

*

**DANS LE PORT D'AMSTERDAM :**

Une femme a entendu son hamster femelle chanter cette célèbre chanson dans sa petite cage.
Étonnée, elle a sorti un canif et éventré l'animal pour voir si, par hasard, elle n'avait pas avalé un magnéto.
Eh non… cette jeune femme ignorait que dans les corps des hamsters-dames, y a des marins qui chantent…

**Les Nuls**

*

# La fidélité ? Il ne faut pas oublier que le mariage a été institué à une époque où l'espérance de vie ne dépassait pas 30 ans.

**Jacques Dutronc**

D'après les experts, la Terre se réchauffe… enfin un geste pour les sans-abri !

**Laurent Ruquier**

Le baisemain, c'est un bon début. Ça permet de renifler la viande.

**Olivier de Kersauson**

*

Depuis que toutes les chaînes se livrent cette bataille pour l'audimat, parler de l'intelligence à la télévision, c'est comme si l'on distribuait des guides gastronomiques au Sahel.

**Guy Bedos**

*

Chaque minute en Amazonie, on déboise l'équivalent de 60 terrains de football. C'est un peu idiot, il n'y aura jamais assez de joueurs.

**Philippe Geluck**

*

Quand je sors du bistrot, je marche de travers... Il faut que j'arrête les chips au crabe.

**Patrick Sébastien**

*

Quand on ment à une femme, on a
l'impression qu'on se rembourse.

**Sacha Guitry**

*

**L'anglais, ce n'est jamais que du français mal prononcé.**

**Georges Clemenceau**

*

Il y aurait moins de veuves si les hommes épousaient des femmes de leur âge.

**Philippe Bouvard**

*

À notre époque, les pizzas mettent moins de temps à arriver chez vous que la police.

**Jeff Arden**

*

Rendre l'âme ? D'accord, mais à qui ?

**Serge Gainsbourg**

*

Le fait de sortir avec une petite de 18 ans, ça m'aide à comprendre ma fille.

**Élie Semoun**

*

La police, c'est un refuge pour les alcooliques qu'on n'a pas voulus à la SNCF et aux PTT.

**Coluche**

*

Ne dites pas de mal de la masturbation. Après tout, c'est une façon de faire l'amour avec quelqu'un qu'on aime.

**Woody Allen**

*

**La noisette, j'la casse entre mes fesses.**

**Jean-Claude Van Damme**

*

Les femmes, c'est comme les photos, j'aime bien les prendre, mais pas être dessus !

**Franck Dubosc**

*

La célébrité, c'est le ridicule moins la honte. Regarde le « Loft »...

**Gustave Parking**

*

# Pour mes 108 ans, j'ai un projet de disque...

**Henri Salvador**

*

Il ne faut pas désespérer des imbéciles. Avec un peu d'entraînement, on peut arriver à en faire des militaires.

**Pierre Desproges**

Louable de surveiller la circulation de drogue dans les HLM, mais ne devrait-on pas également se préoccuper de la consommation de pastis dans les commissariats ?

**Guy Bedos**

Avant de refaire le monde, on va déjà refaire des merguez.

**Daniel Prévost**

*

Dans la marine, on ne fait pas grand-chose mais on le fait de bonne heure.

**Les Shadoks**

*

**Si un jour je prends l'avion, ben je monte dans la boîte noire.**

**Jean-Marie Gourio**

*

Dépourvue d'âme, la femme est dans l'incapacité de s'élever vers Dieu. En revanche, elle est en général pourvue d'un escabeau qui lui permet de s'élever vers le plafond pour faire les carreaux. C'est tout ce qu'on lui demande.

**Pierre Desproges**

*

Je trouve que la télévision est très favorable à la culture. Chaque fois que quelqu'un l'allume chez moi, je vais dans la pièce à côté et je lis.

**Groucho Marx**

*

Avant de pouvoir pratiquer son art, tout médecin doit prononcer le serment d'Hippocrate et s'engager sur l'honneur à ne jamais jeter un vieux *Paris-Match*.

**Vincent Haudiquet**

*

À quoi sert Internet ?
À part à aller sur Internet...

**Jacob Berger**

*

Les deux caractéristiques essentielles de l'Anglais sont l'humour et le gazon. L'Anglais tond toujours son gazon très court, ce qui permet à son humour de voler au ras des pâquerettes.

**Pierre Desproges**

*

Quand on s'est connus, ma femme et moi, on était tellement timides tous les deux qu'on n'osait pas se regarder. Maintenant, on ne peut plus se voir.

**Raymond Devos**

*

**On dit que tous les critiques sont à vendre. À voir la façon dont ils s'habillent, ils ne doivent pas coûter très cher !**

**Oscar Wilde**

*

Je suis aveugle, mais on trouve toujours plus malheureux que soi… J'aurais pu être noir !

**Ray Charles**

*

S'il y a des vaches qui sont devenues folles, c'est parce qu'on leur a donné à manger du mouton. D'autres sont devenues capricieuses et elles ont réclamé du couscous.

**Guy Bedos**

*

**Pour relancer l'intérêt de la compétition de formule 1, on devrait les faire boire avant !**

**Laurent Ruquier**

*

Faites taper les garçons dans un ballon et ils oublieront ce qui les tiraille entre les cuisses.

**John Atkins**

*

Les hommes naissent libres et égaux en droits, ensuite ils se mettent à boire.

**François Cavanna**

*

Les militaires font penser à une troupe de théâtre qui répéterait toujours sans jamais jouer. À défaut de tuer des gens, ils tuent le temps.

**Guy Bedos**

*

Ma prime enfance fut tout entière bercée par la cadence de ce rythme hebdomadaire qu'était le repas dominical où les enfants ne devaient faire aucun bruit pour permettre aux parents de mieux écouter les sauces.

**Jacques Martin**

*

Quand on ne travaillera plus le lendemain des jours de repos, la fatigue sera vaincue.

**Pierre Dac**

*

Il y a deux sortes de femmes : celles qui sont jeunes et jolies, et celles qui me trouvent bien.

**Sacha Guitry**

*

Le prix Nobel de la paix… Certains tueraient pour l'avoir, non ?

**Jacques Dutronc**

*

Si l'argent n'achète pas l'amour, ça facilite nettement les négociations.

**Oscar Wilde**

*

Jamais je ne voudrais faire partie d'un club qui accepterait de m'avoir pour membre.

**Groucho Marx**

*

La Bourse, je m'en fous, j'ai choisi la vie.

**Guy Bedos**

*

**Mes propres affaires m'ennuient à mourir, je préfère me mêler de celles des autres.**

**Oscar Wilde**

*

La tête dure et la fesse molle... le contraire de ce que j'aime.

**Michel Audiard**

*

Les mecs qui disent: «Je fume deux paquets par jour», il ne faut pas qu'ils s'étonnent d'être mal. C'est les cigarettes qu'il faut fumer, les mecs!

**Jacques Dutronc**

*

Un Anglais qui donne des conseils culinaires à un Américain, c'est comme un aveugle qui aide un borgne à traverser.

**A. J. Liebling**

Si, dans chaque homme, il y a un cochon qui sommeille, le mien doit souffrir d'insomnie.

**Sim**

Les Français peuvent être considérés comme les gens les plus hospitaliers du monde, pourvu que l'on ne veuille pas entrer chez eux.

**Pierre Daninos**

*

La célébrité, ça me pèse quand je porte ma fille d'un côté, une valise de l'autre, que j'ai un train à prendre et qu'un abruti me demande un autographe.

**Thierry Lhermitte**

*

Je m'intéresse beaucoup à la bêtise parce qu'elle est finalement assez incompréhensible. Je suis toujours frappé de voir des gens intelligents se laisser entraîner à accepter une décoration.

**Claude Chabrol**

*

L'expérience est un peigne que vous donne la vie quand vous êtes devenu chauve.

**Bernard Blier**

Assurance chômage : pour être sûr de ne jamais retrouver de boulot.

**Les Nuls**

Le lit était extrêmement étroit. On pouvait tomber du côté qu'on voulait.

**Groucho Marx**

*

Rien ne produit plus d'effet qu'un lieu commun bien senti. Cela rassure et procure à tout le monde un sentiment exaltant de parenté.

**Oscar Wilde**

*

Quand un homme dit des obscénités à une femme, c'est du harcèlement sexuel. Quand c'est une femme qui dit des obscénités à un homme, c'est 3,95 dollars la minute.

**Steven Wright**

*

Je me souviens parfaitement de la première fois où j'ai fait l'amour. J'ai encore le reçu.

**Groucho Marx**

*

Le football américain, c'est comme la guerre nucléaire, il n'y a pas de vainqueur, juste des survivants.

**Frank Gilford**

*

Les chrétiens sont les seuls au monde qui s'agenouillent devant un instrument de torture. Si Jésus avait été martyrisé à notre époque, je suis sûr qu'on aurait tous des petites chaises électriques autour du cou.

**Armistead Maupin**

*

Les filles, c'est comme les échappées en cyclisme, faut en tenter plusieurs pour en réussir une.

**Daniel Picouly**

*

**Buffet : mot français signifiant « Levez-vous et démerdez-vous ! ».**

**Greg Ray**

*

Si on peut plus péter sous les étoiles sans faire tomber un martien, il va nous en arriver des pleines brouettes.

**Jean Halain**

*

Eltsine se déplaçait pour faire tchin-tchin. Poutine, c'est plutôt pour parler tchétchène...

**Laurent Ruquier**

*

La dernière fois que je suis allé conduire ma petite sœur à l'école, j'ai vu qu'ils y avaient mis des keufs. Des keufs à l'école ! Des keufs à l'école ! Mais ils vont avoir des problèmes en maths, les keufs à l'école !

**Jamel Debbouze**

*

La première fois où nous avons fait l'amour, je lui ai demandé : « Est-ce que je suis ton premier homme ? » Elle m'a répondu : « Peut-être. Ton visage me dit quelque chose. »

**Ronnie Bullard**

*

On ne peut pas juger quelqu'un à ses fréquentations ; ne perdons pas de vue que Judas avait des amis irréprochables.

**Tristan Bernard**

*

Comment voulez-vous gouverner un pays comme la France, pays où on fabrique 365 fromages ?

Charles de Gaulle

*

Il buvait toutes mes paroles, et comme je parlais beaucoup, à un moment, je le vois qui titubait...

Raymond Devos

*

Ceux qui sont contre l'avortement sont ceux-là mêmes qui sont pour la peine de mort.

Guy Bedos

*

**Le sexe masculin est ce qu'il y a de plus léger au monde, une simple pensée le soulève.**

Frédéric Dard, *San-Antonio*

*

PIEM

Un discours de remerciements : « Et je tiens à remercier mon père et ma mère, sans qui je n'aurais jamais cherché l'amour chez le public ! »

**Muriel Robin**

*

Pourquoi les filles baissent les yeux quand on leur dit « je t'aime » ?
Pour voir si c'est vrai.

**Régis Hauser**

*

Quel dommage que tous les gens qui savent ce qu'il faut faire pour redresser le pays soient occupés à conduire des taxis ou à couper les cheveux !

**George Burns**

*

Le pain baisse, le chômage augmente. Faites-vous un sandwich pas cher, mettez un chômeur entre deux tranches de pain et sauvez la France.

**Coluche**

*

Pour les grands téléphoneurs, c'est comme pour les grands fumeurs, une seule solution pour téléphoner ou fumer moins : le timbre.

**Laurent Ruquier**

*

Il y a des gens qui sont tellement laids qu'on devrait les traiter comme des meubles en été : il faudrait leur mettre des housses.

**Guy Bedos**

*

J'ai la chance d'avoir un petit oiseau dans la tête qui chante encore et qui me siffle de jolies mélodies ; quand il arrête de chanter, je pars jouer aux boules !

**Henri Salvador**

*

**Ma femme ne s'arrête pas aux feux rouges. Elle prétend que quand on en a vu un, on les a tous vus.**

Dave Barry

*

Les préservatifs ne protègent pas à 100 %. Un de mes amis en portait un, et il s'est fait renverser par un bus.

**Bob Rubin**

*

Je trouve que les bananes sont très chères pour ce qu'elles sont, une fois que vous avez retiré la peau et jeté l'os, il ne vous reste plus grand-chose.

**Mark Torn**

*

**Cookie:** anciennement petit gâteau sucré qu'on acceptait avec plaisir. Aujourd'hui: petit fichier informatique drôlement salé qu'il faut refuser avec véhémence.

**Luc Fayard**

*

Je ne m'intéresserai à Paris que le jour où les pouvoirs publics installeront la mer en centre-ville. C'est un endroit où j'aime me promener, mais, pour l'instant, je trouve que ça manque de plage.

**Daniel Prévost**

*

Le hockey sur glace est un savant mélange de glisse acrobatique et de Seconde Guerre mondiale.

**Alfred Hitchcock**

*

Arrêter de fumer brusquement peut provoquer des troubles de la perception. Aux États-Unis, ils ont voté Bush.

**Kad et Olivier**

*

Drogué : individu coupé de la société, car la came isole.

**Marc Escayrol**

*

Définir le rôle des amuseurs : celui de la goutte de citron sur l'huître.

**Guy Bedos**

*

Les cafés, je suis très fidèle. Quand je fais l'ouverture, je fais aussi la fermeture.

**Jacques Dutronc**

*

C'est la goutte de nez qui fait déborder le mouchoir.

**Marina Foïs**

*

J'avais beaucoup d'acné étant jeune. Un jour, je me suis endormi dans une bibliothèque. Quand je me suis réveillé, un aveugle était en train de lire mon visage.

**Rodney Dangerfield**

*

Mon médecin m'a recommandé d'arrêter les petits dîners pour quatre. À moins qu'il n'y ait trois autres personnes.

**Orson Welles**

*

À l'armée, ils m'ont trouvé un QI de 21. C'est moins qu'une huître.

**Jean Yanne**

*

L'insécurité est une invention des serruriers.

**Jean-Edern Hallier**

*

Les fonctionnaires sont un petit peu comme les livres d'une bibliothèque. Ce sont les plus haut placés qui servent le moins...

**Georges Clemenceau**

*

Je veux seulement trouver un homme gentil et compréhensif. Est-ce vraiment trop demander à un milliardaire ?

**Zsa Zsa Gabor**

*

Il est tellement petit que c'est le seul homme que je connaisse qui fait des revers à ses slips.

**Jerry Lewis**

*

Il était tellement obsédé qu'à la fin il sautait même des repas.

**Pierre Desproges**

*

Un gentleman est un monsieur qui sait jouer de la cornemuse, mais qui s'en abstient.

**Woody Allen**

*

Elle a tellement de dents en or qu'elle dort la tête dans le coffre-fort.

**W. C. Fields**

*

Les Japonais fabriquent des vélos, Manufrance ferme. Les Japonais fabriquent des voitures, Renault va fermer. Si un jour les Japonais fabriquent du camembert et du vin rouge, il faudra fermer la France.

**Coluche**

*

Évitez soigneusement de faire du sport : il y a des gens qui sont payés pour ça.

**Stephen Leacock**

*

Les morts ont de la chance : ils ne voient leur famille qu'une fois par an, à la Toussaint.

**Pierre Doris**

*

Dans un théâtre, les seuls trucs que je n'ai pas réussi à faire rire, ce sont les fauteuils.

**Jacqueline Maillan**

*

Je suis pour l'égalité des sexes, je prendrai moi-même les mesures.

**Thierry Le Luron**

*

**La moitié des hommes politiques sont bons à rien, les autres sont prêts à tout.**

**Coluche**

*

Avec Sarkozy, il faut s'habituer au changement de style. Parce que de Gaulle, on ne savait pas toujours ce qu'il allait faire. Mitterrand, on ne savait pas toujours ce qu'il pensait. Chirac, on ne sait pas toujours ce qu'il faisait. Lui, il dit ce qu'il pense, il fait ce qu'il dit, il dit ce qu'il fait, parfois on aimerait juste qu'il se taise.

**Annc Roumanoff**

*

Il faut se méfier des restaurants qui annoncent, en devanture: «Ici on mange comme chez soi.» Si c'est pour manger comme chez soi, ce n'est pas la peine d'aller ailleurs.

**Pierre Dac**

*

Mon grand-père buvait un litre de whisky par jour et il est mort à 103 ans. À l'incinération, on a cru que le feu ne s'arrêterait jamais.

**Sloppy White**

*

Chez moi, l'homme que je respecte le plus, c'est ma mère.

**Jamel Debbouze**

*

On a troqué le képi contre la casquette. Le plus dur maintenant, ça va être de changer ce qu'il y a dessous.

**Guy Bedos**

*

Si Dieu n'est pas marié, pourquoi parle-t-on de sa grande Clémence ?

**Raymond Devos**

*

## Je me serais bien vu en gourou de secours…

**Daniel Prévost**

*

Un tatouage drôle, ça ne coûte pas plus cher, mais ça peut améliorer l'ambiance d'une autopsie.

**François Rollin**

Certaines femmes sont comme une paire de chaussons. On est bien dedans, mais on a honte de les sortir au restaurant.

**Michel Galabru**

Par grosse chaleur, si le thermomètre ne répond plus, c'est qu'il n'a plus de forfait, voilà tout !

**Daniel Prévost**

*

Ce matin, en me rasant, j'ai pensé à toi et je me suis coupé. Les femmes sont dangereuses.

**Élie Semoun**

*

**Politique :** le Premier ministre Jacques Chirac vient d'annoncer ses dernières mesures : 1,85 m pour 90 kg.

**Les Nuls**

*

L'administration aura désormais deux mois pour répondre au courrier des usagers : les fonctionnaires ont choisi juin et novembre !

**Laurent Ruquier**

*

Le mari idéal, c'est celui qui rentre tôt, fait les courses, la vaisselle et s'occupe des enfants. On en conclut que le mari idéal, c'est la femme !

**Bruno Gaccio**

*

C'est toujours le chauve qui trouve le peigne dans la galette des rois.

**Professeur Choron**

*

Les femmes ont besoin d'une raison pour faire l'amour, les hommes ont juste besoin d'un endroit.

**Billy Crystal**

*

Les jeunes gens s'imaginent que l'argent est tout. En vieillissant, ils en sont sûrs.

**Oscar Wilde**

*

Quand ne sera-t-il plus besoin de rappeler que les anti-alcooliques sont des malades en proie à ce poison, l'eau, si dissolvant et corrosif qu'on l'a choisi entre toutes substances pour les ablutions et lessives, et qu'une goutte versée dans un liquide pur, l'absinthe par exemple, le trouble ?

**Alfred Jarry**

*

La semaine dernière, ma femme, elle m'a posé une question, elle m'a dit :
– Ouais, quand on fait l'amour, j'aimerais que tu cries mon nom. Pourquoi tu cries pas mon nom ?
Je lui ai dit que j'avais pas envie de la réveiller.

**Gad Elmaleh**

*

Se faire larguer, c'est comme arrêter de fumer, on regarde celle du voisin avec une seule envie : tirer dessus.

**Franck Dubosc**

*

Je sais que, pour une femme, c'est difficile de rendre un homme heureux. Mais si ce travail vous paraît trop dur toute seule, mettez-vous à plusieurs !

**Jean Yanne**

*

— Hè ! on est arrivé !

Le verre est toujours à moitié plein, parce qu'on va continuer à le remplir.

**Édouard Baer**

*

Il y a une chaîne météo maintenant. C'est une chaîne qui donne le temps vingt-quatre heures sur vingt-quatre. Quand j'étais gamin, il existait déjà un truc de ce genre-là. Ça s'appelait la fenêtre.

**Dan Spencer**

*

À 45 ans, une femme qui est veuve ou divorcée est très difficile à caser.
C'est comme une vieille bagnole de 90 000 kilomètres.
Il y a des amateurs, mais ils sont rares.

**Jean-Pierre Mocky**

*

Quand on voit tous ces top-modèles anorexiques et qu'on sait ce qu'on les paye, on se dit que ça fait cher le kilo.

**Philippe Geluck**

*

Chaque contribuable est quelqu'un qui travaille au profit du gouvernement sans être astreint à passer les concours de fonctionnaires.

**Ronald Reagan**

*

## Alain Delon déclare que les femmes sont folles de lui. À mon avis, les femmes sont folles tout court et Alain Delon n'a rien à voir là-dedans.

**Coluche**

*

Un petit mot sur la contraception orale. J'ai demandé à une fille de coucher avec moi et elle a dit « non ».

**Woody Allen**

*

Si les femmes étaient faites pour jouer au football, Dieu n'aurait pas mis leurs seins à cet endroit de leur corps.

**Gordon Sinclair**

*

**Je suis allé à Lourdes avec ma femme. Il n'y a pas eu de miracle. Je suis revenu avec.**

Seymour Brussel

*

Dur de vibrer pour des lendemains qui chantent quand on sait qu'on ne fera pas partie de la chorale.

Guy Bedos

*

Je n'ai pas l'intention de vieillir avec dignité. J'ai l'intention de faire des liftings jusqu'à ce que mes oreilles se rejoignent.

Rita Rudner

*

Les familles, l'été venu, se dirigent vers la mer en y emmenant leurs enfants. Dans l'espoir, souvent déçu, de noyer les plus laids.

Alphonse Allais

*

Les hommes politiques, il y en a certains, pour briller en public, ils mangeraient du cirage.

**Coluche**

*

Je me cite souvent. Ça met du piment dans ma conversation.

**George Bernard Shaw**

*

Si les Anglais ont inventé beaucoup de sports, c'est que, dès qu'ils se sentent dépassés dans l'un d'eux par une nation étrangère, ils en inventent un autre.

**Peter Ustinov**

*

Rien ne me fascine plus que le travail : je peux rester assis et le contempler pendant des heures.

**Jerome K. Jerome**

*

J'adore l'Angleterre.
Entre autres parce que les Anglaises ont des gros seins.

**Emmanuel Petit**

Buvez un litre d'absinthe, et soudain vous comprendrez pourquoi Van Gogh s'est coupé l'oreille.

**Johnny Depp**

## Le décès est généralement assimilé à une invalidité à 100 %.

***Mémento pratique du fonctionnaire***

*

Nous avions une ferme mais nous étions de si mauvais fermiers qu'au bout de quelque temps nous avons dû acheter des œufs pour que nos poules puissent s'asseoir dessus et qu'elles n'aient pas trop honte en recevant des invités.

**Groucho Marx**

*

Vous êtes intelligents, la preuve, vous êtes dans les affaires, nous, on ne sait rien, la preuve, on est dans la politique.

**André Santini**

*

C'est dégueulasse, ceux qui fument du haschisch, ils jettent les mégots, tandis qu'avec les consignes des six premiers litres de rouge, on peut en avoir un septième !

**Coluche**

*

**Intégristes de tout poil, rasez-vous !**

**Daniel Prévost**

*

Le pire des cadeaux, c'est une boîte de pâtes de fruits. Il n'y en a qu'une au monde, et les gens essaient sans cesse de se la refourguer.

**Johnny Carson**

*

Ces mains qui fermeront mes yeux et ouvriront mes armoires...

**Sacha Guitry**

*

La télé française est une sorte de capote anglaise du cerveau.

**Jean-Pierre Mocky**

*

– Vous buvez pour noyer votre ennui ?
– Pour l'irriguer seulement.

**Jacques Dutronc**

*

Je suis né dans une société où il y avait plus de bénitiers que de salles de bains.

**Henri Salvador**

*

Un sous-marin, pour une baleine, c'est un gros suppositoire.

**Jean Carmet**

*

L'objet de mon désir s'avérait être une dame d'âge mûr, dotée d'une moustache de sapeur espagnol. Un conseil : ne flirtez jamais avec des lunettes noires.

**Groucho Marx**

*

Plus je grossis, plus je m'aigris.

**Philippe Geluck**

*

Quand mon heure sera venue, je veux mourir dans le calme et la dignité, comme mon père, et surtout pas en criant et en hurlant comme ses passagers.

**Pat O'Brien**

*

**Pour savoir qu'un verre est de trop, encore faut-il l'avoir bu.**

**Olivier de Kersauson**

*

Mon mari et moi, on hésite entre faire un enfant ou acheter un chien. On ne sait pas encore si on veut ruiner nos vies ou seulement nos tapis.

**Rita Rudner**

*

À la naissance, le nain est normal, c'est en grandissant qu'il rapetisse.

**Jean-Marie Gourio**

*

Moscou n'a pas fini de nous étonner : à peine cent personnes se sont rassemblées devant le mausolée de Lénine, sur la place Rouge, pour commémorer le 68e anniversaire de la mort du père de la révolution bolchevique. Rappelons que l'entrée est gratuite, ce qui représente huit fois le salaire mensuel d'un ouvrier soviétique.

**Les Nuls**

*

Être une femme dispense au moins d'en avoir une.

**Roland Dubillard**

*

Quand j'entends les chasseurs dire qu'ils aiment les animaux, ça me fait peur ! Imaginez qu'en plus ils aiment leurs enfants...

**Gustave Parking**

*

Pour gagner ma vie, j'ai vendu des meubles. L'ennui, c'est que c'étaient les miens.

**Lee Dawson**

*

Tous les docteurs ne sont que des charlatans. Et tous les malades aussi. Seule la marine est honnête en Angleterre.

**Eugène Ionesco**

*

Le basket, c'est bien ; parce que, vu l'état de la bouffe actuellement, je ne vois pas ce qui nous reste d'autre qu'un ballon à mettre dans un panier.

**Laurent Ruquier**

*

Si on écoutait les opposants à l'avortement, on tricoterait des brassières aux spermatozoïdes.

**Guy Bedos**

*

Aller en vacances avec sa femme, c'est comme aller au restaurant avec ses tartines.

**Frédéric Deville**

*

L'expérience ressemble aux cure-dents : personne ne veut s'en servir après vous.

**Roland Dorgelès**

*

Est-ce qu'on peut faire confiance aux médecins ? Je dis : « Oui. À condition de ne pas être malade... »

**Patrick Timsit**

*

Je me suis fait refaire le nez pour ne pas finir par ressembler à Coluche.

**Josiane Balasko**

*

La police n'a pas d'autorité. Normal : vous avez vu dans quoi ils roulent et comment ils sont habillés ?

**Michèle Bernier**

*

Le rugby, c'est le meilleur moyen d'éloigner du centre-ville trente brutes écervelées.

**Oscar Wilde**

*

**LES SIX MENSONGES LES PLUS COURANTS :**

- Le chèque est parti ce matin.
- La villa est à cent mètres de la plage.
- Vous avez de la chance, il ne nous en reste plus qu'un en stock.
- C'est pas pour l'argent, c'est pour le principe.
- Je suis tombé par hasard sur un reality-show.
- La taille n'a aucune importance.

**Jeff Green**

*

Les ballerines sont toujours sur la pointe des pieds ! Pourquoi n'en engagent-ils jamais de plus grandes ?

**Robin Williams**

# Pourquoi le vainqueur du Tour de France ne fait-il jamais un tour d'honneur ?

**Craig Charles**

*

Pourquoi n'y aurait-il pas de vie sur les autres planètes ?
Il y en a bien à Châteauroux.

**Patrick Timsit**

*

Les femmes seront les égales des hommes le jour où elles accepteront d'être chauves et de trouver ça distingué.

**Coluche**

*

La télé, c'est tellement con que même les pigeons ne se posent plus sur les antennes.

**Jean-Marie Gourio**

*

Les hommes n'ont pas de mémoire, ce qui explique que, lorsqu'ils regardent du sport à la télé, ils ont besoin des ralentis, sinon ils ne savent plus ce qui vient de se passer.

**Rita Rudner**

*

Qui est lent comme le Suisse, borné comme le Belge, sournois comme le Hollandais, lourd comme l'Allemand, insignifiant comme le Luxembourgeois, dédaigneux comme l'Anglais, bidon comme l'Italien et exaspérant comme le Français ? L'Européen, l'homme de demain !

**Georges Wolinski**

*

Montrez-moi un bon perdant, et je vais vous montrer quelqu'un qui vient de jouer au golf contre son patron.

**Jim Murray**

*

PIEM

Dieu a enlevé une côte à Adam pour créer Ève et Ève a fait manger de la pomme à Adam, c'est fou ça, on ne donne pas à manger à quelqu'un qui vient d'être opéré !

**Jean Yanne**

*

Les hémorroïdes gagnent du terrain, les chercheurs se grattent la tête.

**Jean-Marie Bigard**

*

La première fois que j'ai rencontré David Beckham, je ne savais pas s'il fallait lui serrer la main ou lui lécher le visage.

**Robbie Williams**

*

Quand mes films passent à la télé, ils sont coupés en deux à cause de la publicité. C'est mieux ! Comme ça, personne ne les regarde en ayant envie de pisser.

**Claude Chabrol**

*

Le temps passe et
les œufs durent.

**Daniel Prévost**

*

L'humour juif, c'est de faire rire avec une histoire qui a un double sens et qu'on ne comprend qu'à moitié.

**Popeck**

*

Ça devient difficile d'être de gauche.
Surtout quand on n'est pas de droite.

**Guy Bedos**

*

La pêche est un sport étrange puisqu'elle n'empêche guère ceux qui surveillent leur ligne de prendre du ventre.

**Noctuel**

*

Je ne soutiens aucune cause. J'ai déjà suffisamment de mal à me soutenir moi-même. J'envisage d'ailleurs de faire une demande de soutien pour moi. Ceux qui souhaitent m'envoyer de la vitamine C ou du beaujolais sont les bienvenus.

**Jean Poiret**

*

L'alcool ne résoudra aucun de vos problèmes. Cela dit, le lait non plus.

**Sammy Davis Jr.**

*

Le cure-dents, dernier épisode de la vie du bœuf paisible et filandreux !

**Francis Blanche**

*

Quand je dis que ma richesse est intérieure, je veux dire que mon argent est dans un coffre.

**Philippe Geluck**

*

Il n'y a pas de femmes frigides. Il n'y a que de mauvaises langues.

**Coluche**

*

Je suis hypocondriaque. Enfin, selon mon gynécologue.

**Gregg Rogell**

*

L'herbe pousse, les oiseaux volent, les vagues repoussent le sable. Moi, mon job, c'est juste de taper sur mes adversaires.

**Muhammad Ali**

*

Le néant, c'est « rien » mais en beaucoup plus grand.

**Pierre Palmade**

*

**J'ai un côté caniche : dès que je vois jouer des acteurs, j'ai envie de jouer avec eux.**

**José Garcia**

*

Infarctus, c'est le seul mot irrégulier de la langue française : un infarctus, des obsèques.

**Francis Blanche**

*

**Noël** : nom donné par les chrétiens à l'ensemble des festivités commémoratives de l'anniversaire de la naissance de Jésus-Christ, dit « le Nazaréen », célèbre illusionniste palestinien de la première année du Ier siècle pendant lui-même.

**Pierre Desproges**

*

Une pomme par jour éloigne le médecin, pourvu que l'on vise bien.

**Winston Churchill**

*

Plus t'as de pognon, moins t'as de principes. L'oseille, c'est la gangrène de l'âme.

**Michel Audiard**

*

Je n'ai jamais fait tourner des tables et je n'ai, à ma connaissance, jamais eu de contact direct avec l'au-delà. En tout cas, si quelqu'un là-haut veut me joindre, qu'il m'appelle sur mon portable.

**Jean-Pierre Mocky**

*

Si vous voulez avoir un ami à Washington, prenez un chien.

**Harry S. Truman**

*

Christophe Colomb fut le premier socialiste : il ne savait pas où il allait, il ignorait où il se trouvait... et il faisait tout ça aux frais du contribuable.

**Winston Churchill**

*

Le grand chic au restau quand on s'envoie de la sauce sur sa cravate, c'est de s'en mettre aussi un peu sur la pochette.

**Jean Yanne**

*

En général, je déteste les dentistes ; je les tiens pour des créatures foncièrement vénales dont le seul but dans la vie est d'arracher le plus de dents possible afin de s'acheter des Mercedes à toit ouvrant.

**Michel Houellebecq**

*

Je n'oublie jamais un visage, mais je ferai une exception dans votre cas !

**Groucho Marx**

*

Les gens peuvent choisir n'importe quelle couleur pour la Ford T, du moment que c'est noir.

**Henry Ford**

*

L'eau conduit l'électricité, mais si tu mets du vin dedans, elle a plus le droit de conduire.

**Jean-Marie Gourio**

*

Je ne parle pas de politique. Ce n'est pas mon truc. Je préfère jouer du concertina. C'est peut-être l'instrument de l'alternance : quand on appuie à droite, ça souffle à gauche, quand on appuie à gauche, ça souffle à droite. Et à l'intérieur, c'est du vent.

**Raymond Devos**

*

Il y a trois choses dans la vie que je ne supporte pas : le café brûlant, le champagne tiède et les femmes froides.

**Orson Welles**

Le mieux, dans la vie, c'est encore de rien foutre. C'est vraiment la plus chouette des occupations, mais attention, y a vachement de concurrence.

**Coluche**

Quand un homme regarde trois matchs de football d'affilée, il devrait être déclaré légalement mort.

**Erma Bombeck**

*

Bien sûr que j'ai déjà fait du sport en plein air. Une fois, j'ai joué aux dominos à la terrasse d'un café parisien.

**Oscar Wilde**

*

On est nés ici, on est des iciciens.

**Jamel Debbouze**

*

Un bon écrivain ne fait pas forcément un bon critique. De même qu'un bon alcoolique ne fait pas forcément un bon barman.

**Jim Bishop**

*

Je bouffe de temps en temps des asticots pour assouvir un sentiment de vengeance par anticipation.

**Philippe Geluck**

*

La drogue, c'est une catastrophe. Y en a plus.

**Patrick Timsit**

*

Quand je suis de bonne humeur, on ne peut plus me tenir, certaines femmes l'ont appris à leurs dépens. Elles se sont souvent étouffées de rire. Chaque fois, j'en ai profité pour leur faire du bouche-à-bouche.

**Daniel Prévost**

*

Y a trois choses qu'on ne peut pas regarder en face : le soleil, la mort et le dentiste.

**Alex Métayer**

*

C'est drôlement pratique d'être célèbre. Chaque fois que j'accorde un autographe à des gens, ils sont toujours si impressionnés qu'ils ne bronchent pas quand, après, j'empoche leur stylo. Je revends les stylos en gros à la fabrique et, avec le boni, je vais bientôt pouvoir m'offrir un hydravion.

**Jean Yanne**

*

**Pour la carotte, le lapin est la parfaite incarnation du mal.**

**Robert Sheckley**

*

Je n'aime pas être chez moi. À tel point que lorsque je vais chez quelqu'un et qu'il me dit : « Vous êtes ici chez vous », je rentre chez moi !

**Raymond Devos**

*

La France est un pays extrêmement fertile. On y plante des fonctionnaires, il y pousse des impôts.

**Georges Clemenceau**

*

Si Dieu nous avait vraiment faits à son image, il y aurait moins de chirurgiens esthétiques.

**Philippe Bouvard**

*

Les technocrates, si on leur donnait le Sahara, dans cinq ans il faudrait qu'ils achètent du sable ailleurs.

**Coluche**

*

C'est bizarre... Les gens paient des fortunes pour remonter les pistes, alors qu'il est nettement plus amusant de les descendre. Et c'est gratuit, ça.

**Philippe Geluck**

*

Ma mère adorait les enfants ; elle aurait donné n'importe quoi pour que j'en sois un.

**Groucho Marx**

*

Une poule devant son omelette contemple l'ensemble de son œuvre.

**José Artur**

*

La retraite, j'ai peur de m'ennuyer. En jardinage, je n'y connais rien, je ne supporte pas les caniches et je ne m'intéresse pas à la météo.

**Patrick Timsit**

*

Les manteaux de fourrure sont habités par de veilles peaux.

**Élie Semoun**

*

La Fête de la musique, c'est la fête des gens qui ne foutent rien le lendemain !

**Laurent Ruquier**

*

Si l'un d'entre vous a d'autres questions, qu'il me poste simplement une lettre indiquant son âge, son poids, sa taille et son sexe. Je suis particulièrement impatient d'être questionné par quelques blondes de moins de 30 ans, aimant le canoë.

**Groucho Marx**

*

J'ai écrit un roman qui tient en une seule phrase ! C'est la vie d'un moine racontée par lui-même : il était une foi… la mienne.

Raymond Devos

*

Par expérience, j'ai observé que les êtres humains ne peuvent s'injurier sans avoir recours aux grossièretés.

**Daniel Prévost**

*

Si ma femme ouvrait un bistrot, elle me verrait plus souvent.

**Philippe Geluck**

*

**Miroir, mon beau miroir, qui est la plus belle ?... Et elle habite où, cette petite pute ?**

**Florence Foresti**

*

Le mariage n'est plus ce qu'il était. Quand je rencontre un homme, la question que je me pose, c'est : « Est-ce que c'est avec lui que j'ai envie que nos enfants passent un week-end sur deux ? »

**Rita Rudner**

*

Le football est un sport qui se joue à onze et dans lequel ce sont les Allemands qui gagnent à la fin.

**Gary Lineker**

*

À vendre parachute. Jamais ouvert. N'a servi qu'une fois. Petite tache.

**Steven Wright**

*

Les pauvres sont indispensables ! La preuve ? Les Américains en ont ! C'est quand même pas par snobisme.

**Coluche**

*

Je n'ai pas un physique facile. On ne m'invite jamais à dîner. Ou alors le lendemain : « Si on te demande, tu diras qu'on a dîné tous les deux hier soir, d'accord ? »

**Wendy Burgess**

*

Avec les seringues hypodermiques planquées sous le sable, la tong, c'est le préservatif du pied.

**Guy Bedos**

*

L'alcool tue lentement. On s'en fout. On n'est pas pressés.

**Georges Courteline**

*

Le meilleur préservatif, c'est la laideur.

**Hervé Bazin**

*

L'autre jour, je regardais un match de sumo à la télévision, mais, au bout de cinq minutes, je me suis aperçue qu'il s'agissait en fait d'un concours de fléchettes.

**Hattie Hayridge**

*

Notre médecin n'opère jamais sans nécessité. S'il n'avait pas besoin d'argent, il ne poserait jamais la main sur vous.

**Herb Shriner**

*

Si un jour tu te sens inutile et déprimé, souviens-toi : un jour, tu étais le spermatozoïde le plus rapide de tous.

**Coluche**

*

Le travail, c'est la santé… Mais à quoi sert alors la médecine du travail ?

**Pierre Dac**

*

**Le produit le plus efficace pour arrêter de fumer, c'est le gaz.**

**Pierre Légaré**

*

Un électeur du Front national, c'est juste un communiste qui s'est fait cambrioler deux fois.

**Jamel Debbouze**

*

Après tout, ce n'est pas si désagréable que ça de vieillir, quand on pense à l'autre éventualité.

**Maurice Chevalier**

*

Après les blessures, ce que les femmes font le mieux, c'est la charpie.

**Jules Barbey d'Aurevilly**

*

Au cours de mon existence, nous sommes partis d'Eisenhower pour aller à George W. Bush. De John F. Kennedy pour finir avec Al Gore. Si c'est cela l'évolution, je pense que, dans douze ans, nous voterons pour des plantes.

**Lewis Black**

*

J'aime m'entendre parler. C'est un de mes plus grands plaisirs. Je me tiens souvent à moi-même de longues conversations, et je suis si intelligent que, parfois, je ne comprends pas un traître mot de ce que je dis.

**Oscar Wilde**

*

Beaucoup de gens sont malades quand ils sont vieux... C'est triste... D'un autre côté, ça les occupe.

**Philippe Geluck**

*

La drogue a fait cent morts l'an dernier, l'alcool cinquante mille ! Choisis ton camp, camarade.

**Coluche**

*

Le bois de Boulogne est le seul endroit où, quand tu donnes un coup de pied dans un buisson, il te le rend.

**Popeck**

*

Les mots les plus doux à entendre ne sont pas du tout « je t'aime », mais : « c'est bénin ».

**Woody Allen**

*

Je pense que la retraite devrait être effective à 20 ans. C'est à cet âge que l'on a la force de faire des choses, et on commencerait à bosser à 45 ans !

**Henri Salvador**

*

L'élégance ?... oui, ça me vient, avec l'âge. Plus on a de plis sur le front, moins on veut en avoir à son col.

**Francis Blanche**

*

## Ce qu'il y a de mieux dans le lait des mamans, c'est l'emballage.

**Coluche**

*

Il faut vivre vieux, et même très vieux, et même excessivement vieux. Ainsi, on a le plaisir, au fil des années, d'enterrer les gens qui se moquent de vous.

**Jean Dutourd**

*

Il y a trois milliards de femmes sur Terre. S'il y en a une qui me dit non, il en reste deux milliards neuf cent quatre-vingt-dix-neuf millions neuf cent quatre-vingt-dix-neuf mille neuf cent quatre-vingt-dix-neuf… et si toutes celles-là me disent non… eh bien, il y a peut-être de la vie sur Neptune.

**Patrick Timsit**

Dieu a fait l'homme avant la femme pour lui permettre de placer quelques mots !

**Jules Renard**

Étant donné que les jupes raccourcissent et que les décolletés se font de plus en plus bas, il suffit d'attendre que les deux se rejoignent.

**Pierre-Jean Vaillard**

*

À La Haye, les gens sont tellement propres que, quand ils ont envie de cracher, ils prennent le train pour aller cracher à la campagne.

**Georges Courteline**

*

Mon rire vient des Antilles ; chez nous, on rit large.

**Henri Salvador**

*

La plus grande leçon de la vie est d'apprendre que même les idiots ont parfois raison.

**Winston Churchill**

*

Sur Terre, il y a quatre femmes pour un homme… Qui a piqué ma part ?

**Patrick Timsit**

*

**Quand on a faim, on trouve toujours un copain qui vous paie à boire.**

**Alexandre Breffort**

*

Pourquoi essayer de faire semblant d'avoir l'air de travailler ? C'est de la fatigue inutile.

**Pierre Dac**

*

S'aimer soi-même, c'est l'assurance d'une longue histoire d'amour.

**Oscar Wilde**

*

Le Trésor public fait de plus en plus de retenue à la source. J'attends l'étape suivante, quand le percepteur viendra demander du fric directement aux mecs qui vont bosser le matin. On paie, sinon on ne peut pas aller travailler.

**Jean Yanne**

*

On ne doit pas croire tout ce qu'on nous dit. Mais on peut le raconter...

**Coluche**

*

J'ai un chien qui mord tout le monde sauf moi. C'est assez agréable.

**Serge Gainsbourg**

*

Pastis contre Ricard ? Halte à la guerre des polices.

**Jean-Marie Gourio**

*

Bleu. Qui est une couleur voisine du rouge, mais pas très...

**Pierre Desproges**

*

Le commerce va très mal : même les gens qui ne payaient jamais n'achètent plus.

**Pierre Dac**

*

Les gendarmes ont grand tort de malmener les criminels. Sans eux, ils n'existeraient pas.

**Alphonse Allais**

*

Un banquier est un homme qui vous prête un parapluie quand il fait beau et vous le reprend quand il pleut.

**George Bernard Shaw**

*

La carrière d'une star commence quand elle a du mal à entrer dans son chemisier et se termine quand elle a du mal à entrer dans sa jupe.

**Elsa Maxwell**

*

La seule arme qui m'intéresse, c'est le tire-bouchon.

**Jean Carmet**

*

On dit que les Corses sont paresseux ; c'est pas vrai…
Ils sont vite abattus, c'est tout !

**Laurent Ruquier**

*

Mieux vaut 50 % de gens qui ne vous aiment pas plutôt que 100 % qui ne vous connaissent pas.

**Popeck**

*

Enfer chrétien, enfer païen, enfer mahométan, enfer hindou, partout des flammes. À en croire les religions, Dieu est né rôtisseur.

**Victor Hugo**

*

Dieu a dit : « Mangez, c'est mon corps ; buvez, c'est mon sang ; touchez pas, c'est mon cul. »

**Coluche**

*

**Dieu est mort ! C'est Jésus qui hérite de tout !**

**Les Nuls**

*

Dieu soit loué – et s'il est à vendre, achète, c'est une valeur en hausse !

**Guy Bedos**

*

Buvez ce vin, c'est mon sang, fumez ce shit, c'est mes cheveux !

**Jamel Debbouze**

*

Un croyant, c'est un antiseptique.

**Raymond Devos**

*

Dieu n'a ni carte d'identité, ni passeport, ni carte de Sécurité sociale, ni carte bleue, ni carte American Express, ni carte du Diner's Club, ni acte de naissance, ni acte de baptême, ni acte de décès, ni livret militaire, ni carnet de santé. Ni carte d'électeur ! Dieu est CIVILEMENT MORT !

**Daniel Prévost**

*

**Dieu a créé l'homme. Et ensuite, pour le remercier, l'homme a créé Dieu.**

**Philippe Geluck**

*

Dieu est le dentifrice de l'âme.

**Jacques Martin**

*

Moi, j'ai pas connu le Christ, parce qu'il n'y a pas longtemps que je suis dans le show-business.

**Coluche**

*

CAMARADES NOTRE MOUVEMENT A PORTÉ SES FRUITS NOUS ACCEPTONS TOUTES NOS REVENDICATIONS
P.D.G.
PIEM

Vers les années 1900, le célèbre pétomane azerbaïdjanais Ylvafehr Yllafeh pouvait, d'un seul pet, éteindre une bougie à une distance de cinq mètres. Et puis, on inventa la lumière électrique et il mourut dans la misère.

**François Cavanna**

*

Je voudrais mettre en garde les journaux à scandale. Ma vie sexuelle n'intéresse personne. Même pas ma femme.

**Philippe Geluck**

*

La télé, c'est formidable!!!
Toutes les places sont au même prix!!!

**Henri Salvador**

*

L'âge, c'est lorsque les bougies commencent à coûter plus cher que le gâteau.

**Bob Hope**

*

Le Christ a pardonné à la femme adultère.
Parbleu ! Ce n'était pas la sienne.

Georges Courteline

*

Les paysans mécontents ? « La ferme ! »

Tomi Ungerer

*

Vieux, moi ? Je peux encore faire l'amour deux fois de suite. Une fois l'hiver, une fois l'été.

Alfred Capus

*

Jongler avec les mots, ce n'est pas si facile que ça. Parce qu'il y a des mots qui sont pesants. Et si vous les ratez, vous les prenez sur la tête. Ça fait mal. Les gros mots, par exemple, ça fait très mal !

Raymond Devos

*

Les femmes adorent coucher avec des impuissants. Ce sont les seuls qui prennent la peine de parler avec elles.

**Georges Wolinski**

*

Je n'ai jamais très bien compris pourquoi une semaine de grève s'appelle une « semaine d'action ».

**André Frossard**

*

L'alcool est nécessaire. Il permet au Parlement de faire à onze heures du soir ce qu'aucune personne saine ne ferait à onze heures du matin.

**George Bernard Shaw**

*

**Il était si laid que, lorsqu'il faisait des grimaces, il l'était moins.**

Jules Renard

*

La femme d'Einstein n'était pas
la moitié d'un imbécile.

**Yvan Audouard**

*

Ne jamais écrire « Mon lapin » à une personne qui a un bec-de-lièvre.

**Jean-Louis Fournier**

*

L'ivrognerie, c'est ce qui distingue l'homme de la bête.

**Georges Courteline**

*

Les marchands de canons ont inventé la guerre, comme les marchands de bidets ont inventé l'amour.

**Georges Wolfromm**

*

La première fois que j'ai vu une femme nue, j'ai cru qu'il s'agissait d'une erreur.

**Woody Allen**

*

Les filles minces n'impressionnent qu'une sorte de gens : les filles grosses.

**Frédéric Dard**

*

Las Vegas est le Disneyland des vieux.

**Henri Salvador**

*

Une commission d'enquête pour être efficace ne doit compter que trois membres, dont deux sont absents.

**Georges Clemenceau**

*

Quand je donne un billet de cent francs, je donne le plus sale.

**Jules Renard**

*

Le jour où personne ne reviendra d'une guerre, c'est qu'elle aura enfin été bien faite.

**Boris Vian**

*

Ma femme ? Je ne saurais mieux la comparer qu'à une invention française. C'est moi qui l'ai trouvée et ce sont les autres qui en profitent.

**Henri Duvernois**

*

Il n'existe guère que deux arts de vivre : l'un consiste à se mettre à la place des autres, l'autre à prendre leur place.

**Antoine Blondin**

*

Je ne peux pas passer devant l'Opéra Bastille sans penser que j'ai peut-être payé un carreau ou deux et je trouve que c'est une des plus mauvaises affaires que j'aie jamais faites.

**Jean Amadou**

*

La seule chose qu'on puisse tenir pour certaine quand une femme vous dit : « Je serai prête dans cinq minutes », c'est qu'elle parle français.

**Pierre Dac**

*

Recette californienne : contre les requins, rien de tel que de se baigner avec une tronçonneuse.

**Jean Yanne**

*

Si le monde explose, la dernière voix audible sera celle d'un expert disant que la chose est impossible.

**Peter Ustinov**

*

Un Écossais est un homme qui, avant d'envoyer son pyjama à la blanchisserie, fourre une chaussette dans chaque poche.

**Ambrose Bierce**

*

Il faisait si froid que le lait gelait dans les mamelles.

**Jean Carmet**

Il faut revoir les sports à l'aube de l'an 2000. On pourrait, par exemple, inventer la partie de tennis opposant deux types munis de javelots.

**Jean Yanne**

Un type qui veut observer une minute de silence doit le dire avant, sinon on croit qu'il se tait.

**Philippe Geluck**

*

L'amour rend fou. Il y a que la guerre qui Rambo.

**Coluche**

*

**Mieux vaut penser le changement que changer de pansement.**

**Francis Blanche**

*

C'est encore heureux que les circuits de formule 1 soient à sens unique.

**Philippe Geluck**

*

Au bout de quinze ans de chômage, on devrait avoir droit à une retraite de chômeur.

**Georges Wolinski**

*

Si vous avez les yeux plus gros que le ventre, vous n'êtes pas près de trouver une paire de lunettes.

**Pierre Dac**

*

Les femmes, c'est comme les chaussures : quand on les quitte, il faut y mettre les formes.

**Pierre Dac**

*

Dans certains magasins, les prix étant affichés en francs et en euros, il y a des Belges qui paient deux fois...

**Laurent Ruquier**

*

Quelle haleine ! Il n'a jamais pu attraper une mouche vivante.

**Jules Renard**

*

Quand un cachalot vient de droite, il est prioritaire. Quand il vient de gauche aussi.

**Olivier de Kersauson**

*

Le coup du lapin, ça doit être terrible chez la girafe.

**Philippe Geluck**

*

Il paraît que même à Monaco les rues ne sont plus sûres. Les milliardaires n'osent plus sortir le soir... Il y a des millionnaires qui rôdent.

**Philippe Geluck**

*

Parler bateau avec une femme, c'est comme parler philosophie avec une mouette.

**Olivier de Kersauson**

*

Retraite à 45 ans : s'il faut accorder à tous les Français la même chose qu'aux routiers, on va tous se retrouver avec un calendrier de gonzesses à poil.

**Laurent Ruquier**

*

La familiarité engendre le mépris...
et les enfants.

**Mark Twain**

*

Le plat du jour, c'est bien, à condition de savoir à quel jour remonte sa préparation.

**Pierre Dac**

*

Il y a des pays où les gens ont six doigts parce qu'ils ne connaissent pas le système métrique.

**Jean Yanne**

*

**À vendre pour cause de myopie : villa donnant sur un camp de nudistes.**

**Coluche**

*

Elle avait un nez si grand que, lorsqu'on l'embrassait sur les deux joues, on avait plus vite fait de passer par-derrière.

**Tristan Bernard**

*

Il est plus facile de jouer au mikado avec des spaghettis crus qu'avec des spaghettis cuits.

**Philippe Geluck**

*

Les chevaux ont un bon sens qui les dissuade d'engager des paris sur les humains.

**W. C. Fields**

*

Les cygnes chantent avant de mourir. Certaines personnes feraient bien de mourir avant de chanter.

**George Bernard Shaw**

*

Les habitants du continent ont une vie sexuelle, les Anglais ont des bouillottes d'eau chaude.

**George Mikes**

*

Le sandwich à la mayonnaise est sponsorisé par la Chambre syndicale de la teinturerie.

**José Artur**

*

Le comble de l'optimisme : entrer dans un grand restaurant et compter sur la perle qu'on trouvera dans une huître pour payer la note.

**Alphonse Allais**

*

C'est une fille qui a un incendie entre les jambes… On n'est pas des hommes, pour elle, on est des extincteurs…

**Bertrand Blier**

*

D'ici à l'an 2020, l'espérance de vie sera prolongée de trente ans... trente ans! Ça fait deux caniches de plus par vieux! Trente ans de vie en plus, à souffrir de ses reins, de sa tension, à parler du temps avec la boulangère, il y a intérêt à ce qu'il se passe des trucs en météo.

**Patrick Timsit**

*

Mon souvenir des fonts baptismaux où ma mère me porta en 1917 n'est pas si loin de la matinée d'hier où je suis allé perdre mon bel argent au PMU...

**Henri Salvador**

*

**La nature est prévoyante: elle a fait pousser la pomme en Normandie sachant que c'est dans cette région qu'on boit le plus de cidre.**

**Henri Monnier**

*

L'air est pur à la campagne parce que les paysans dorment les fenêtres fermées.

**Eugène Ionesco**

*

La grippe, ça dure huit jours si on la soigne et une semaine si on ne fait rien.

**Raymond Devos**

*

La Lune serait habitée, on n'oserait plus bronzer à poil sur les balcons.

**Jean-Marie Gourio**

*

Un bon mari ne se souvient jamais de l'âge de sa femme, mais de son anniversaire, toujours.

**Jacques Audiberti**

*

Quand quelqu'un me tape sur l'épaule, je ne me retourne pas, je lui réponds simplement : « À moi aussi, on m'en doit ! »

**Popeck**

*

Il est dangereux de se baigner moins de trois heures après avoir mangé des champignons vénéneux.

**François Cavanna**

*

Je n'ai jamais été très optimiste. À tel point que j'ai toujours hésité à m'abonner pour plus d'un an à un magazine.

**Jacques Dutronc**

*

À la naissance, je pesais quatre kilos et aujourd'hui je voudrais bien les perdre.

**Jean-Marie Gourio**

Pour ceux qui vont chercher midi à 14 heures, la minute de vérité risque de se faire attendre longtemps.

**Pierre Dac**

*

Le peintre continue. Croûte que croûte.

**Tomi Ungerer**

*

J'ai été hier au cinéma. Voir un film en noir et blanc. Pas un film en couleurs : je suis en deuil.

**Raymond Devos**

*

Le billard, c'est le ping-pong des riches.

**Jean Carmet**

*

Le juge a dit à Virenque que, en avouant, il se grandissait... C'est toujours ça de gagné en hormones de croissance!

**Laurent Ruquier**

*

Je boirai du lait le jour où les vaches mangeront du raisin.

**Jean Gabin**

*

J'ai écrit ce livre durant les longues heures où ma femme s'habillait pour sortir. Si elle avait été adepte du naturisme, ce livre n'existerait pas.

**Groucho Marx**

*

Si l'administration militaire faisait correctement son travail, il n'y aurait pas de Soldat inconnu.

**François Cavanna**

*

Quand on prend un acide, il y a deux effets secondaires : d'abord on perd la mémoire, et… j'ai oublié l'autre.

**Timothy Leary**

*

Je plains les gens petits : ils sont les derniers à savoir quand il pleut.

**Peter Ustinov**

*

**En fait, ce qui intéresse les Français, c'est la télé ! Quelle réussite pour un meuble !**

**Patrick Timsit**

*

Pour moi, la boxe, c'est comme un ballet, sauf qu'il n'y a pas de musique, pas de chorégraphie, et que les danseurs se tapent dessus.

**Jack Handey**

*

**AUX ALENTOURS DE LA SOIXANTAINE,
DEUX SEULES VRAIES QUESTIONS SE POSENT :**

1. Je meurs quand ?
2. De quoi ?

Tout le reste est diversion.

**Guy Bedos**

*

La formule 1, c'est 99 % d'ennui et 1 % de terreur.

**Geoff Brabham**

*

Donner de l'argent et du pouvoir au gouvernement, c'est comme offrir du whisky et les clés de votre voiture à un ado.

**P. J. O'Rourke**

*

Je suis optimiste, je mets toujours un slip de bain sous mon pantalon. Et puis, c'est tellement plus commode que d'y mettre un parapluie !

**Jean Yanne**

*

Je ne porte jamais de slip. Ça fait pansement.

**Serge Gainsbourg**

*

L'argent, pour les personnes âgées, c'est tout le contraire des maladies : on ne veut en parler à personne.

**Lao She**

*

J'ai rencontré ma seconde femme à une soirée échangiste. Malheureusement, j'arrive toujours le dernier.

**Monty Python**

*

Plus on est de fous, plus on a de chances de former un groupe parlementaire.

**Jacques Martin**

*

Dieu inventa Internet et fut tranquille avec les Terriens pour un bon bout de temps.

**Denis Langlois**

*

Plus les jambes d'un homme sont laides, plus il est bon au golf. Ça se vérifie à tous les coups.

**H. G. Wells**

*

Le pitbull est un chien avec lequel on n'a pas le temps d'envoyer la baballe qu'il faut déjà lui dire : « Ramène le bras à papa ! »

**Laurent Ruquier**

*

Qui vole un bœuf est vachement musclé !

**Chaval**

*

Je n'écoute pas les arbitres. Je n'écoute jamais les gens qui se font moins d'argent que moi.

**Charles Barkley**

*

**Les adultes ne croient pas au Père Noël. Ils votent.**

Pierre Desproges

*

En Amérique, on jette du riz sur les mariés à la sortie des églises. En Chine, ils jettent quoi ? Des hamburgers ?

**Richard Pryor**

*

Si les genoux se pliaient dans l'autre sens, à quoi ressembleraient les chaises ?

**Roland Magdane**

*

Les spermatozoïdes des cyclistes ont un numéro dans le dos.

**Jean-Marie Gourio**

*

Moi, j'en connais un, un gynécologue : pour pas perdre la main pendant les vacances, il repeint le corridor en passant la main par la boîte aux lettres.

**Coluche**

*

C'est étrange : si vous vous levez à la bibliothèque et que vous criez AAAARRRRGGH, tout le monde vous regarde, mais si vous faites la même chose dans un avion, tout le monde vous imite.

**Tommy Cooper**

*

Monsieur Jean-Marie Le Pen est un sapin de Noël. (Ce n'est pas tout à fait exact, mais si on dit qu'il est un fasciste, il fait un procès.)

**Pierre Desproges**

*

L'appétit vient en mangeant les économies d'un autre.

**Pierre Perret**

*

Je ne sais pas ce qui me couvre le moins : les vêtements d'hôpitaux ou ma compagnie d'assurances.

**Gene Perret**

*

Chirurgien des armées : médecin qui aime bien remuer le couteau dans l'appelé.

**Marc Escayrol**

*

Tu as le cerveau d'un enfant de 4 ans, et il a dû être ravi de s'en débarrasser.

**Groucho Marx**

*

Si vous voulez plaire aux femmes, dites-leur ce que vous ne voudriez pas qu'on dise à la vôtre.

**Jules Renard**

*

Les femmes pensent que les hommes sont menés par leur pénis. C'est faux. Ça nous donne juste la direction.

**Garry Shandling**

*

Je ne peux que m'étonner devant la gloire injustifiée de Christophe Colomb. De vous à moi, franchement, l'Amérique, c'était pas bien difficile à découvrir, vu la hauteur des buildings.

**Jean Yanne**

*

Un conseil d'ami : si l'envie vous prend de travailler, vous savez ce qu'il faut faire ? Vous allonger une demi-heure et attendre. Vous verrez, ça passera.

**Coluche**

*

Les Chinois mangent avec des baguettes parce qu'ils font de la cuisine trop chaude.

**Frédéric Dard**

*

Un détenu est tombé malade en s'évadant de la Santé.

**Les Nuls**

*

Pour fumer moins, embrasser plus. Se méfier des allumeuses et prendre la précaution d'utiliser des filtres.

**Roland Topor**

*

La cravate, c'est le passeport des cons.

**Jacques Dutronc**

*

**Je sais pourquoi vous, les avocats, portez la robe : c'est pour pouvoir mentir aussi bien que les femmes.**

**André Dev**

*

Si on me demande de travailler, je veux bien travailler, mais je préfère qu'on ne me demande rien du tout.

**Henri Salvador**

*

Une fois rien, c'est rien; deux fois rien, ce n'est pas beaucoup, mais pour trois fois rien, on peut déjà s'acheter quelque chose, et pour pas cher!

**Raymond Devos**

*

Je n'ai jamais assisté à des courses de spermatozoïdes mais j'ai donné beaucoup de départs!

**Olivier de Kersauson**

*

Tu as vu ce que c'est de travailler à la télévision! Tu vois ce qui t'attend si tu loupes ton bac.

**Jacques Martin**

*

Dès que je vois un mot, j'additionne immédiatement sa valeur au Scrabble.

**Édouard Baer**

*

Un juif, c'est rien d'autre qu'un musulman qui a réussi.

**Fabrice Eboué**

*

Le bon Dieu n'a pas l'air de vouloir me laisser tomber.

**Henri Salvador**

*

La justice, c'est comme la Sainte Vierge. Si on la voit pas de temps en temps, le doute s'installe.

**Michel Audiard**

*

Moi, je veux bien soutenir les écologistes, mais à une condition : que les petits oiseaux ne chient plus sur ma voiture…

**Laurent Ruquier**

*

Si le dégoût du monde conférait à lui seul la sainteté, je ne vois pas comment je pourrais éviter la canonisation.

**Guy Bedos**

*

À la Sécurité sociale, tout est assuré. Sauf la pendule. Ça, on risque pas de la voler, le personnel a les yeux constamment fixés dessus.

**Coluche**

*

Nous avons généralement en France un gouvernement d'hommes qui savent ce qu'ils veulent. Ils veulent y rester.

**André Frossard**

*

Les incessants progrès de la chirurgie, de la médecine et de la pharmacie sont angoissants : de quoi mourra-t-on dans vingt ans ?

**Philippe Bouvard**

*

Si je meurs d'un cancer du poumon, incinérez-moi, je veux fumer une dernière fois.

**Patrick Sébastien**

*

Désormais, on pourra être sénateur ou député à 18 ans
et, donc, mis en examen à 19.

**Laurent Ruquier**

Dans notre école, on nous fouillait à l'entrée pour savoir si on avait des revolvers ou des couteaux, et si on n'en avait pas, ils nous en donnaient pour nous défendre.

**Emo Philips**

Je me suis toujours demandé si les illettrés profitaient pleinement de la soupe alphabet.

**John Mendoza**

*

**IL Y A TROIS MÉTHODES TRADITIONNELLEMENT FRANÇAISES POUR RUINER UNE AFFAIRE QUI MARCHE :**

Les femmes, le jeu et les technocrates.
Les femmes, c'est le plus marrant.
Le jeu, c'est le plus rapide.
Les technocrates, c'est le plus sûr !

**Michel Audiard**

*

Il faut veiller à ne pas devenir un vieux beau de la révolte. En vieillissant, j'ai pris un peu de bide, c'est normal. J'ai un peu plus de sous alors je vais dans des endroits où il y a un peu plus de cholestérol.

**Jean Yanne**

*

L'homme ne tue pas seulement pour manger, il boit aussi.

**Alphonse Allais**

*

Après onze ans de piano, je joue déjà comme un enfant de 4 ans. Je suis un vieux prodige ! Et il n'y en a pas beaucoup. Car ça n'a pas d'avenir.

**Raymond Devos**

*

Ma femme est tellement laide qu'elle reste toujours au moins trois heures dans les salons de beauté. Pour le devis.

**Bill Frost**

*

Je déteste les strip-teases, je trouve ça navrant. Et puis, enfin, tout de même, il n'y a pas de surprise : on sait ce qu'il y a sous un slip !

**Jacques Martin**

*

Le spectacle, c'est un monde de loups. C'est pire encore qu'un monde de loups. C'est un monde où les loups ne vous rappellent pas au téléphone.

**Woody Allen**

*

Les acteurs ont une vie palpitante. On comprend que leur quotidien fasse rêver. Regardez-moi, par exemple : le matin, je me lève, je me lave, je me mets du désodorisant, j'enfile un caleçon, je sors, je déchire un PV, je prends ma voiture, je vais tourner un film, je fais la sieste si c'est possible, le soir, je rentre chez moi, je me mets en caleçon, j'allume la télé et je bouffe sur un coin de table avant d'aller me coucher. De temps en temps, je prends l'avion. Parfois je change un pneu.

**Jean Yanne**

*

VOTRE MARI ME CHARGE DE VOUS DIRE QU'IL SERA UN PEU EN RETARD
POLICE
PIEM

Lorsqu'on va au Maroc, on nous traite d'immigrés et lorsqu'on est en France, on nous traite aussi d'immigrés, donc, finalement, c'est où chez nous ? Le détroit de Gibraltar ? Et pour ceux qui ne savent pas nager ?!

**Jamel Debbouze**

*

Vous savez ce que c'est, la connerie ? Imaginez une plage, le soleil, un whisky avec des glaçons, des nanas autour de vous... vous y êtes ? Eh bien, tout le reste, c'est de la connerie.

**Coluche**

*

Je ne m'habille qu'avec les costumes que l'on me donne sur les tournages. C'est pour ça que je ne fais jamais de films d'époque.

**Jacques Dutronc**

*

D'après les sondages, 82 % des Français pensent que les hommes politiques mentent ; 18 % sont donc mal informés !

**Thierry Le Luron**

*

Je ne suis pas paranoïaque, mais il me semble que le juge de ligne électronique sait qui je suis.

**John McEnroe**

*

Le squash, c'est de la boxe sans raquette.

**Jonah Barrington**

*

L'Angleterre est tellement peuplée qu'il n'y a pas assez de beau temps pour tous ses habitants.

**Oscar Wilde**

*

La Légion d'honneur, il ne suffit pas de la refuser, encore faut-il ne pas la mériter.

**Erik Satie**

*

Après la gauche caviar, on a la droite cassoulet. Une petite saucisse, et plein de fayots autour.

**Anne Roumanoff**

*

J'ai tellement tourné de navets que ma carrière ressemble à un potager.

**Jean Lefebvre**

*

On a été obligés de mettre la grand-mère à l'hôpital, remarque, elle est mieux là-bas qu'à la cave !

**Jean-Marie Gourio**

*

La différence entre l'érotisme et la pornographie dépend souvent de la puissance de l'ampoule électrique.

**Gloria Leonard**

*

Combien il y a de gens qui travaillent à la Sécurité sociale ? Un sur quatre.

**Coluche**

*

J'arrêterai d'avoir peur en avion le jour où les gens arrêteront d'applaudir le pilote parce qu'il a réussi à poser l'avion.

**Gad Elmaleh**

*

Nogent-sur-Seine égale Tchernobyl ? Sûrement pas, déclare l'EDF, c'est pas demain que Nogent votera communiste.

**Les Nuls**

*

On dit qu'il y a dans le monde une femme qui donnerait naissance à un enfant toutes les deux secondes. Il faut absolument la retrouver pour l'empêcher de continuer.

**Sam Levenson**

*

Les rédacteurs en chef des journaux actuels n'ont pas le temps de lire les journaux ; ils passent leurs journées en réunion avec d'autres rédacteurs à essayer de savoir quoi faire avec Internet.

**Dave Barry**

*

Le problème quand on a perdu ses lunettes, c'est que l'on est obligé de les retrouver pour pouvoir les chercher.

**Gustave Parking**

*

J'ai un dictionnaire parfait pour les masochistes, il y a tous les mots mais pas dans l'ordre alphabétique.

**Frank Tyger**

*

Si tu étais plus belle, je me serais déjà lassé. Tandis que là, je ne m'y suis pas encore habitué !

**Raymond Devos**

*

L'optimisme, c'est quand une dinde en rencontre une autre et lui demande : « Salut, cousine, qu'est-ce que tu fais à Noël ? »

**Henri Salvador**

*

## La boussole, elle est con : elle indique le nord alors que tout le monde préfère le sud !

**Michèle Bernier**

*

On reconnaît le rouquin aux cheveux du père, et le requin aux *Dents de la mer*.

**Pierre Desproges**

*

Je savais que j'étais mauvaise cuisinière. Mais j'ai réalisé à quel point le jour où j'ai surpris le chien au téléphone en train de commander une pizza.

**Joan Rivers**

*

Le type qui a le cœur sur la main et le cul entre deux chaises ne peut que finir à l'hôpital.

**Pierre Perret**

*

Vous avez noté qu'on dit un steak de bœuf, une côte de bœuf, un rôti de bœuf... Mais dès que le bestiau semble suspect, c'est la vache qui devient folle !

**Guy Bedos**

Étudiants, étudiantes, ne vous présentez plus au bac : prenez le pont de Tancarville !

**Francis Blanche**

Mon médecin m'a dit un jour que j'avais le cœur d'un marathonien... mais 42 kilomètres, c'est trop long... Ce n'est pas dans mes cordes.

**Henri Salvador**

*

Je préfère glisser ma peau sous des draps pour le plaisir des sens que de la risquer sous les drapeaux pour le prix de l'essence.

**Raymond Devos**

*

# Ni Dieu ni maître, même nageur !

**Jean Yanne**

*

J'ai avoué la vérité à ma femme : que je voyais un psychanalyste. Elle aussi m'a alors avoué la vérité : qu'elle voyait un psychiatre, deux plombiers et un barman.

**Rodney Dangerfield**

*

Si vous voulez aller sur la mer, sans aucun risque de chavirer, alors n'achetez pas un bateau : achetez une île.

**Marcel Pagnol**

*

Talleyrand, qui savait nager sur le dos et ramper sur le ventre comme personne, qui trahissait à Versailles comme on pète à Passy, c'est-à-dire sans bruit, a vécu tellement courbé qu'on a pu l'enterrer dans un carton à chapeaux.

**Pierre Desproges**

*

Les fonctionnaires sont les meilleurs maris ; quand ils rentrent le soir à la maison, ils ne sont pas fatigués et ils ont déjà lu le journal.

**Georges Clemenceau**

*

Un sommet européen aux Pays-Bas, ça vous donne le niveau…

**Laurent Ruquier**

*

Le tennis et le ping-pong, c'est pareil.
Sauf qu'au tennis, les joueurs sont debout sur la table.

**Coluche**

*

**Tous les écologistes sont daltoniens, ils voient vert partout !**

**Raymond Devos**

*

Quand l'homme a découvert que la vache donnait du lait, que cherchait-il exactement à faire ce jour-là ?

**Philippe Geluck**

*

Les psychiatres, c'est très efficace. Moi, avant, je pissais au lit, j'avais honte. Je suis allé voir un psychiatre, je suis guéri. Maintenant, je pisse au lit, mais j'en suis fier.

**Coluche**

*

Un psychiatre est un monsieur qu'on paie très cher pour qu'il vous pose des questions qu'une femme nous pose, elle, gratuitement.

**Paul Guth**

*

En turc, je ne sais qu'enjoindre mon interlocuteur de façon assez familière à aller pratiquer un coït furtif d'une façon involontaire avec quelqu'un qui appartient au même sexe que lui.

**Jean Yanne**

*

Vous me voyez aller m'installer à Sarcelles ? Ça va pas, non ? Être prêt à mourir pour le peuple, ça signifie pas qu'on est prêt à vivre avec !

**Guy Bedos**

*

Je n'attendais rien d'elle. J'ai été comblé.

**Yvan Audouard**

*

Quand j'écoute trop Wagner, j'ai envie d'envahir la Pologne !

**Woody Allen**

*

Le piano, c'est l'accordéon du riche.

**Michel Audiard**

*

On fait de plus en plus de bières sans alcool. C'est sûrement pour les mecs qui n'aiment pas être saouls, mais qui adorent quand même pisser...

**Coluche**

*

Ce qui différencie la choucroute mâle de la choucroute femelle, c'est que dans la choucroute mâle, il y a de la saucisse.

**Olivier de Kersauson**

*

J'ai du mal à imaginer que, dans son infinie intelligence, Dieu ait voulu pour notre peuple le loto et le championnat de France de handball.

**Jacques Martin**

*

Un jardinier qui sabote une pelouse est un assassin en herbe.

**Raymond Devos**

*

Le hasard, c'est Dieu qui se promène incognito.

**Albert Einstein**

*

Si j'avais un drapeau, mon emblème serait le bras d'honneur.

**Guy Bedos**

*

La connerie, c'est la décontraction de l'intelligence. Alors, parfois, je me permets d'être con sciemment.

**Serge Gainsbourg**

*

Le violon, pour les aveugles, faut se méfier. Paraît que c'est très dangereux, le violon… ben t'as pas vu dans le métro, y a que des aveugles qui jouent !

**Coluche**

*

Quand j'ai tort, j'ai mes raisons, que je ne donne pas. Ce serait reconnaître mes torts !

**Raymond Devos**

*

J'ai appris à aimer certains hommes par le mal que j'en avais entendu dire par d'autres hommes que je n'aimais pas.

**Sacha Guitry**

*

L'homme descend du singe et monte sur la femme.

**Jean Yanne**

*

**Paresse :** habitude prise de se reposer avant la fatigue.

**Jules Renard**

*

Je n'ai pas réussi à réparer vos freins, alors j'ai réglé votre klaxon plus fort.

**Steven Wright**

*

Pour faire un mot drôle, je tuerais père et mère. Heureusement que je suis orphelin.

**Marcel Achard**

*

Les drôleries de la langue française : cette pièce est un four, le public y reste froid.

**Claude Aveline**

*

On oublie souvent de dire que les meilleurs créneaux sont ceux des châteaux forts.

**Pierre Palmade**

*

J'évite de côtoyer les gens du show-business, ils attrapent tous une maladie… la grosse tête !

**Henri Salvador**

*

Les catholiques existent pour acheter au détail ce que les juifs n'achètent qu'en gros.

**Coluche**

*

Il est toujours avantageux de porter un titre nobiliaire. Être « de quelque chose », ça pose un homme, comme être « de Garenne », ça pose un lapin.

**Alphonse Allais**

*

On ne prête qu'aux riches, et on a bien raison, parce que les autres remboursent difficilement.

**Tristan Bernard**

*

Il faut choisir, dans la vie, entre gagner de l'argent et le dépenser ; on n'a pas le temps de faire les deux.

**Édouard Bourdet**

*

# Apprendre à mourir ! Et pourquoi donc ? On y réussit très bien la première fois !

**Chamfort**

*

Ce qu'il y a de meilleur dans le dimanche, c'est encore le samedi soir.

**Gilbert Cesbron**

*

80 ans, c'est l'âge de la puberté académique.

**Paul Claudel**

*

Les miroirs feraient bien de réfléchir avant de renvoyer les images.

**Jean Cocteau**

*

Quand on me parle d'une femme cultivée, je l'imagine avec des carottes dans les oreilles et du cerfeuil entre les doigts de pied.

**Sacha Guitry**

*

L'homme est un animal bizarre. Surtout moi.

**Henri Salvador**

« Il n'y a pas de bonheur parfait ! » dit l'homme quand sa belle-mère mourut et qu'on lui présenta la note des pompes funèbres.

**Jerome K. Jerome**

Je suis anticlérical modéré, j'adore les églises vides.

**Guy Bedos**

*

La Suisse est avant tout, ne l'oublions pas, un pays d'agriculture : ils font du blé, du jonc, de l'oseille.

**Jacques Martin**

*

Les gens couverts de croix me font irrésistiblement penser à un cimetière.

**Paul Léautaud**

*

L'âge ne compte pas, à moins d'être un fromage.

**Billie Burke**

*

# Le seul avantage de la maladie de Parkinson, c'est qu'on peut préparer un cocktail en cinq secondes.

**Michael J. Fox**

*

Un optimiste est celui qui achète à un juif et veut vendre à un Écossais.

**Henry Louis Mencken**

*

**Expérience :** nom dont les hommes baptisent leurs erreurs.

**Oscar Wilde**

*

Dieu a dit : « Il faut partager. » Les riches auront la nourriture, les pauvres de l'appétit.

**Coluche**

*

En fait, l'important ne serait pas de réussir sa vie, mais de rater sa mort.

**Jean Yanne**

*

J'ai été kidnappé quand j'étais enfant. On m'a coupé le doigt et on l'a envoyé à mes parents. Mon père a réclamé davantage de preuves.

**Rodney Dangerfield**

*

Après l'amour, 10% des hommes se retournent sur leur côté droit et s'endorment, 10% font de même sur le côté gauche. Les autres se rhabillent et rentrent chez eux.

**Francis Blanche**

*

Le secret de ma bonne santé, c'est ma tempérance. Je n'ai ni bu d'alcool ni fumé le cigare avant l'âge de 9 ans.

**W. C. Fields**

*

Règlement du jeu de cricket : les équipes entrent sur le terrain. L'arbitre siffle et la pluie se met à tomber.

**Paulo Vincente**

*

On n'emmène pas de saucisses quand on va à Francfort.

**Michel Audiard**

*

La publicité peut être définie comme la science qui permet de paralyser l'intelligence humaine suffisamment longtemps pour en tirer de l'argent.

**Stephen Leacock**

*

Le jury d'éthique humoristique me trouve parfois si drôle qu'on me demande souvent d'uriner à la fin de mon gag pour voir si je ne me dope pas.

**Philippe Geluck**

*

Et Jean tua Madeleine. Ce fut à peu près vers cette époque que Madeleine perdit l'habitude de tromper Jean.

**Alphonse Allais**

*

# J'ai participé à la dictée de Pivot, j'ai fait un cent fautes.

**Henri Salvador**

Ce n'est pas parce qu'en hiver on dit : « Fermez la porte, il fait froid dehors », qu'il fait moins froid dehors quand la porte est fermée.

**Pierre Dac**

Partout où je vais, on me dit de boire avec modération. Pas de problème. Présentez-le-moi, ce « modération » qui boit des coups avec tout le monde.

**Jacques Dutronc**

*

Un homme digne de ce nom ne fuit jamais.
Fuir, c'est bon pour un robinet.

**Boris Vian**

*

J'ai organisé ma vie pour n'avoir que quatre jours de travail par an. Et encore, pas tous les ans.

**Henri Salvador**

*

On peut m'acheter.
S'ils y mettent le prix, je suis prêt à travailler pour le Ku Klux Klan.

**Charles Barkley**

*

En tête à tête, il ne faut s'entretenir que d'individus, comme en société il ne faut s'entretenir que de généralités.

**Oscar Wilde**

*

L'enfer n'existe peut-être pas. L'enfer, c'est peut-être simplement d'être obligé d'écouter vos grands-parents respirer quand ils mangent un sandwich...

**Jim Carrey**

*

Quand deux maisons ne se touchent pas, ça fait une rue.

**Jules Renard**

*

Dans la marine, on salue tout ce qui bouge et on peint le reste.

**Les Shadoks**

*

Être raisonnable en toutes circonstances. Il faudrait être fou...

**Raymond Devos**

*

Le premier gouvernement à contester, c'est sa mère.

**Guy Bedos**

*

Le 1er janvier 1945 à Hiroshima, les gens s'étaient souhaité une bonne et heureuse année.

**Philippe Geluck**

*

J'accuse la mort de faux et usage de faux !

**Daniel Prévost**

*

Soit cet homme est mort, soit le temps s'est arrêté.

**Groucho Marx**

*

Un journal découpé en morceaux, ça n'intéresse pas une femme. Mais une femme découpée en morceaux, ça intéresse les journaux.

**Coluche**

*

Je tiens beaucoup à ma montre, c'est mon grand-père qui me l'a vendue sur son lit de mort.

**Woody Allen**

*

**Je tromperais bien l'ennui avec sa femme...**

**Élie Semoun**

*

Si les pétroliers transportaient de l'eau de mer, on s'en foutrait qu'ils fassent naufrage.

**Philippe Geluck**

*

Le seul moment où les enfants ne donnent pas de soucis, c'est quand on les fait.

**Patrick Sébastien**

*

Record : un Allemand de l'Est vient de réussir la plus grande soupe froide du monde en jetant un poireau dans la mer du Nord.

**Les Nuls**

*

Je connais un homme qui a arrêté de fumer, de boire, de faire l'amour et de faire ripaille. Il était en bonne santé jusqu'à ce qu'il se suicide.

**Johnny Carson**

*

Je me suis remis à la clarinette. C'est ce qui se rapproche le plus de l'anglais.

**Raymond Devos**

*

La vie après la mort est aussi peu plausible que le sexe après le mariage.

**Madeleine Kahn**

*

Les transports en commun, c'est bien ; sauf qu'aux heures de pointe t'as l'impression de danser un slow avec quatre-vingts personnes en même temps !

**Laurent Ruquier**

*

La femme est, selon la Bible, la dernière chose que Dieu a faite. Il a dû la faire le samedi soir. On sent la fatigue.

**Alexandre Dumas fils**

*

Qu'est-ce que je lis ? Le guide Michelin ! J'adore m'endormir en comptant les étoiles.

**Jacques Martin**

*

Le travail est un trésor. Le travail des autres, cela va de soi.

**Henri Jeanson**

*

Les ennuis, c'est comme le papier hygiénique :
on en tire un, il en vient dix.

**Woody Allen**

*

Il y a un mariage qui rend un homme heureux, c'est celui de sa fille.

**Michel Audiard**

*

Archimède fut le premier à démontrer que, lorsqu'on plonge un corps dans une baignoire, le téléphone sonne.

**Pierre Desproges**

*

Mon héros préféré, c'est Mickey. Tout comme lui, j'ai de grandes oreilles et une grande queue…

**Serge Gainsbourg**

*

Certains hommes n'ont que ce qu'ils méritent ; les autres sont célibataires.

**Sacha Guitry**

*

Je suis né dans la foi hébraïque, mais après je me suis converti au narcissisme.

**Woody Allen**

*

L'humour, c'est de savoir que tout, absolument tout, est drôle ; dès l'instant que c'est aux autres que cela arrive.

**Marcel Achard**

*

Les pommes de terre cuites sont tellement plus faciles à digérer que les pommes en terre cuite !

**Alphonse Allais**

*

Si j'avais encore l'argent que j'ai dépensé pour boire, qu'est-ce que je pourrais me payer comme apéritifs !

**Marcel Celmas**

*

L'argent, c'est comme les femmes, pour le garder, il faut s'en occuper, sans cela il va faire le bonheur de quelqu'un d'autre.

**Édouard Bourdet**

*

OUI !
MON CLIENT A
TROMPÉ LE FISC
OUI ! IL A DÉTOURNÉ
L'ARGENT DE LA SOCIETÉ
À SON PROFIT
OUI ! IL A PLACÉ L'ARGENT
DE LA DROGUE EN
SUISSE
OUI !
MON CLIENT TRICHE
ET ALORS ?
PIEM

De tous les plaisirs, quand il n'en reste plus, il reste toujours celui de se lever de table après un repas ennuyeux.

**Paul Claudel**

*

Il y a une bonne femme qui m'a envoyé une paire de chaussons, du 162, je vais en envoyer un à Bouvard, ça lui fera un deux-pièces.

**Coluche**

*

Il ne faut jamais regarder quelqu'un qui dort. C'est comme si on ouvrait une lettre qui ne vous est pas adressée.

**Sacha Guitry**

*

Il y en a qui sont faits pour commander et d'autres pour obéir. Moi, je suis fait pour les deux: ce midi, j'ai obéi à mes instincts en commandant un deuxième pastis.

**Pierre Dac**

*

Dieu a fait l'homme à son image, l'exhibitionniste lui rend hommage.

**Jacques Prévert**

*

Pour le pape, le plus dur, c'est de ne pas avoir d'homologue avec qui causer boulot.

**Jean Yanne**

*

Le plaisir solitaire, à force, c'est pas très bon
pour le mental.
On se dépeuple.

**Jacques Dutronc**

*

Avec toutes les saloperies qu'il y a dans l'alimentation, heureusement qu'il nous reste l'alcool pour oublier qu'on mange.

**Laurent Ruquier**

*

**Je dois beaucoup à mes parents, surtout à mon père et à ma mère.**

**Greg Norman**

*

Mon médecin m'a dit récemment que faire du jogging allongerait mon espérance de vie. Il avait raison. J'ai l'impression d'avoir dix ans de plus.

**Milton Berle**

*

Si on ne faisait les choses qu'après y avoir mûrement réfléchi, on ne coucherait jamais avec personne.

**Ray Bradbury**

*

Les gens qui regardent la télé voudraient qu'on arrive chez eux en smok alors qu'eux la regardent avec des pantoufles et devant une nappe en plastique.

**Serge Gainsbourg**

*

**Je suis très velu, j'ai été élu Monsieur Angora à Saint-Tropez.**

**Jean Yanne**

*

Ma première femme était intelligente, mais n'avait aucun sens de l'humour. Elle était convaincue que le plus drôle des Marx Brothers était Zeppo.

**Woody Allen**

*

Un assassin, c'est un cambrioleur qu'on dérange.

**Sacha Guitry**

*

Je ne dors pas longtemps, mais je dors vite.

**Albert Einstein**

*

Si vous avez les seins qui tombent, faites-vous refaire le nez, ça détourne l'attention.

**Pierre Desproges**

*

Vous avez déjà entendu parler un Américain du Texas ? On dirait un Allemand qui parle sous l'eau !

**Coluche**

*

Heureux soient les fêlés, car ils laissent passer la lumière.

**Michel Audiard**

*

Les êtres humains : la seule espèce sur Terre à pouvoir avoir des rapports sexuels par téléphone.

**David Letterman**

*

Qu'y a-t-il de pire qu'une femme ? Deux femmes !

**Jean Cocteau**

*

On réalise qu'on a vieilli quand on peut vivre sans sexe mais plus sans lunettes.

**Robert Lamoureux**

*

Est-ce que c'est parce que la planète se réchauffe que les politiques font tout pour finir à l'ombre ?

**Laurent Ruquier**

*

Je me suis beaucoup battu dans ma vie. Moins maintenant parce que je me suis fait refaire toutes mes dents et, au prix que ça coûte, je n'ai aucune envie de recommencer.

**Jean-Pierre Mocky**

*

Moi, lorsque je n'ai rien à dire, je veux qu'on le sache !

**Raymond Devos**

*

Celui ou celle qui s'apprête à être guillotiné et reçoit, à cet ultime moment de son existence, une lettre recommandée se doit de dire à son bourreau, en guise de dernière volonté : « Posez-la sur la table. Je la lirai tout à l'heure à tête reposée. »

**Pierre Dac**

*

Moi, je ne suis pas trop « motard », je n'aime pas le costard : c'est ou tout cuir ou tout plâtre...

**Patrick Timsit**

Boire ou conduire, c'est un slogan génial. Mon père, qui n'a pas de voiture, s'est mis à boire depuis.

**Jacques Dutronc**

Moi, je n'ai pas d'amis. C'est trop fatigant d'être aimable.

**Jean Gabin**

*

Quand une femme se remarie, c'est qu'elle détestait son premier mari. Quand un homme se remarie, c'est parce qu'il adorait sa première femme. Les femmes tentent leur chance ; les hommes risquent la leur.

**Oscar Wilde**

*

Un grand type. Un mètre quatre-vingt-cinq. Jeune. Pas de ventre… Le con, quoi !

**Jacques Martin**

*

Les femmes adorent qu'on leur apporte des fleurs et qu'on leur dise qu'elles sont belles. Le plus difficile, c'est de ne pas rire.

**Olivier de Kersauson**

*

Je suis rancunier en mal comme en bien : je n'oublie pas plus un coup de pied qu'un coup de main.

**Guy Bedos**

*

Un véritable fantôme, ça me plairait assez. J'achèterais. S'il passe à travers les murs, je pourrais l'envoyer faire les courses la nuit, quand c'est fermé.

**Jacques Dutronc**

*

Les alcooliques tuent sur les routes, il faut supprimer les routes.

**Olivier de Kersauson**

*

Les vieux adorent manger des cacahuètes. Ça leur rappelle leurs dents.

**Jean Yanne**

*

Je n'aime pas les femmes qui couchent le premier soir. Je déteste ça, il faut attendre tout l'après-midi.

**Patrick Timsit**

*

Le doute me ronge. Et si tout n'était qu'illusion ? Si rien n'existait ? Dans ce cas, j'aurais payé ma moquette beaucoup trop cher.

**Woody Allen**

*

J'ai vu en photo dans le journal un basketteur de 2 mètres 30. Là je dis, c'est plus du jeu ! Y a triche ! C'est comme courir le tiercé avec un cheval de 800 mètres de long !

**Coluche**

*

Il n'y aura jamais besoin de contrôle antidoping pour les fonctionnaires.

**José Artur**

*

Les diplômes sont faits pour les gens qui n'ont pas de talent. Vous avez du talent ? Ne vous emmerdez pas à passer le bac.

**Pierre Desproges**

*

Tout est plus glamour quand vous le faites sur votre lit. Même peler des pommes de terre.

**Andy Warhol**

*

Je méprise profondément celui qui peut, avec plaisir, marcher en rang et formation derrière une musique : c'est par erreur qu'il a reçu un cerveau, une moelle épinière lui suffirait amplement.

**Albert Einstein**

*

J'ai toujours rêvé d'un ordinateur qui soit aussi facile à utiliser qu'un téléphone. Mon rêve s'est réalisé. Je ne sais plus comment utiliser mon téléphone.

**Bjarne Stroustrup**

*

En mathématiques, on ne comprend pas les choses, on s'y habitue.

**John Von Neumann**

*

Un enfant sur sept étant chinois, nous nous sommes arrêtés à six.

**Marie-Lyse Aston**

*

Mon grand plaisir, c'est de me balader sur le port de Saint-Tropez et de crier aux personnes sur les yachts : « Communistes ! »

**Pierre Palmade**

*

J'ai déjà fait l'amour au réveil…
mais je l'ai cassé.

**Alain Chabat**

*

Je ne crois pas en une vie future, mais je prendrai quand même un slip de rechange !

**Woody Allen**

*

Il faut que ça s'arrête un jour ; j'ai bientôt un siècle ! Je suis peut-être le seul mec qui va mourir heureux.

**Henri Salvador**

*

C'est là que j'ai compris que les femmes, tout ce qu'elles peuvent me faire, c'est beaucoup de mal... et moi de mon côté... j'ai beaucoup de mal à me les faire.

**Frank Dubosc**

*

Tout le monde savait que c'était impossible. Il est venu un imbécile qui ne le savait pas et qui l'a fait.

**Marcel Pagnol**

*

Afin de booster l'économie de notre pays, je propose de soumettre à l'impôt tous les étrangers vivant hors de nos frontières !

**Monty Python**

*

Madame : n'achetez plus de tissus écossais. Écossez-les vous-même !...

**Francis Blanche**

*

Toi, je sais comment tu t'es préparé avant de venir au spectacle : tu t'es lavé, tu t'es coiffé avec du Pento, t'as mis de la Nivea, mais t'as oublié ton cerveau !

**Jamel Debbouze**

*

Je vous raconterais bien une connerie mais vraiment y en a plein les journaux.

**Coluche**

# L'exception culturelle française...

## Les cons

Mon Dieu, que c'est con, un con!

**Frédéric Dard**

*

Les cons, ça ose tout, c'est même à ça qu'on les reconnaît.

**Michel Audiard**

*

Pour les aveugles, on dit non-voyant, pour les sourds, non-entendant, et pour les cons, non-comprenant.

**Guy Bedos**

*

C'est une prouesse que d'écrire sur les cons sans citer de nom.

**Frédéric Dard**

*

Je n'avais nulle envie de jouer au con avec lui – vu que de toute façon il aurait été le plus fort.

**Bertrand Blier**

*

Il n'est pas nécessaire d'être gros pour être un gros con. Il suffit d'être con.

**Philippe Geluck**

*

Plus le maître est con, plus le chien est fidèle.

**Frédéric Dard**

*

C'est pas possible ! Pour être aussi con, tu as appris.

**Jean Yanne**

*

– Vous avez beaucoup d'ennemis ?
– Oui, comme tous les gens qui n'aiment pas les cons.

**Bernard Blier**

*

Moins on est de cons, plus on rit.

**Frédéric Dard**

*

La tolérance, c'est quand on connaît des cons
et qu'on ne dit pas les noms.

**Pierre Doris**

*

Tous les ans, y a de plus en plus de cons... Cette année, j'ai l'impression qu'il y a déjà les cons de l'année prochaine.

**Patrick Timsit**

*

Il ne faut pas prendre les gens pour des cons. Il y a assez de cons qu'on prend pour des gens.

**Guy Bedos**

*

Les morts, ils ne savent pas qu'ils sont morts : ce sont leurs proches qui sont tristes. Les cons, c'est pareil...

**Philippe Geluck**

*

Finalement, on se console assez vite de ne pas être un génie quand on réalise le nombre de cons auxquels on aurait affaire.

**Jean Yanne**

*

Les vieux cons ne sont jamais que de jeunes imbéciles qui ne se sont pas améliorés avec le temps.

**Jean Amadou**

*

Je suis féministe parce que j'aime les femmes, mais je suis misogyne quand les femmes sont un peu connes, ce qui arrive souvent.

**Jean-Pierre Mocky**

*

**J'ai la faculté d'assimiler la connerie ambiante comme les abeilles butinent les fleurs et prennent le pollen pour en faire leur miel.**

**Jean Yanne**

*

Je suis ancien combattant, militant socialiste et bistrot… C'est dire si, dans ma vie, j'en ai entendu, des conneries.

**Michel Audiard**

*

Il y a une majorité silencieuse en France, il paraît. Moi, je trouve plutôt que les cons ouvrent beaucoup leur gueule, mais enfin…

**Coluche**

*

Il y aurait plusieurs façons d'être con, mais le con choisit toujours la pire.

**Frédéric Dard**

*

Vous savez que c'est pas parce que vous êtes flics que vous êtes cons, c'est parce que vous êtes cons que vous êtes flics !

**Coluche**

Le bonheur d'un con fait toujours peine à voir.

**Frédéric Dard**

**Si les cons volaient, le ciel serait kaki.**

**Pierre Desproges**

*

Les cons gagnent toujours. Ils sont trop.

**François Cavanna**

*

Il était si con que, lorsqu'il disait quelque chose d'intelligent, il se retournait pour voir si ce n'était pas un autre.

**Georges Wolinski**

*

Le pire con, c'est le vieux con. On ne peut rien contre l'expérience.

**Jacob Braude**

*

Avoir l'air con peut être utile, mais l'être vraiment serait plus facile.

**Coluche**

*

Les conneries, c'est comme les impôts, on finit toujours par les payer.

**Michel Audiard**

*

«Con» exige un adjectif qui l'accompagne. Le vrai con, le sale con, le petit con, le pauvre con, etc. Sinon, ça ne veut rien dire.

**Jean Rigade**

*

Quand on mettra les cons sur orbite,
t'as pas fini de tourner.

**Michel Audiard**

*

– **Pourquoi** *Le Dîner de cons* **a si bien marché ?**
– Parce que tous les cons s'y sont reconnus, et ils sont nombreux.

**Jean-Pierre Mocky**

*

Vous savez quelle différence il y a entre un con et un voleur ? Un voleur, de temps en temps, ça se repose.

**Michel Audiard**

*

La connerie, c'est comme le judo, il faut utiliser la force de l'adversaire.

**Jean Yanne**

*

Il n'est pas absolument nécessaire d'être con
pour vivre parmi les cons. J'ai essayé, on peut !

**Frédéric Dard**

*

C'est la contemplation de la connerie qui donne la vocation du pouvoir.

**Bertrand Blier**

*

Si la connerie n'est pas remboursée par les assurances sociales, vous finirez sur la paille.

**Michel Audiard**

*

Quand j'entends discourir des cons au restaurant, je suis affligé, mais je me console en songeant qu'ils pourraient être à ma table.

**Frédéric Dard**

*

Un ancien militaire, ça n'existe pas. Un jour on arrête de travailler mais on reste con !

**Coluche**

*

Avec le temps qui passe, ceux qui étaient cons le restent et ceux qui ne l'étaient pas le deviennent.

**Philippe Geluck**

*

Si j'étais riche, je ferais collection d'armes, comme tous les cons !

**Daniel Prévost**

*

La psychanalyse est un remède contre l'ignorance.
Elle est sans effet sur la connerie !

**Jacques Lacan**

*

J'ai remarqué que les mecs deviennent souvent cons à l'âge où il leur pousse des dents en or !

**Coluche**

*

Un intellectuel assis va moins loin qu'un con qui marche.

**Michel Audiard**

*

Il faut bien qu'il y ait des cons pour qu'il y ait des crapules.

**Bertrand Blier**

*

Je voulais juste dire aux mecs qui téléphonent suite à mon annonce pour me vendre une DS de se calmer sur les prix. Je suis peut-être plus riche qu'eux, mais je suis pas plus con !

**Coluche**

*

Un con, ça ne se définit pas. On ne peut donner que des exemples.

**Jean Rigade**

*

Mieux vaut ne rien dire et passer pour un con que de l'ouvrir et ne laisser aucun doute à ce sujet.

**Gustave Parking**

*

Devant le cercueil d'un con, j'aimerais dire :
« Il était con jusqu'à la perfection. Si l'éternité arrive à l'améliorer, c'est que les miracles existent. »

**Henri Salvador**

*

**Le temps ne fait rien à l'affaire, quand on est con… on est con.**

**Georges Brassens**

*

On a tendance à dire que les Belges sont des cons mais toutefois je préconise la méfiance étant donné que rien qu'en France j'ai rencontré personnellement plus de cons que de Belges.

**Coluche**

*

Je me souviens d'avoir dit un jour à la radio : « Si les piles de votre transistor sont usées, vous pouvez leur donner un coup de fouet en trempant l'appareil dans votre baignoire. » Des mecs l'ont fait. Plein. Et ils ont le droit de vote.

**Jean Yanne**

*

Quelquefois, on te reproche d'avoir dit une connerie, mais en général quand il y en a un qui dit une connerie, il y en a toujours un autre qui écoute la connerie. Et le plus con, c'est pas forcément celui qu'a parlé.

**Coluche**

# Bourdes, dérapages et perles politiques...

Pour chaque fusillade mortelle, il y a à peu près trois fusillades non mortelles. Et ça, c'est inacceptable aux États-Unis. C'est simplement inacceptable. Nous ferons tout pour y remédier.

**George W. Bush**

*

Je voulais voir les Antilles de vive voix.

**Bernard Laporte**

*

C'est un symbole. Comme disent les Chinois : « Qui n'est pas venu sur la Grande Muraille n'est pas un brave et qui vient sur la Grande Muraille conquiert la bravitude. »

**Ségolène Royal**

*

À l'Assemblée, on s'occupe des JO et on laisse les Jeux paralympiques au Sénat.

**Jean-Louis Debré**

*

Je veillerai à respecter le pouvoir exécutif, non seulement pour moi-même, mais aussi pour mes prédécesseurs.

**George W. Bush**

*

Le tour de taille n'est pas un handicap au Sénat.

**Jean-Pierre Raffarin**

*

J'entends ceux qui manifestent mais j'entends aussi ceux qui ne manifestent pas.

**Dominique de Villepin**

*

C'est l'union d'un postier et d'une timbrée.

**Dominique Strauss-Kahn**
(à propos de l'alliance Ligue communiste révolutionnaire et Lutte ouvrière)

*

Je vois dans vos yeux votre intelligence collective.

**Ségolène Royal**

*

Ce serait une erreur pour les sénateurs des États-Unis de laisser n'importe quel type de clone humain que ce soit sortir de leur chambre.

**George W. Bush**

*

**Je ne suis pas un théoricien, moi, je ne suis pas un idéologue. Oh, je ne suis pas un intellectuel ! Je suis quelqu'un de concret.**

**Nicolas Sarkozy**

*

Villepin fait tout, je fais le reste.

**Renaud Muselier**

*

Bernard Kouchner fait penser à un concessionnaire qui hésiterait à vous accompagner dans la voiture qu'il vous vend.

**Harlem Désir**

*

Cette femme qui prétend que je suis dyslexique, jamais je ne l'ai interviewée !

**George W. Bush**

*

# La meilleure façon de résoudre le chômage, c'est de travailler.

**Raymond Barre**

*

Au fil des années, j'ai dépensé 200 millions d'euros en conseillers et en juges… pardon, en conseillers et avocats.

**Silvio Berlusconi**

*

Les Kosoviens peuvent rentrer chez eux.

**George W. Bush**

*

PIEM

François Hollande a autant de chances de devenir président que moi d'entraîner des majorettes.

**Éric Besson**

*

Dans les vestiaires, nous n'avions qu'un mot: énorme!

**Roselyne Bachelot**

*

Le chef de l'État appelle parfois Brice Hortefeux pour ne rien lui dire, c'est la preuve de la qualité de leurs relations.

**Luc Chatel**

*

Nous devons stopper le descenseur social.

**Ségolène Royal**

*

Il faut garder de bonnes relations avec les Gréciens.

**George W. Bush**

*

Il est jeune, il est beau et il est bronzé.

**Silvio Berlusconi** (à propos de Barack Obama)

*

**– Monsieur Jospin, franchement, si vous n'êtes pas au second tour, vous votez pour qui ?**
– Ah, ah, ah ! J'ai de l'imagination, mais elle a des limites ! Question suivante.

**John Paul Lepers** à Lionel Jospin, en 2002

*

Je ne fais pas de promesses, mais je les tiens.

**Édouard Balladur**

*

En matière de politique internationale, on ne retient mes propos que lorsque je dis une connerie.

**Jacques Chirac**

*

Si je suis élu, rien ne changera.

**François Bayrou**

*

Moi, je ne vois pas tout le temps la main de Mitterrand dans la culotte de ma sœur.

**Jacques Chirac**

*

Parlons de football et de femmes.

**Silvio Berlusconi**

*

Je ne crois pas que le président Bush fasse quoi que ce soit contre le sida. Je ne suis même pas sûre qu'il sache épeler « sida ».

**Elizabeth Taylor**

*

**MARGARET THATCHER :**
Le premier cas de vache folle en Angleterre.

**Tomi Ungerer**

*

Je ne suis candidat à rien.

**Nicolas Sarkozy**

*

Cela pourrait faire un film dont le titre serait « Mamère Noël est une ordure ».

**Michel Charasse**

*

# Je veux être la présidente de la France présidente.

**Ségolène Royal**

Le pétrole est une ressource inépuisable qui va se faire de plus en plus rare.

**Dominique de Villepin**

Christine Lagarde et Michèle Alliot-Marie dégagent plus d'érotisme que Paris Hilton et Pamela Anderson réunies.

**Doc Gynéco**

*

## J'ai menti mais c'était de bonne foi.

**Bernard Tapie**

*

**Bayrou** a été touché par la Vierge qui lui a dit : « Mon enfant, la première fois que tu seras candidat à l'élection présidentielle, tu feras un score à un chiffre, la deuxième fois, tu feras un score à deux chiffres. Mon enfant, la troisième fois, ce sera la bonne », et depuis il ne pense plus qu'à ça.

**Daniel Cohn-Bendit**

*

Pour retrouver le chemin du succès, il nous faudra essayer de sortir des sentiers battus.

**Nicolas Sarkozy**

*

Ils vont s'apercevoir que je suis assez con pour aller jusqu'au bout.

**Dominique de Villepin**

*

Je suis sarkozyste jusqu'au bout des globules.

**Nadine Morano**

*

L'Europe s'occupe de ce qu'on lui donne à s'occuper. Et puis elle s'occupe de ce qu'on lui donne à s'occuper avec les personnes qui peuvent porter ces affaires à s'occuper.

**Rachida Dati**

*

Aujourd'hui, on peut dire « bite » et « enculé » même au cours d'un dîner mondain, mais on ne peut plus dire « prolétaire » ou « lutte des classes ».

**Jean-François Kahn**

*

Fadela Amara au gouvernement, cela montre les limites du casting à la Fogiel.

**Nadine Morano**

*

Regardez bien au fond du flacon d'où est sortie la bulle Internet : vous verrez qu'il y reste encore beaucoup de savon !

**Jean-Pierre Raffarin**

*

Lisez *Le Livre noir du communisme* et vous découvrirez que, dans la Chine de Mao, ils ne mangeaient pas les enfants, mais les faisaient bouillir pour fertiliser les champs.

**Silvio Berlusconi**

*

Je ne peux pas m'imaginer avec un grand chapeau de paille et une chemise hawaïenne assis sur une plage, surtout depuis que j'ai arrêté de boire.

**George W. Bush**

*

Dans une campagne électorale, quand vous voyez un buffet, il faut manger. Quand vous voyez des toilettes, il faut y aller.

**Jacques Chirac**

*

Je ne suis pas la pom pom girl de Dominique Strauss-Kahn.

**Laurent Fabius**

*

Sarkozy est passé de la présidence bling-bling à la présidence couac-couac.

**François Hollande**

*

J'apprécie plus le pain, le pâté, le saucisson que les limitations de vitesse.

**Jacques Chirac**

*

Beaucoup de femmes qui ne s'habillent pas de manière décente détournent les jeunes gens du droit chemin, corrompent leur chasteté et répandent l'adultère dans la société, ce qui accroît les tremblements de terre.

**Kazem Sedighi**

*

Je crois que, en Russie, il y a des gens sérieux et des gens qui ne sont pas sérieux. C'est de plus en plus la même chose en France.

**Jacques Chirac**

*

C'est votre argent. Vous avez payé pour l'avoir.

**George W. Bush**

*

Je ne suis pas l'Arabe qui cache la forêt.

**Azouz Begag**

*

Je me pose en rassembleur de la droite, qui n'a d'ailleurs pas besoin d'être rassemblée.

**Jean-Louis Debré**

*

Pour faire face à la hausse du prix du pétrole, je conseille aux Français de faire du vélo.

**Christine Lagarde**

*

La Chine est un grand pays habité par beaucoup de Chinois.

**Charles de Gaulle**

*

C'est la décision la plus importante que j'ai eue à prendre depuis 1978, quand j'ai décidé de m'épiler le maillot.

**Arnold Schwarzenegger**
(à propos de sa candidature
de gouverneur de la Californie)

*

Quand je pète, c'est Mandel qui pue !

**Georges Clemenceau** (à propos de Georges Mandel, son directeur de cabinet)

*

Cette semaine, le gouvernement fait un sans-faute ; il est vrai que nous ne sommes que mardi.

**François Goulard**

*

La gauche n'a même pas de goût pour les femmes. Nos candidates sont non seulement belles mais super-diplômées. Sur le fait que les nôtres sont plus belles, je peux le dire car quand je regarde le Parlement, il n'y a pas de comparaison possible.

**Silvio Berlusconi**

*

Depuis plus d'un siècle et demi maintenant, l'Amérique et le Japon forment l'une des alliances les plus parfaites et les plus sûres des temps modernes.

**George W. Bush**

*

La contraception doit avoir ses règles.

**Bernard Kouchner**

*

J'ai inspiré Obama et ses équipes m'ont copiée.

**Ségolène Royal**

*

La mission, c'est de nous battre et de gagner la guerre afin d'empêcher la guerre.

**George W. Bush**

*

**Il doit bien rester un angle de tir pour la paix.**

**Bernard Kouchner**

*

À ceux d'entre vous qui ont reçu des honneurs, des prix et des distinctions, je dis bravo. Et aux étudiants moyens, je dis que, peut-être, vous aussi, vous serez un jour président des États-Unis.

**George W. Bush**

*

Il n'est peut-être pas très intelligent. Moi, j'en connais qui étaient intelligents et qui n'ont pas été au second tour de la présidentielle...

**Nicolas Sarkozy**

*

Je suis très honoré de m'exprimer ainsi devant vous ce soir. Et la grandeur de l'Amérique fait que personne n'est obligé d'écouter, sauf s'il en a envie.

**George W. Bush**

*

Comme tous les veaux, naturellement, ne peuvent pas devenir des bœufs, alors il faut bien aussi les manger. D'où l'importance de la tête de veau.

**Jacques Chirac**

*

Ce qui compte en démocratie, c'est de se faire réélire, regardez Berlusconi !

**Nicolas Sarkozy**

*

Je n'imagine pas un instant cette île, la Corse, séparée du continent.

**Jean-Louis Debré**

*

Des sous-marins nucléaires font moins de bruit qu'une crevette.

**Hervé Morin**

*

Je crois qu'on en a fait un peu trop pour les obsèques de François Mitterrand. Je ne me souviens pas qu'on en ait fait autant pour Giscard.

**André Santini**

*

« Ce bidet, tu ne peux pas savoir combien de paires de fesses il a accueillies ! » aurait confié Silvio Berlusconi à Jacques Chirac alors qu'il lui faisait visiter une de ses villas.

*

La moitié du nuage d'ozone qui sévit dans la région parisienne est d'importation anglaise et allemande.

**Roselyne Bachelot**

*

# – Avez-vous le sentiment d'avoir changé depuis votre élection ?
# – J'ai changé de bière. Je suis passé de la Corona à la Kronenbourg 1664.

**Jacques Chirac**

*

L'administration qui me secondera est un groupe d'hommes et de femmes dont le seul objectif est ce qu'il y a de mieux pour l'Amérique, des hommes et des femmes honnêtes, des femmes qui considéreront le fait de servir leur pays comme un immense privilège, et qui ne souilleront pas la maison.

**George W. Bush**

*

Notre bilan est défavorable depuis quatre ans, d'accord, mais il nous reste un an !

**Michèle Alliot-Marie**

*

Bien sûr que je suis un pur et absolu démocrate ! La tragédie, c'est que je suis le seul pur démocrate au monde. Depuis la mort du Mahatma Gandhi, je n'ai plus personne à qui parler.

**Vladimir Poutine**

*

# Un chef, c'est fait pour cheffer.

**Jacques Chirac**

*

Je sais ce que je crois. Je continuerai à dire ce que je crois et ce que je crois – je crois que ce que je crois est vrai.

**George W. Bush**

# Méchancetés

J'aime beaucoup Albert de Monaco, mais ils devraient quand même arrêter de se marier entre eux, ça les esquinte !

**Coluche**

*

Duras n'a pas écrit que des conneries. Elle en a aussi filmé.

**Pierre Desproges**

*

Quand Édouard Balladur sert des mains dans une foule, il se demande toujours où est le rince-doigts.

**Jacques Chirac**

*

Doc Gynéco, il se prend pour Serge Gainsbourg mais il est juste bourré !

**Jamel Debbouze**

*

Marilyn Monroe ? Un vacuum à mamelles.

**Otto Preminger**

*

Saint-John Perse, mais il y a mis le temps.

**Louis Scutenaire**

*

Brigitte Bardot sera la marraine des enfants d'Yves et de Véronique Mourousi. Pour le cas où ce seraient des phoques.

**Coluche**

*

On ne peut plus allumer la télé ces derniers temps sans tomber sur Claude François en train de chanter. C'est à se demander s'il n'est pas mort.

**Jean Yanne**

*

Avec Aragon, c'est un peu de la servilité humaine qui s'en va. Que ce soit la fête le jour où l'on enterre la ruse, le traditionalisme, le patriotisme, l'opportunisme, le scepticisme, le réalisme et le manque de cœur.

**Angelo Rinaldi**

*

Comment je fais pour terminer mes films à l'heure ? Mais c'est très simple, j'évite de travailler avec Elizabeth Taylor...

**Alfred Hitchcock**

*

Tout est saucisse en Allemagne; la phrase allemande est une saucisse, l'Allemagne politique est une saucisse, Goethe, saucisse.

**Paul Claudel**

*

**À PROPOS D'AZNAVOUR:**

C'est le seul homme que je connaisse capable de rentrer debout dans une Rolls.

**Jacques Brel**

*

Si vous lisez André Gide tout haut pendant dix minutes, vous sentirez mauvais de la bouche.

**Francis Picabia**

*

Tout petit déjà, Silvio Berlusconi disait: «Je deviendrai président du Conseil ou rien!» Il est parvenu à devenir les deux.

**Roberto Benigni**

*

Alice Sapritch enfermée dans le noir pendant quarante jours. Oh! les pauvres quarante jours!

**Coluche**

*

Il ne restera pas de Lamartine de quoi faire un demi-volume de pièces détachées. C'est un esprit eunuque, la couille lui manque, il n'a jamais pissé que de l'eau claire.

**Gustave Flaubert**

*

Johnny Hallyday et Claude Brasseur sont nés, comme moi, un 15 juin. Preuve définitive que l'astrologie n'est pas une science exacte.

**Guy Bedos**

*

Je viens de croiser Régine qui revenait de l'institut de beauté. À mon avis, c'était fermé.

**Coluche**

*

Elie Wiesel a beaucoup de défauts, je l'admets, mais il faut néanmoins lui reconnaître une qualité : il a cessé d'écrire des romans.

**Patrick Besson**

*

C'est dommage que Molière ne sache pas écrire.

**François de Fénelon**

*

Prodigieuse existence que celle de Cocteau : à sauter dans tous les trains en marche depuis 1906, on comprend que le cœur ait cédé !

**Paul Morand**

*

Il ne faut pas oublier que, un jour, Hervé Vilard a été à la mode, je crois que c'était un jeudi.

**Patrick Timsit**

*

Je suis bien content d'avoir arrêté drogues et alcool. Ce serait terrible de ressembler à Keith Richards. Il est pathétique, on dirait un singe avec de l'arthrite qui essaye encore de monter sur scène et d'avoir l'air jeune. Je respecte beaucoup les Stones mais ils auraient dû le virer il y a quinze ans.

**Elton John**

*

Je n'ai rien contre Chantal Goya, je trouve simplement que c'est le genre de nana que tu peux emmener au cinéma si tu as envie de voir le film !

**Coluche**

*

**À PROPOS DE JEAN-PAUL SARTRE :**

Foutu donneur, maudit hideux, chiant pourvoyeur, bourrique à lunettes.

**Louis-Ferdinand Céline**

*

Alain Juppé ressemble au croque-mort de *Lucky Luke*.

**Guy Carlier**

*

**Fernandel :** avec sa gueule chevaline, il était sûr d'être à l'arrivée.

**Arletty**

*

Gilbert Montagné en concert à l'Olympia ce soir. Pourvu qu'il trouve !

**Coluche**

*

**À PROPOS DE JEAN-LUC GODARD :**

Je le trouve génial dans ses conférences de presse. Il devrait même ne plus faire que ça !

**Jean-Paul Belmondo**

*

La nature a horreur du Gide.

**Henri Béraud**

*

Est-ce que vous savez d'où vient le triple menton de Régine ? Elle s'est fait remonter les seins !

**Coluche**

*

Mais où avez-vous vu qu'elle était respectable, la personne humaine ? Vous avez entendu chanter Francis Lalanne ?

**Pierre Desproges**

*

**À PROPOS DE BONNIE TYLER :**

On dirait un mélange de France Gall et de Garou, non ?

**Laurent Baffie**

*

Régine, je l'ai vue au magasin essayer une robe et le vendeur qui la connaissait lui a dit :
– Alors, on vous donne votre taille tout de suite ou on bousille une fermeture Éclair ?

**Coluche**

*

**À PROPOS DE GEORGE SAND :**

... Que quelques hommes aient pu s'amouracher de cette latrine, c'est bien la preuve de l'abaissement des hommes de ce siècle.

**Charles Baudelaire**

*

Renaud croit connaître la classe ouvrière parce qu'il a tourné dans *Germinal* !

**Arlette Laguiller**

*

Line Renaud, elle a trouvé une combine pour les rides, pour se tendre la peau du visage, elle porte plus de soutien-gorge.

**Coluche**

*

**À PROPOS DE LA PRINCESSE MARGARET :**

On aurait dit une énorme balle de fourrure surmontant deux jambes enrobées.

**Nancy Mitford**

*

Brigitte Bardot a déclaré : « Un chat, c'est un cœur avec du poil autour. » Je ne me livrerai à aucun commentaire.

**Jean Yanne**

*

## – Il paraît que Régine va remonter sur scène…
## – Remonter comment ? Avec une grue ?

**Serge Gainsbourg**

*

Benjamin Castaldi a réussi à faire oublier sans peine qu'il est le petit-fils de Simone Signoret, mais nous rappelle en permanence qu'il est le fils de Castaldi, le comédien dont le talent essentiel a consisté à s'introduire une enclume dans la mâchoire.

**Guy Carlier**

*

**À PROPOS DE JACQUES CHIRAC :**

Je croyais qu'il était du marbre dont on fait les statues. En réalité, il est de la faïence dont on fait les bidets.

**Attribué à Marie-France Garaud**

*

# On apprend dans le journal de ce matin que Reagan a deux cancers. Que le meilleur gagne !

**Coluche**

*

J'aime les Corses. Malgré Napoléon. Malgré Tino Rossi. Malgré Charles Pasqua.

**Guy Bedos**

*

**À PROPOS DE CHARLES BAUDELAIRE :**

Il réunit en lui, poussées à l'extrême, toutes les caractéristiques du romantisme : le flou, le mou, le ténébreux, le narcissisme, les infinis faciles. Ce qui ne l'empêche pas, soyons juste, d'avoir un petit fumet assez personnel de viande décomposée et de savonnette.

**Marcel Aymé**

*

La princesse Anne a refusé d'embrasser un enfant... Moi, je trouve que c'est bien. Parce qu'avec le nez qu'elle a, elle aurait pu lui crever un œil.

**Coluche**

*

**À PROPOS DE MICHEL DRUCKER:**

Il est le cheval de Troie qui a fait entrer tous les Québécois en France; il est impossible qu'en quarante ans de télévision Drucker ait aimé tous les artistes qu'il a invités.

**Thierry Ardisson**

*

Zsa Zsa Gabor a été mariée de si nombreuses fois qu'elle a des marques de riz sur le visage.

**Henny Youngman**

*

On connaît le mot fameux de Napoléon: «Talleyrand, c'est de la merde dans un bas de soie!»
Il ne manque à M. Sacha Guitry que le bas de soie pour être un incomparable Talleyrand.

**Henri Jeanson**

*

Johnny Hallyday, je le rencontre dans un hôtel de vacances à Djerba et il me dit : « Tu sais, Fred, je préfère tes Frédéric Dard à tes San-Antonio. C'est écrit plus gros. »

**Frédéric Dard**

*

De deux choses l'une : ou bien Jacques Séguéla est un con, et ça m'étonnerait tout de même un peu ; ou bien Jacques Séguéla n'est pas un con, et ça m'étonnerait tout de même beaucoup.

**Pierre Desproges**

*

**Quand Mireille Mathieu dit une bêtise, au moins elle ne chante pas.**

**José Artur**

*

Dieu a dit à Calogero : « Tu peux choisir, soit être bassiste et gaucher comme Paul McCartney, soit avoir le talent de Paul McCartney. » Bon, il est bassiste et gaucher.

**Guy Carlier**

*

**À PROPOS DE TINA TURNER :**

Tout en jambes et en cheveux avec une bouche qui pourrait avaler un stade entier ainsi que le stand des hot dogs.

**Laura Lee Davies**

*

On apprend que Danièle Gilbert a un rhume de cerveau... Normal, les microbes s'attaquent toujours à la partie la plus faible de l'organisme !

**Coluche**

*

Giscard, cette absence déguisée en homme...

**François Bott**

*

Proust, c'est la psychologie du poil de cul coupé en quatre.

**Bernard Crevel**

*

**À PROPOS DE DREW BARRYMORE :**

On dirait un chausson aux pommes écrasé dans son emballage un jour de canicule.

**Camille Paglia**

*

Apercevant la veuve, très âgée, de Paul Claudel :
– Mon Dieu, comme elle a dû être laide !

**François Mauriac**

*

Jane Birkin, elle est mignonne, le seul truc, c'est qu'il faut faire gaffe à ce qu'elle n'ait pas la chair de poule, sinon tu sais plus où sont ses seins.

**Coluche**

*

**À PROPOS DE CHATEAUBRIAND :**

Il croit qu'il devient sourd parce qu'il n'entend plus parler de lui.

**Sacha Guitry**

*

Quand Jean d'Ormesson a affirmé tout haut à la télévision, à la stupeur générale, qu'on se trompe, qu'il n'est pas intelligent, je crois qu'il faut le prendre au mot, lui savoir gré de sa franchise, la mettre à son crédit et ne pas voir là je ne sais quelle fausse et puante modestie.

**Bernard Frank**

*

J'ai pas peur de l'avouer, j'avais 40 ans passés, eh bien, le jour de la mort de Brassens, j'ai pleuré comme un môme. J'ai vraiment pas honte. Alors que – c'est curieux –, mais le jour de la mort de Tino Rossi, j'ai repris deux fois des moules.

**Pierre Desproges**

Il paraît que pour faire un disque, il faut coucher avec le producteur. Tu vois la gueule du producteur qui a fait faire un disque à Sim !

**Coluche**

Je suis dixième au box-office. Juste sous Barbra Streisand. Vous vous imaginez être *sous* Barbra Streisand... Donnez-moi un sac, je vais vomir.

**Walter Matthau**

*

Dans mon cul où il se trouve, on ne peut demander à Jean-Paul Sartre d'y voir bien clair, ou de s'exprimer nettement.

**Louis-Ferdinand Céline**

*

Gilbert Montagné, faut pas qu'il chante pendant les hymnes, ce serait con de prendre un carton rouge avant que ça commence !

**Stéphane Guillon**

*

Sainte-Beuve, ce crapaud qui voudrait tant être une vipère.

**Jules Barbey d'Aurevilly**

*

Brigitte Bardot est incapable de faire du mal à une mouche. Elle ne sait pas reconnaître une bombe insecticide d'un vibromasseur.

**Jacques Charrier**

*

Les Russes adorent Brooke Shields parce que ses sourcils leur rappellent ceux de Brejnev.

**Robin Williams**

*

Il était très gros, Pompidou, quand il est mort ! Il a éclaté ! D'ailleurs, on a reconstitué ses intestins avec des tuyaux place Beaubourg !

**Coluche**

*

L'ambassade de Chine à Belgrade bombardée pas les Américains. Ce qui confirme que Clinton vise mal comme une certaine robe bleue nous le laissait à penser.

**Jean Yanne**

*

**À PROPOS DE BRIGITTE BARDOT :**

Une trayeuse bien en chair rappelant une vache affublée d'une ceinture, toutes deux ayant exactement le même talent d'actrice.

**Mr. Blackwell**

*

**À PROPOS DE CHARLES DE GAULLE :**

Nous l'appelons Jeanne d'Arc et nous cherchons quelque évêque pour le faire brûler.

**Winston Churchill**

*

Brel, le Brassens des classes moyennes.

**Marcel Mariën**

*

Il y avait déjà des bas résille, maintenant il y a des bas Régine. C'est des collants chair, en plastique latex, que tu enfiles de force et ça tient bien la graisse… ça fait moins mou !

**Coluche**

*

CHAVAL

**À PROPOS DE JEAN-LUC LAHAYE :**

Un nouveau Jésus sponsorisé par la Une. Sabatier à côté, c'est Sartre !

**Guy Bedos**

*

**À PROPOS DE VALÉRY GISCARD D'ESTAING :**

Célèbre chauve creux de la seconde moitié du seizième arrondissement.

**Pierre Desproges**

*

Il paraît qu'au lit Eddie Barclay est un véritable pur-sang : il n'y a pas moyen de le dresser !

**Coluche**

*

**À PROPOS DE MIREILLE MATHIEU :**

Avec elle, je n'ai jamais envie d'être trop méchant. Je me dis qu'à trop vaincre sans péril, on triomphe sans gloire.

**Philippe Bouvard**

*

Un jour, John Wayne m'a envoyé un scénario qu'il avait écrit quelques années auparavant. Je ne l'ai pas rappelé. C'est lui qui, finalement, m'a téléphoné. Il m'a tout de suite dit : « Je pense que j'aurais dû mettre un peu plus de feu dans le scénar, non ? » Je lui ai répondu : « Et vice versa » et j'ai raccroché.

**John Huston**

*

Zola imagine avoir découvert un monde nouveau, parce qu'il a fait le tour des fesses de Nana.

**Jean Richepin**

*

**Jacques Chirac président :**
Je ne sais pas ce qui s'est passé avec ce garçon : il a eu un état de grâce qui a duré en tout quinze secondes. À huit heures, il était élu, à huit heures une, tout le monde regrettait. Lui, c'est pas le septennat, c'est même pas le quinquennat qu'il lui faut, c'est le minutat.

**Guy Bedos**

*

Bruel, je voudrais bien aimer ses chansons, mais je suis trop vieux, je comprends pas les paroles.

**Patrick Timsit**

*

Kouchner sera-t-il candidat à la présidence de la République ? Il ne veut pas encore se prononcer. Sans doute attend-il de savoir ce que Patrick Bruel va décider de son côté.

***Le Nouvel Observateur***

*

**À PROPOS D'ALAIN JUPPÉ :**

Le cynisme lui a toujours tenu lieu de colonne vertébrale.

**François Mitterrand**

*

Dieu a envoyé Elsa à Aragon pour venger tous les gens qu'il a emmerdés.

**Roger Stéphane**

*

**À PROPOS DE LANCE ARMSTRONG :**

Il paraît qu'il s'est tellement fait piquer les fesses qu'on pourrait égoutter les pâtes avec.

**Laurent Ruquier**

*

*À David Letterman :*
**Qui choisit vos fringues ? Stevie Wonder ?**

**Don Rickles**

*

Il y a bien longtemps que Pascal Sevran n'est plus qu'une pitoyable caricature, une sorte de vieux marquis fatigué qu'on exhibe à la télévision, en sachant qu'il va balancer deux ou trois horreurs sans risques, quelques aphorismes réactionnaires et qu'il va se fâcher avec d'autres écrivains mineurs.

**Guy Carlier**

*

Apocryphe, peut-être, mais après l'élection couplée de Marguerite Yourcenar et de Michel Droit, un académicien aurait dit : « On a élu une femme, on peut bien élire un con. »

**Matthieu Galey**

*

Tu sais comment on reconnaît Dalida à Roland-Garros ? C'est la seule qui tourne pas la tête pendant les échanges. Elle voit Connors et McEnroe en même temps !

**Coluche**

*

Elizabeth Taylor est énorme… elle met de la mayonnaise sur son aspirine.

**Joan Rivers**

*

On doit au moins à Monica Lewinsky d'avoir relancé la mode du bavoir et du gargarisme.

**Jean Yanne**

*

**À PROPOS DE JENNIFER LOPEZ :**

Je ne sais pas si, moi, j'aurais le courage de me montrer avec un derrière pareil !

**Cindy Crawford**

*

**À PROPOS DE MARGARET THATCHER :**

Elle ne vieillit pas, elle rouille.

**Jean Boissonat**

*

**À PROPOS DE VALÉRY GISCARD D'ESTAING :**

On a tout dit sauf qu'il était physiquement trop propre et croyait qu'il entraînerait la France derrière lui en laissant, dans son élégant sillage, un parfum délicat de savonnette.

**Jean Cau**

*

**À PROPOS DE JAYNE MANSFIELD :**

Pour elle, l'art dramatique consiste à savoir comment remplir un sweater.

**Bette Davis**

*

# La vie est trop courte et Proust est trop long.

**Anatole France**

*

**À PROPOS DE JOHNNY HALLYDAY :**

Incarnation d'un besoin impérieux et bestial ; ne rien comprendre, ne rien exprimer. Vacuité qui ne se sait même pas vacuité !

**Alain Bosquet**

*

**À PROPOS DE MARGARET THATCHER :**

Elle a les lèvres de Marilyn et les yeux de Caligula.

**François Mitterrand**

*

**Scoop :** les photos de Mitterrand sur son lit de mort auraient été prises par Jack Lang. La preuve ? Si c'était pas lui, il serait sur la photo.

**Laurent Ruquier**

*

**Moi, pas maquillée, je ressemble à Clémentine Célarié !**

**Amanda Lear**

*

Le physique d'Olivier Mazerolle évoque habituellement celui d'un gérant de supérette.

**Guy Carlier**

*

À PROPOS D'ARTHUR RIMBAUD :
Un avorton qui se soulage au pied de l'Himalaya.

**Léon Bloy**

*

Juppé a une tête à se faire gifler par Gabin dans un film en noir et blanc.

**Guy Bedos**

*

Line Renaud quand elle était jeune, la mer Morte était pas encore malade.

**Coluche**

*

Il y a quelqu'un qui a plus d'esprit que Voltaire, c'est tout le monde.

**Talleyrand**

*

L'écriture de Virginia Woolf n'est rien de plus qu'une broderie chic. Je pense qu'elle doit avoir le patron quelque part.

**Dame Edith Sitwell**

*

**À PROPOS DE BERNARD-HENRI LÉVY :**

Il fut [...] envoyé spécial du journal *Combat* au Bangladesh, d'où il rapporta sa première œuvre oubliable et le dégoût du riz complet.

**Pierre Desproges**

*

**À PROPOS DE MADONNA :**

Elle est tellement poilue que quand elle a levé les bras j'ai cru que Tina Turner s'était cachée sous son aisselle.

**Joan Rivers**

*

**À PROPOS DE PAUL VALÉRY :**

Percepteur de campagne. A fini les bras en croix, en vieux granit, à l'entrée du cimetière de Sète. Photographié à chaque saison par le même touriste américain qui le confond avec Brassens.

**Raymond Marquès**

*

**À MASSIMO GARGIA :**

On vous aime bien ! On vous aimerait encore plus si vous n'écriviez plus !

**Laurent Ruquier**

*

Monica Lewinsky a accepté de présenter une émission de télé-réalité appelée « Mr. Personality ». Elle dit que, comme ça, si les gens lui demandent quelle est la chose la plus dégradante qu'elle ait jamais faite, elle aura une nouvelle réponse à donner.

**Tina Fey**

*

J'ai cherché un mot pour caractériser la sottise de Zola. Elle n'est pas seulement exorbitante. Elle est étrange et sale. C'est une sottise qui aurait servi à rincer quelque chose.

**Léon Bloy**

*

**À PROPOS DE WARREN BEATTY :**

S'il a eu un enfant, c'est seulement pour pouvoir rencontrer des baby-sitters.

**David Letterman**

*

Raymond Barre, mollusque de centre flasque.

***Charlie Hebdo***

*

Rocard est comme du chatterton qui colle au veston quand on l'a décollé du doigt.

**François Mitterrand**

*

**À PROPOS D'INGRID BERGMAN :**

Elle parle cinq langues mais ne peut jouer dans aucune d'elles.

**John Gielgud**

*

Le tribunal a estimé que le fait d'avoir assimilé Tapie à une poubelle pouvait être à la rigueur une « injure », mais sûrement pas une « diffamation ».

***Le Canard enchaîné***

*

Papon se défend comme il peut : « J'ai distribué moins d'étoiles que le guide Michelin. »

**Laurent Ruquier**

*

**À PROPOS DE RONALD REAGAN :**

Ce qui nous est arrivé est notre faute à tous. Si nous avions su donner du travail à ce mauvais acteur, il ne se serait jamais lancé dans la politique.

**Otto Preminger**

*

Jean Alesi a pris une grande décision pour la saison prochaine : il passe le permis de conduire.

**Laurent Ruquier**

*

**À PROPOS DU MARIAGE DE FRANK SINATRA ET DE MIA FARROW :**

Ah ! J'ai toujours su que Frank finirait par mettre un garçon dans son lit !

**Ava Gardner**

*

Chirac est prêt à tout pour y arriver. Beaucoup d'hommes politiques vendraient leur mère, Chirac, lui, en plus, il la livre !

**Coluche**

*

Barbra Streisand est un monstre, mais c'est un monstre fascinant. Je pense que son plus gros problème, c'est qu'elle veut être une femme et elle veut être belle, mais elle n'est ni l'un ni l'autre.

**Omar Sharif**

*

*À Larry King :*
Ça vous ennuie si je me recule un peu ? Vous avez vraiment trop mauvaise haleine.

**Donald Trump**

*

Si gouverner, c'est prévoir, Balladur est le Gillot-Pétré de la politique. Sa bonne cote dans les sondages vient sans doute du fait que, à l'inverse d'un Mauroy qui se plantait régulièrement dans ses prévisions, lui nous dit qu'il va pleuvoir quand il va pleuvoir. L'ennui, c'est que, depuis qu'il est là, il pleut tout le temps.

**Guy Bedos**

*

**À PROPOS DE NANCY REAGAN :**
Une bimbo sexagénaire avec un vice prononcé pour la décoration intérieure.

**Barbara Ehrenreich**

*

Il est encore mort, Mike Brant ? Mais alors, c'est tous les jours !

**Coluche**

*

**À PROPOS DE PHILIPPE BOUVARD :**

... avec sa tronche d'ancien bébé.

**Guy Bedos**

*

**À PROPOS DE MARCEL DASSAULT :**

Il sera candidat à l'Assemblée nationale jusqu'à sa mort. Après, il se présentera au Sénat.

**Lionel Stoléru**

*

Si vous voulez me torturer, attachez-moi à une chaise et passez-moi du Mariah Carey en boucle ; ce sera un enfer pour moi ! Je vous assure, le pire...

**Cameron Diaz**

*

Tu sais ce qu'il m'a dit, Johnny Hallyday ? Il m'a dit : « Moi, tu vois, je fréquente personne dans le métier », alors je lui ai dit : « Mais quand même tu connais vachement Carlos », il m'a répondu : « Mais il est pas du métier, Carlos, c'est un ami. »

**Coluche**

*

La mite est née le jour où Gaston Gallimard a ouvert son portefeuille devant un de ses auteurs.

**Alexandre Vialatte**

*

Carlos a voulu prendre une jeune femme sur ses genoux hier soir. Malheureusement, il y avait déjà son ventre !

**Coluche**

*

**À PROPOS DE BORIS ELTSINE :**

À Moscou, ces derniers temps, on dirait que la langue de bois a été remplacée par la gueule de bois.

**Guy Bedos**

*

Pascal Jardin en est au quatrième volume sur feu son père. Pour s'expliquer, il a cette jolie formule : « Je fais revenir Papa. » L'art d'accommoder les restes.

**Matthieu Galey**

*

M. Fabius est au Premier ministre ce que le Canada Dry est à l'alcool.

**Charles Pasqua**

*

**À PATRICK SABATIER:**

Vous êtes à la gentillesse ce que je suis à la méchanceté. On en rajoute tous les deux.

**Guy Bedos**

*

**À PROPOS DE WINONA RYDER:**

À Hollywood, on la vénère, elle est nominée aux oscars; mais je n'ai jamais entendu dire quiconque dans le public ou parmi mes amis dire: « Oh, je l'adore! »

**Jennifer Lopez**

*

L'homme que je déteste le plus au monde est Auguste Rodin parce qu'il est l'auteur d'une sculpture abominable qui représente un penseur, la tête appuyée dans les mains. En cette position, on ne peut rien créer, on peut tout juste déféquer.

**Salvador Dalí**

*

Michel Polnareff, qui est revenu en France après cinq ans d'exil fiscal, a reçu la visite des huissiers qui ont embarqué tous ses meubles: « Moi, dans la chambre vide dans la maison vide, je cherche une chaise pour m'asseoir... »

**Coluche**

*

Quand Mitterrand crache un noyau d'olive,
Max Gallo en fait une salade niçoise.

**Guy Bedos**

*

Moi, j'ai toujours eu du mal avec Björk ! Quand elle chante, j'ai toujours l'impression que mon chat s'est coincé la queue dans une porte...

**Laurent Ruquier**

*

**À PROPOS DE JEAN-PIERRE RAFFARIN :**

Il me fait penser à un zébu. J'attaque jamais sur le physique mais, lui, il abuse.

**Guy Bedos**

*

**À PROPOS DE RAYMOND BARRE :**

Avec de tels amis, on n'a pas besoin d'ennemis.

**Charles Pasqua**

*

Line Renaud a trente ans de carrière. Dis donc, elle a commencé tard !

**Coluche**

*

Je suis pour la participation des hommes dans le sport féminin; les sœurs Williams ont déjà ouvert la voie dans le tennis.

**Jean-Luc Lemoine**

*

Daniel Pennac, que je croise dans un studio de télévision, est un bonhomme sans défaut majeur, sinon ses livres.

**Arnaud Viviant**

*

*Apprenant l'assassinat de Marat par Charlotte Corday:*
Je plains Marat. Il n'a pas eu de chance… Pour une fois qu'il prenait un bain!…

**Comte de Rivarol**

*

**À PROPOS DE PAUL MORAND:**
Par les yeux, il était plus chinois que Mao, et il avait les jambes tellement arquées qu'on cherchait le cheval partout.

**Arletty**

*

**À PROPOS DE RIKA ZARAÏ:**
... la ruminante callipyge illettrée de nos bibliothèques potagères.

**Pierre Desproges**

*

**À PROPOS DE BERNARD KOUCHNER:**

... quart-mondiste et tiers-mondain.

***Le Canard enchaîné***

*

**À PROPOS DE BERNARD TAPIE:**

Ce type-là serait capable de vendre des confettis à la porte d'un cimetière.

**Michel Coencas**

*

Je pense que Mick Jagger serait stupéfait s'il réalisait qu'il a pour bien des gens plus une image maternelle que celle d'un « sex-symbol ».

**David Bowie**

*

Je vous résume le freudisme : Pourquoi ? Parce queue.

**Louis Pauwels**

*

**À PROPOS DE JACQUES CHIRAC:**

Il a le don d'enchaîner les phrases creuses, en arabesques bien balancées où il semble qu'il suffirait de changer deux mots ici, trois adjectifs là, pour que le texte serve indifféremment à ouvrir un banquet, enterrer un illustre défunt, inaugurer une foire ou décerner une Légion d'honneur.

**Françoise Giroud**

*

Elle est bien, Christine Bravo ! Faut juste la voir à la bonne heure !

**Arthur**

*

Ah ! Il va se marier, Dave, hein, ça y est, il va se marier ! Mais il peut pas tout de suite parce que sa femme n'est pas finie d'opérer, c'est pas sec.

**Coluche**

*

**À PROPOS DE LIONEL JOSPIN :**

Une bonne sœur avec de la moustache, en plus ennuyeuse.

**Michel Charasse**

*

On n'a plus le droit de dire du mal et personne ne dit plus du mal ! Moi, je me souviens, quand on était petits, on ouvrait la radio et les mecs canardaient à bout portant tout ce qui bougeait ! C'était déjà Line Renaud qui trinquait ! C'est pour vous dire si la chasse est ouverte depuis un moment !

**Coluche**

# Humour noir

Je lègue tous mes biens à mon épouse,
à condition qu'elle se remarie. Ainsi,
il y aura tout de même un homme
qui regrettera ma mort.

**Paul Scarron**

*

Mais il faut tant d'argent pour se soigner que, puisqu'il faut mourir, autant vous l'épargner.

**Jean-François Regnard**

*

Je perds mes dents, je meurs au détail.

**Voltaire**

*

Veuve, elle déclara de son mari qui était volage: «Je vais enfin savoir où il passe ses nuits.»

**Madame de Boufflers**

*

Le veuvage est une fête que l'on célèbre seul.

**François-Louis Bourdon**

*

Il a perdu une jambe en 1870, il garde l'autre pour la prochaine.

**Jules Renard**

*

Nous deviendrons tous poètes, nous allons tous faire des vers…

**Georges Jacques Danton**

*

*Sur Shakespeare:*
Chexpire, quel vilain nom!
On croirait entendre mourir un Auvergnat.

**Victor Hugo**

*

L'homme naît sans dents, sans cheveux et sans illusions, et il meurt de même, sans cheveux, sans dents et sans illusions.

**Alexandre Dumas père**

*

Je vous croyais mort ! Enfin, ce sera pour une autre fois...

**Jules Renard**

*

Le docteur X, auquel la mort vient d'enlever un de ses clients, a reçu il y a quelques jours une fort belle montre en or. Dans l'intérieur de la boîte, on a fait graver ces mots : « Au docteur X, les héritiers reconnaissants. »

**Alexandre Dumas père**

*

**Le cercueil est le salon des morts : ils y reçoivent des vers.**

**Xavier Forneret**

*

Le lendemain de son mariage, un homme tua sa femme à son réveil. Moralité : la nuit porte conseil.

**Alexandre Pothey**

*

Celui qui se donne la mort est une victime qui rencontre son bourreau et qui le tue.

**Alexandre Dumas fils**

Quand j'aurai les trois quarts du corps dans la tombe, je dirai ce que je pense des femmes, puis je rabattrai vivement sur moi la dalle du caveau.

**Léon Tolstoï**

Si haut qu'on monte, on finit toujours par des cendres.

**Henri Rochefort**

*

D'un homme dont l'haleine était particulièrement forte, il déclara : « Je savais qu'il avait été exécuteur testamentaire, mais j'ignorais qu'il avait mangé le cadavre. »

**Aurélien Scholl**

*

Petite annonce de *L'Os à moelle*:

> «Directeur pompes funèbres cherche personnel ayant le sens de l'humour, connaissant particulièrement la mise en boîte.»

**Pierre Dac**

*

Nous tuons le temps mais il nous enterre.

**Joaquim Maria Machado de Assis**

*

Un proche collaborateur de Georges Clemenceau venait de mourir. Un candidat à la succession lui dit: «Je suis tout prêt à prendre sa place.
– Entendu, lui répondit Clemenceau, vous n'avez qu'à vous arranger avec les pompes funèbres!»

**Georges Clemenceau**

*

Les vieillards tiennent beaucoup trop à leurs idées. C'est pourquoi les naturels des îles Fidji tuent leurs parents quand ils sont vieux: ils facilitent ainsi l'évolution, tandis que nous en retardons la marche en faisant des académies.

**Anatole France**

*

Perdre l'un de ses parents peut être regardé comme un malheur. Perdre les deux ressemble à de la négligence.

**Oscar Wilde**

*

Je me suis toujours demandé si les gauchers passaient l'arme à droite.

**Alphonse Allais**

*

**Shaw,** qui était végétarien, écrivait :
« La mort est préférable au cannibalisme. Mon testament contient des instructions pour que mes funérailles soient suivies non par des voitures de pompes funèbres mais par des troupeaux de bœufs, de brebis, de porcs, des cohortes de poulets et un petit aquarium à roulettes contenant des poissons vivants, tous portant une écharpe blanche en l'honneur de l'homme qui préféra mourir plutôt que de manger ses compagnons. »

*

Le costume d'académicien coûte cher, trop cher, j'attends qu'il en meure un qui ait ma taille.

**Tristan Bernard**

*

Sa mort l'a fait connaître, il peut revenir maintenant.

**Sacha Guitry**

*

Ne prenez jamais la vie trop au sérieux : de toute façon, vous n'en sortirez pas vivant.

**Elbert Hubbard**

*

Tout s'arrange dans la vie, même mal.

**Alfred Capus**

*

On pourrait citer de nombreux exemples de dépenses inutiles ; les murs des cimetières : ceux qui sont dedans ne peuvent pas en sortir, et ceux qui sont à l'extérieur ne veulent pas y entrer.

**Aurélien Scholl**

*

Le pays où il n'y a pas de tombeaux est un pays de cannibales.

**Pierre Dac**

*

**Elle** : Arthur...
**Lui** : Oui, mon amour ?
**Elle** : Je crois que je voudrais être incinérée.
**Lui** : D'accord, mets ton manteau.

**Jerry Dennis**

*

Ils me font sourire, ceux qui parlent sérieusement de leur avenir. Leur avenir est dans la tombe.

**Maurice Maeterlinck**

*

« Il me doit encore quinze francs.
– Vous savez qu'il est mort ?
– Oh ! alors, je lui en fais cadeau. »

**Jules Renard**

*

**Lisant l'avis de son décès dans son journal :**
« Monsieur le directeur,
Comme vous êtes généralement bien informé, cette nouvelle doit être exacte. C'est pourquoi je vous prie d'annuler mon abonnement, qui ne me serait désormais d'aucune utilité. »

**Rudyard Kipling**

*

« Que pensez-vous de l'au-delà ?
– Je ne sais pas. J'ai déjà beaucoup à faire avec l'en deçà. Pourtant, si je vais au paradis, j'y serai bien à cause du climat, mais si je vais en enfer, j'y retrouverai beaucoup de relations. »

**Tristan Bernard**

*

80 ans ! Plus d'yeux, plus d'oreilles, plus de dents, plus de jambes, plus de souffle ! Et c'est étonnant, somme toute, comme on arrive à s'en passer.

**Paul Claudel**

*

Pour une femme, tout événement, même un deuil, se termine par un essayage.

**Marcel Proust**

*

Si je deviens centenaire, je me lèverai chaque matin pour lire les faire-part nécrologiques des journaux, si mon nom n'y est pas, je retournerai me coucher.

**Paul Léautaud**

*

EN UN MOT, FLORENCE, JE VOUS AIME
PIEM

C'est rudement commode, un enterrement. On peut avoir l'air maussade avec les gens : ils prennent cela pour de la tristesse.

**Jules Renard**

*

**Le grand-père qui revient à la vie :**
Quand votre grand-père est en train de mourir, vous installez sans faire de bruit votre petite caméra à environ 1,80 m du chevet du brave homme, vous éclairez avec une ou deux photofloods voilées de crêpe Georgette et vous tournez doucement jusqu'à la fin. Le film une fois développé, il vous suffira de l'inverser dans le projecteur pour voir votre grand-père passer du trépas à la vie, à la grande joie de la famille étonnée.

**Chaval**

*

Il faut bien que tout le monde vive... Et comme il faut bien que tout le monde meure, ça fait la moyenne.

**Léo Campion**

*

Maintenant que je suis vieux, lorsque je parcours un cimetière, j'ai l'impression de visiter des appartements.

**Édouard Herriot**

*

Mourir en beauté, c'est un luxe qu'on ne peut plus vraiment se permettre à partir d'un certain âge.

**Roland Devaux**

*

Les seuls espaces libres sont les cimetières dont la superficie dépasse presque, dans Paris même, la superficie des jardins. Honneur à la ville qui prévoit plus d'oxygène pour ses morts que pour ses vivants.

**Jean Giraudoux**

*

**« Savez-vous nager ? »**
Jules Renard : « Juste assez pour me retenir de sauver les autres. »

*

Je suis plus intéressé par le vin d'ici que par l'eau de là.

**Francis Blanche**

*

Aux dernières étrennes, j'ai offert une chaise à ma belle-mère. Aux prochaines, je la ferai électrifier.

**Pierre Doris**

On apprenait à Sacha le décès d'un de ses amis. Il déclara : « Quelle terrible chose ! Quand je pense combien il m'admirait ! »

**Sacha Guitry**

*

C'est si ennuyeux, le deuil ! À chaque instant, il faut se rappeler qu'on est triste.

**Jules Renard**

*

**La santé est un état précaire qui ne laisse présager rien de bon.**

**Jules Romains**

*

Je désire être incinéré et je veux que 10 % de mes cendres soient versées à mon imprésario.

**Groucho Marx**

*

La mort n'est, en définitive, que le résultat d'un défaut d'éducation puisqu'elle est la conséquence d'un manque de savoir-vivre.

**Pierre Dac**

*

Que de gens ont voulu se suicider, et se sont contentés de déchirer leur photographie !

**Jules Renard**

*

Elle est claquée ! Tu penses bien que si elle m'avait légué sa fortune, j'aurais dit : « Elle est décédée. »

**Alfred Jarry**

*

C'est très beau, un arbre, dans un cimetière. On dirait un cercueil qui pousse.

**Pierre Doris**

*

La plus belle mort, c'est d'être tué à 80 ans d'un coup de revolver par un mari jaloux.

**Francis Blanche**

*

Bien qu'à mon enterrement mes yeux seront clos, je ne veux pas y voir n'importe qui.

**Philippe Bouvard**

*

La mortalité a beaucoup baissé dans nos sociétés, mais l'immortalité n'a fait aucun progrès.

**Jean Kerleroux**

*

Le métier de croque-mort n'a aucun avenir. Les clients ne sont pas fidèles.

**Léon-Paul Fargue**

*

Tristan Bernard accompagnait dans Paris un écrivain quelque peu imbu de lui-même. Passant devant la maison ornée d'une plaque où vécut Huysmans, il dit : « Je me demande ce que l'on inscrira au-dessus de ma porte après ma mort…
– Appartement à louer », murmura alors Tristan Bernard.

*

Invoquer sa postérité, c'est faire un discours aux asticots.

**Louis-Ferdinand Céline**

*

Un peu gêné tout de même de se marier si vite avec sa belle-sœur, il redouble de soins sur la tombe de sa femme. C'est la mieux entretenue du cimetière.

**Jules Renard**

*

On dirait quelqu'un qui a oublié de se faire enterrer.

**Henry Millon de Montherlant**

*

Il est mort, alors pourquoi irais-je à son enterrement, puisque je suis sûr qu'il n'ira pas au mien ?

**Jacques Prévert**

*

Peur de la mort... Pourquoi craindre l'inévitable ?
D'ailleurs, j'étais déjà mort en 1610 puisque je n'existais pas.
Je ne m'en portais pas plus mal.

**Henri Jeanson**

*

Mourir en bonne santé, c'est le vœu le plus cher de tout bon vivant bien portant.

**Pierre Dac**

*

Le plaisir des morts est de moisir à plat.

**Robert Desnos**

*

L'homme n'est que poussière, c'est dire l'importance du plumeau.

**Alexandre Vialatte**

*

Qu'est-ce que la mort ? Un mauvais moment à trépasser.

**Claude Aveline**

*

À
la
postérité
J'y dis merde et remerde
et reremerde.

**Raymond Queneau**

*

Il y a des jours où je pense que je vais mourir d'une overdose de satisfaction.

**Salvador Dalí**

*

Dès qu'on dit feu Untel, c'est qu'Untel s'est éteint.

**Léo Campion**

*

# Chaque fois qu'il y a un type qui meurt, ce n'est jamais le même.

**Louis Scutenaire**

*

La mort des autres, amis ou proches, est déjà si ennuyeuse, sans parler du chagrin, que la nôtre en comparaison ne nous paraîtra rien du tout.

**Maurice Chapelan**

*

Ce n'est pas vraiment que j'ai peur de mourir. Mais j'ai tellement peur de m'ennuyer quand je serai mort.

**Pierre Lazareff**

*

Dans les jeunes étreintes, on a peur de donner la vie ; dans les dernières, on redoute de donner la sienne.

**Roger Judrin**

*

Devant cet entassement de tombes, on dirait que les gens n'ont d'autre souci que de mourir.

**Émile Michel Cioran**

*

Il ne lui restait plus de famille, seulement un caveau.

**Gilbert Cesbron**

*

**Je n'ai plus l'âge de mourir si jeune.**

**Jules Renard**

*

Testament : plantez-moi un saule au cimetière. Que j'aie au moins quelqu'un pour pleurer sur ma tombe !

**Roland Devaux**

*

Quand on se fait vieux, on se réveille chaque matin
avec l'impression que le chauffage ne marche pas.

**Romain Gary**

*

Un au-delà ? Pourquoi pas ?
Pourquoi les morts ne vivraient-ils pas ?
Les vivants meurent bien !

**Chaval**

*

Ne pouvant plus supporter l'idée de la mort, il se tue.

**Claude Roy**

*

Il faudra absolument trouver une explication à la création de l'homme. Rien, en effet, n'est plus agaçant comme de n'avoir jamais eu de commencement, et d'avoir tout de même une fin.

**André Frossard**

*

Toutes les bonnes choses ont une fin.
Sauf les saucisses, qui en ont deux.

**Jean L'Anselme**

*

Dernières paroles d'un artiste sur son lit de mort :
« À quelle heure je passe ? »

**Pierre Doris**

*

# J'ai connu un teinturier qui est mort à la tâche.

**Pierre Doris**

*

« Ah ! ma femme, si vous saviez, c'est un ange !
– Félicitations ! La mienne est encore en vie. »

**Pierre Doris**

*

Il faut vivre vieux, et même très vieux, et même excessivement vieux. Ainsi, on a le plaisir, au fil des années, d'enterrer les gens qui se moquent de vous.

**Jean Dutourd**

*

Il n'y a plus de nos jours que deux sortes de piétons : les rapides et les morts.

**Francis Blanche**

*

**Question :**

« Dans cent ans, qu'aimeriez-vous que l'on dise de vous ? »
Woody Allen : « J'aimerais que l'on dise : il se porte bien pour son âge. »

*

Âgé de 90 ans et mourant, Lévy, célèbre boursier, reçoit la visite de son ami, le rabbin Kahn, venu lui soutenir le moral en lui disant : « Vous vivrez jusqu'à 100 ans. »
Et Lévy répondit : « Pourquoi voulez-vous que Dieu prenne à 100 ce qu'il peut avoir à 90 ? »

**Popeck**

*

Suicidez-vous jeune, vous profiterez de la mort.

**Pierre Desproges**

*

Ceci est mon dernier exercice de stèle.

**Patrice Delbourg**

*

Je crois à l'immortalité et pourtant je crains bien de mourir avant de la connaître.

**Raymond Devos**

*

La vie est assez facile à définir dans son ensemble : une interminable addition de soustractions.

**Jacques Sternberg**

*

Les druides étaient capables de lire l'avenir d'un homme dans ses propres entrailles. Ils ne se trompaient jamais.

**François Cavanna**

*

J'aime me promener dans les cimetières après la messe, je suis en quelque sorte en posthume du dimanche.

**Piem**

*

Mourir est le seul verbe qui se conjugue au passé décomposé.

**Jean Aillaud**

*

Je suis un inquiet perfectionniste, je serai toujours inquiet. Le jour de mon enterrement, je voudrais l'organiser. J'aurai même peur d'être en retard.

**José Artur**

*

Une remise de décoration est l'instant privilégié entre tous où un homme en bonne santé peut entendre en avant-première le tombereau d'amabilités qu'on déversera plus tard sur son cercueil.

**Philippe Bouvard**

*

Je suis dans la fleur d'un âge qui commence à sentir le chrysanthème.

**Robert Lassus**

*

Notre Père qui êtes osseux.

L'Arctique de la mort.

**Une entreprise de bombes funèbres.**

Suivez le veuf.

Que d'os, que d'os !

Hardi, les glas !

**Décrocher la tombale.**

Jean-Paul Grousset

*

Pour ne pas faire souffrir tous ceux que j'aime, si je sens ma mort venir, je saurai être assez odieux pour qu'on ne me regrette pas.

**Guy Bedos**

*

# Les noyés remontent toujours à la surface. Trop tard en général.

**Roland Guyard**

*

J'ai raté ma vie et, néanmoins, j'suis sûr que la mort ne me ratera pas.

**Jean Kerleroux**

*

La mort, c'est dur, mais bien moins
qu'un caillou dans les lentilles.

**Jean-Pierre Desclozeaux**

*

Le monde est pourri :
Tout vous est compté
Rien absolument rien
Ne vous appartient
Même à la fin
Il faut rendre son dernier souffle.

**Jacques Pearon**

*

La vie, c'est faire semblant de ne pas être mort.

**Jacques Dutronc**

*

Je préfère les vieux aux jeunes. A-t-on, en effet, déjà hérité d'un jeune ?

**Olivier de Kersauson**

*

**Héritier** : c'est un homme qui vous prend le pouls chaque fois qu'il vous serre la main.

**Catherine Nay**

**Avis :**
Les personnes qui ne connaissent pas encore ma grand-mère sont priées de se dépêcher. On ferme le cercueil à 14 heures.

**Pascal Gilhodez**

Ce qu'il y a de plus terrible dans la mort, c'est de ne pas pouvoir aller à ses rendez-vous du lendemain.

**Philippe Bouvard**

*

C'est des morts tellement maigres, dans ces pays-là, que même les asticots sont sous-alimentés.

**Jean-Marie Gourio**

# Épitaphes

Ci-gît
le corps
de Chasse.

**François de Chasse**

*

Ci-gît Curnonsky.
Mort de la tombe voisine,
Veille sur tes pissenlits :
Il te mangerait les racines.

**Maurice Sailland dit Curnonsky**

*

Ci-gît l'auteur de tous impôts
Dont à présent la France abonde,
Ne priez pas pour son repos,
Puisqu'il l'ôtait à tout le monde.

**Proposée pour Jean-Baptiste Colbert**

*

Désunis dans la vie,
Unis dans la mort.

**Catherine II la Grande et Pierre III Fedorovitch**

*

Dieu fit Selles,
Dieu défit Selles,
Et aux vers mit Selles.

**Le Baron de Selles**

*

Ci-gît
Edmond About
de souffle.

**Edmond About**

*

Il enseigna la grammaire toute sa vie,
cependant, il ne put décliner la tombe.

**Jean Van Pauteren dit Despautère (grammairien)**

*

Passant, ne pleure pas ma mort
Si je vivais tu serais mort

**Robespierre**

*

Au tombeau, Bourbon va descendre
La mort ne doit point l'alarmer :
Il n'aura qu'un œil à fermer
Et n'aura point d'esprit à rendre.

**Duc de Bourbon (borgne et borné)**

*

Ci-gît Claudel
Solennel,
Surnaturel,
Sempiternel !

**Paul Claudel**

*

Ici repose Marilyn Monroe, 97 – 62 – 92

**Proposée par Marilyn Monroe pour elle-même**

*

Ici repose Philippe Chastrusse, imprimeur
La composition fut toute sa vie
et bien que son caractère incorrigible
le mît parfois à rude épreuve
il fit toujours bonne impression.

**Philippe Chastrusse (imprimeur et humoriste)**

*

Ci-gît ma femme !
Ah ! Qu'elle est bien
Pour son repos
Et pour le mien !

**Jacques Du Lorens pour sa femme**

*

Ci-gît un fameux cardinal
Qui fit plus de mal que de bien
Le bien qu'il fit, il le fit mal,
Le mal qu'il fit, il le fit bien.

**Richelieu**

*

Jean s'en alla comme il était venu,
Mangea le fonds avec le revenu,
Tint les trésors chose peu nécessaire.
Quant à son temps, bien le sut dispenser :
Deux parts en fit, dont il voulait passer
L'une à dormir et l'autre à ne rien faire.

**Jean de La Fontaine**

*

Ci-gît Antoine, comte de Rivarol.
La paresse nous l'avait ravi avant la mort.

**Rivarol**

*

# Ci-gît Allais.
# Sans retour.

**Alphonse Allais**

*

## Anonymes :

Je vous l'avais bien dit que j'étais malade.

*

Ci-gît un pêcheur à la ligne
Qui doit trouver plaisir extrême
Car depuis qu'il repose ici
Il fait ses asticots lui-même.

*

**Maintenant il est avec le Seigneur,**
**Seigneur, fais attention à ton portefeuille.**

*

Ici repose mon épouse bien-aimée,
Seigneur, reçois-la avec la même joie que je te l'envoie.

*

À mon épouse
Elle ne voulait que mon bonheur
Sa mort l'a bien prouvé.

*

Il a cassé sa pipe,
lui qui les aimait tant...

*

Je m'y attendais...

*

À ma belle-mère.
Si elle monte au paradis, il n'y aura bientôt plus que deux enfers.

*

**Paix à mes cendres: ne pas éternuer.**

*

À mon mari, mort après un an de mariage.
Sa femme reconnaissante
*(épitaphe gravée au Père-Lachaise)*

*

Souvenir de tes enfants.
(sauf Ricardo qui n'a rien donné)

## Épitaphes de Philippe Héraclès

L'EXPIRATION
EST VENUE
EN DORMANT

*

**DO
NOT
DISTURB**

*

J'AI
TROUVÉ
LA TERRE
PROMISE

*

**DÉCOMPOSITION**
**RAPIDE**
**7 JOURS SUR 7**

*

CE N'EST
QU'UN
AU REVOIR

*

JE N'AI
RIEN
À AJOUTER

*

AIRE
DE REPOS
ÉTERNEL

*

DERNIERS JOURS
TOUT DOIT
DISPARAÎTRE

*

JE
SUIS
EN
DESSOUS
DE
TOUT

*

J'AI
RETROUVÉ
MES
RACINES

*

**NÉ EN 1912**
**NÉANT 1974**

*

POUR
VIVRE
HEUREUX
VIVONS
CACHÉS

*

ENFIN
SEUL

*

**JE VOULAIS
ÊTRE
INCINÉRÉ**

*

ENFIN
UN MONUMENT
À MA GLOIRE

*

PRODUCTION
DE VERS
À SOI

*

NUL
N'EST CENSÉ
IGNORER
LA FOI

*

RECUEILLEMENT
ENTIÈREMENT
FACULTATIF

*

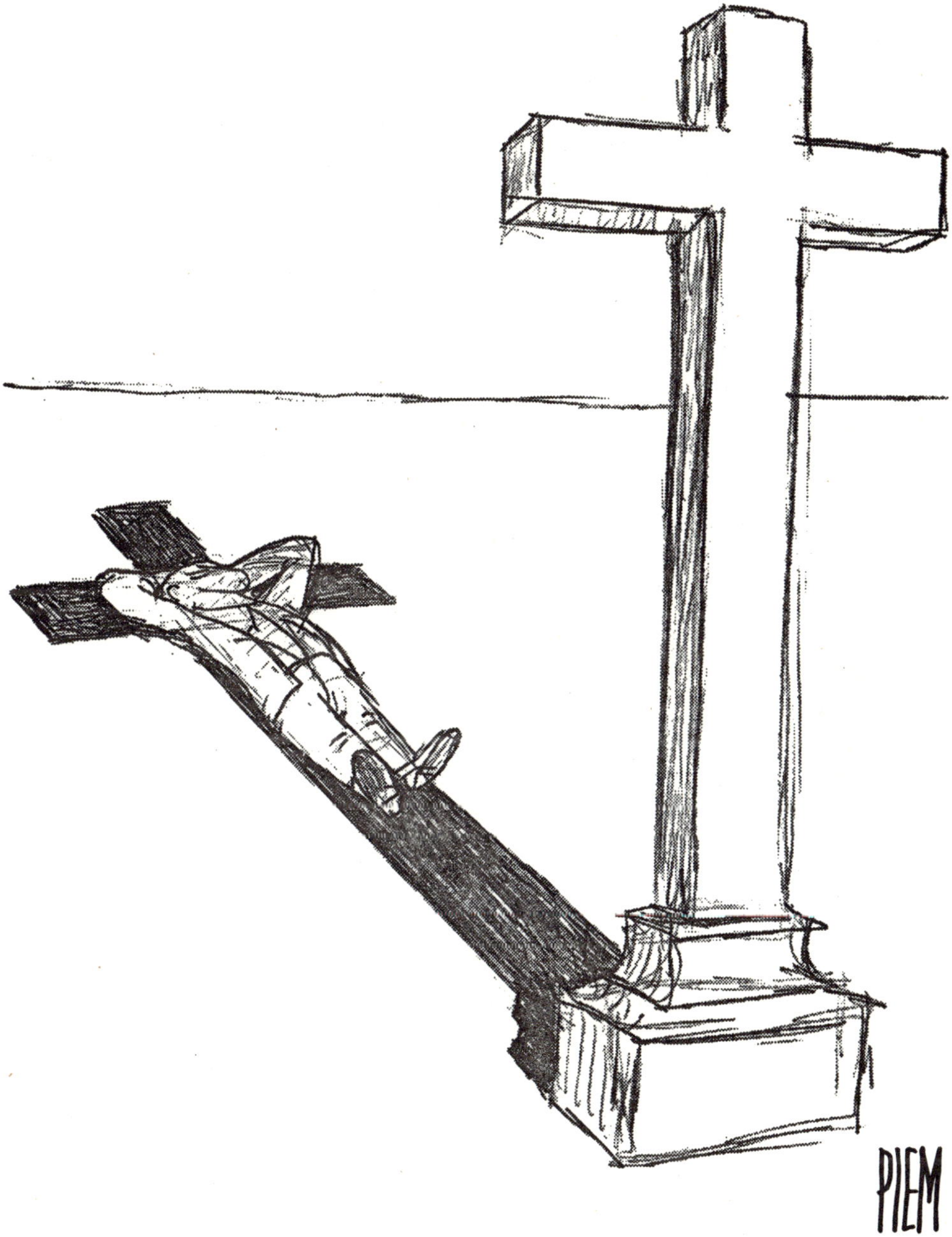
PIEM

AIDEZ LA SÉCURITÉ
SOCIALE
À S'EN SORTIR
FAITES COMME MOI

*

**FAUT PAS
PRENDRE
LE MESSIE
POUR UNE
LANTERNE**

*

DISPARU
PRÉMATURÉMENT
DANS MA
104e ANNÉE

*

JOURNÉE
« PORTES
OUVERTES »
CHAQUE ANNÉE
LE 1er NOVEMBRE
DE 9 H À 18 H
SANS
INTERRUPTION
VENEZ
NOMBREUX

*

**QUI A DIT**
**QUE JE NE FERAI**
**JAMAIS MON TROU ?**

*

QUI C'EST
QUI FAIT
LA GRASSE MATINÉE
TOUS LES MATINS ?
C'EST BIBI !

*

JE SUIS
ASSURÉ
CONTRE
LE DÉGÂT
DES OS

*

DIEU
RECONNAÎTRA
LES SIENS…
J'AI PRIS
QUAND MÊME
UNE PHOTO
DE MOI
DES FOIS
QUE JE NE SOIS PLUS
RECONNAISSABLE

# Répliques

**– Pourquoi devenir acteur ?**

– Quinze ans, les quais de Nantes, le dimanche matin, le crachin, pas d'amis : on phosphore !

**Jean Rochefort**

*

On demandait à Groucho Marx, alors qu'il était déjà octogénaire, ce qu'il changerait à sa vie s'il en avait une nouvelle devant lui. Réponse immédiate :

– J'essaierais plus de positions.

*

En 1882, Oscar Wilde s'en va pour une tournée de conférences en Amérique. Interrogé par un douanier lors de son débarquement, il répond :

– Je n'ai rien d'autre à déclarer que mon génie.

*

**– Si vous étiez un cépage?**

– Comme j'ai renoncé à conquérir l'Amérique, je ne serais pas un cabernet-sauvignon.

**Claude Chabrol**

*

– Penser, penser... j'ai perdu l'habitude: il y a quand même vingt-cinq ans que je suis dans la police!

**Francis Blanche**

*

– Bravo pour votre émission, c'est plus drôle que Drucker.
**– Oh! vous savez, on a un accord: Drucker, il n'essaye pas d'être drôle, et nous, on n'essaye pas d'être chiants!**

**Coluche**

*

**– Vous trouvez que le monde va mal?**

– Oui, et heureusement. Je n'aurais pas supporté d'aller mal dans un monde qui va bien!

**Georges Wolinski**

*

**– Vous aimez-vous ?**

– Non, je n'aime pas mettre dans ma bouche ce que je viens de sortir de mon nez.

**Serge Gainsbourg**

*

**Le journaliste :** Puis-je vous poser une question ?
**Francis Blanche :** Dans l'état où je suis, vous feriez mieux de me poser des ventouses !

*

**– Vous vous sentez vieux ?**

– On s'imagine toujours, et à n'importe quel âge, qu'on sera vieux dans quinze ans.

**Bill Cosby**

*

– Et ce séjour à l'hôpital ?
– Mon plateau ne supporte qu'une infinité de minuscules comprimés, moulés comme des cartouches et baptisés gélules. C'est le régime gélulaire. Mais le public est admis. Ce n'est pas moi qui le dis, c'est une pancarte à l'entrée. J'avais des amis, ainsi donc aujourd'hui ai-je un public. Enfin !

**Antoine Blondin**

*

André Fraigneau interrogeait Jean Cocteau :
– Si votre maison brûlait, qu'emporteriez-vous ?
– Le feu !

*

Robert Debré, pédiatre de grande renommée, répondait à un journaliste :
– Quel est le plus difficile quand vous examinez un enfant malade ?
– Faire taire les parents.

*

– Le café, tu l'aimes allongé ou serré ?
– Allongé, un truc corse.

**Jacques Dutronc**

– Qu'est-ce que vous aimeriez laisser derrière vous ?
– Des dettes.

**Jean Yanne**

**Thierry Ardisson :** C'est le questionnaire de Proust...
**Henri Leconte :** Non, ouais, je connais pas...
**Laurent Baffie :** Fais-lui plutôt le questionnaire de Prost, celui avec les voitures !

*

**– À 17 ans, vous êtes sortie avec un homme de 59 ans ?**
– Oui. Sexuellement, c'était parfait parce que les choses qu'il ne pouvait plus faire, c'étaient celles dont j'ignorais encore l'existence.

**Carol Henry**

*

Mes projets ?... Vous m'avez demandé mes projets ?... Finir mon verre.

**Francis Blanche**

*

À une dame laide qui disait aimer la nature, Groucho Marx réplique :
**– Vous avez du courage, après ce qu'elle vous a fait.**

*

**– Pourquoi faites-vous autant de premiers films ?**
– Parce qu'on ne me reprend jamais une deuxième fois.

**Jean Rochefort**

*

Dialogue entre de Gaulle et le général Massu :
– Alors, Massu, toujours aussi con ?
– Oui, toujours gaulliste, mon général !

*

**– Et ta vie sexuelle ?**
– Elle est si pitoyable que je me suis inscrit aux championnats du monde de célibat. Je rencontre demain le pape en demi-finale.

**Guy Bellamy**

*

**– Vous vous mariez à l'église ?**
– Bien entendu.
– Vous avez raison. Tant qu'à faire une connerie, autant la faire en musique.

**Jean Poiret**

*

J'ai eu un coup de fil de Carlos, il sort de deux semaines dans une clinique d'amaigrissement, il m'a dit qu'il avait fondu de moitié.
– Et qu'est-ce que tu lui as dit ?
– Qu'il aurait pu y rester deux semaines de plus !

**Coluche**

*

**Thierry Ardisson :** Quelques mails pour continuer. J'en ai un de Marine d'Orléans qui me dit : « J'ai 13 ans. Mon lapin vous ressemble beaucoup… »
**Laurent Baffie** : Mais elle t'a déjà vu faire l'amour ?

*

Un journaliste demandait à Marguerite Moreno, actrice plutôt mince :
– Est-ce vrai, en général, que les gens maigres ont de l'esprit ?
– Oui, mon gros.

*

**Henri Monnier**, le créateur du personnage de M. Prudhomme, était en visite chez une dame.

– Bonjour, mon cher Monnier. Avez-vous de quoi vous asseoir ?

– Assurément, j'ai bien de quoi m'asseoir, mais je ne sais pas où le mettre.

*

**– Comment vous trouvez-vous ?**

– Je me trouve moche et con. Heureusement, personne ne semble s'en apercevoir.

**Georges Wolinski**

– Un mec qui a réussi, c'est un mec qui gagne plus d'argent que sa femme ne peut en dépenser.

– Et une femme qui a réussi ?

– C'est une femme qui met la main sur ce genre de mec.

**Jean Yanne**

– Quel est ton auteur favori ?

– Mon nègre.

**Serge Gainsbourg**

*

– Il ne buvait pas, il ne fumait pas, il ne mangeait pas et il est mort très jeune...

– Ça lui apprendra.

**Michel Galabru**

*

**– Vous aimez les mots du vin ?**

– Le langage des dégustateurs de vin me laisse indifférent. J'ai dit une fois à un connaisseur : « Ce vin a de la mémoire. » Il m'a félicité. De la même façon, j'aurais pu dire : « Il est bien garé. »

**Jacques Dutronc**

*

**– Pourquoi tu es devenu gros ?**

– Parce que je ne me trouvais jamais assez bronzé, j'ai voulu augmenter la surface. Et il me reste des réserves, je peux encore devenir chauve !

**Coluche**

*

**– Pour avoir une voiture comme celle-là, vous devez être très riche...**

– Non, très dépensier.

**Frédéric Dard**

*

**– Quelle est votre devise ?**

– Aimez-vous les uns les autres et lâchez-moi la grappe.

**Olivier de Kersauson**

*

– Moi, l'amour, j'ai appris sur le tas.

**– T'as fait le con de te marier avec...**

**Patrick Timsit**

*

– Pourquoi tant de temps entre votre premier film, 1962, et le deuxième, 1967 ?
– Ben, j'étais chômeur, mon pote.
– Il n'y en avait pas à l'époque…
– J'étais un mec d'avant-garde.

**Bertrand Blier**

*

– Je n'ai encore jamais fait de partouzes, c'est bien ?
– Pour quelqu'un qui aime la compagnie, c'est le rêve !

**Frédéric Dard**

*

**– Jésus était juif…**

– Ah bon, alors pourquoi avait-il un prénom espagnol ?

**Bill Maher**

*

Francis Blanche donnait un jour un cocktail à Èze-Village. Parmi nombre de personnalités du spectacle, une jeune comédienne était présente, dont les dernières pièces avaient toutes été des échecs. Francis Blanche se retourna un moment vers la malheureuse pour lui demander : « Veux-tu bien faire passer les petits-fours, toi qui en as l'habitude ? »

*

**– On ne va pas loin de nos jours avec un milliard de francs...**
– Surtout si on est convoyeur de fonds.

**Frédéric Dard**

*

Antoine Blondin arrive au restaurant, commande, comme hors-d'œuvre, un avocat.
– Ensuite ? demande le garçon.
– Je ne répondrai à votre question qu'en présence de mon avocat !

*

**– Votre oiseau préféré ?**
– L'hélicoptère.

**Serge Gainsbourg**

*

**Thierry Ardisson :** Il s'appelle comment, votre jules ?
**Shirel :** Ah !
**Laurent Baffie :** Ça a le mérite d'être court !

*

J'ai passé une excellente soirée. Mais ce n'était pas celle-ci.

**Groucho Marx** (à une maîtresse de maison)

*

**Thierry Ardisson :** Josiane Balasko, quel défaut doit avoir un homme pour vous séduire ?
**Laurent Baffie :** À part le priapisme qui, rappelons-le, est une maladie, pas un défaut.

*

**– Vous êtes toujours en noir ?**
– Seulement lorsque je m'habille.

**Patrick Timsit**

*

**– Quelle est votre religion ?**
– Je fais des dons à toutes les religions. Je détesterais aller en enfer par simple négligence.

**Jerry Farinotti**

*

**– Vous savez que Chirac est un fou des arts premiers ?**
– Oui, y a qu'à regarder Bernadette...

**Jean Yanne**

*

**Un homme :** Où ai-je déjà vu votre visage, auparavant ?
**Groucho :** Sur mes épaules.

**Les Marx Brothers**

*

Quelquefois on me dit : « Monsieur, est-ce que les histoires que vous racontez ne vous empêchent pas de dormir ? » Je réponds : « Si, mais comme ce sont des histoires à dormir debout, je récupère ! »

**Raymond Devos**

*

Le jour de la première d'une pièce – d'un de ses confrères –, Georges Feydeau, discrètement, filait avant la fin.
Un contrôleur le vit :
– Monsieur Feydeau, il y a encore un acte…
– C'est pour ça que je m'en vais, lui répondit Feydeau.

*

**– Comment trouves-tu mes fesses ?**
– Très facilement.

**Frédéric Dard**

– Coluche, vous êtes d'origine italienne ?
– Oui.
– Quelle région d'Italie ?
– Paris. La porte d'Italie.

– Sait-on pourquoi il s'est tué ?
– On dit qu'il s'ennuyait beaucoup.
– Quelle drôle de façon de se distraire !

**Tristan Bernard** (apprenant un suicide)

*

– **Quelles sont vos scènes préférées au cinéma ?**
– Celles où j'ouvre la porte et où je quitte l'écran.

**Jacques Dutronc**

*

– La France est troisième exportateur d'armes dans le monde.
– C'est bien, comme ça, ça nous débarrasse.

**Jean-Marie Gourio**

*

Une jeune débutante déclamait avec quelque exagération son texte devant Louis Jouvet.
– Ah !… où suis-je ? se pâma-t-elle.
– Au Conservatoire, et pas pour longtemps ! trancha-t-il.

*

– Une vie, c'est soixante-dix, quatre-vingts arbres de Noël…
– **Remarquez, quelquefois, il suffit d'un platane !**

**Michel Galabru**

*

– **Vous pensez au suicide, parfois ?**
– Oui. Par peur de la mort.

**Michel Blanc**

*

– **Tu sais où elle habite ?**
– Je sais où est la mienne.

**Coluche**

*

– **Tu aimes les femmes qui ont la tête sur les épaules…**
– Oui. Je hais les cous.

**Steve Martin**

*

**– Qu'est-ce qui t'aurait vraiment fait plaisir, pour tes 60 ans ?**

– Des bougies. Trente.

**Guy Bedos**

*

**– Vous êtes végétarien ?**

– Oui. Pas parce que j'aime les animaux, parce que je hais les légumes !

**A. Whitney Brown**

*

**– Vous savez simuler l'orgasme ?**

– Comme toutes les femmes. C'est la plus élémentaire des courtoisies.

**Joan Rivers**

*

**– L'alcool est le pire ennemi de l'homme ?**

– Oui, mais la Bible dit qu'il faut aimer son ennemi.

**Frank Sinatra**

*

**– Comment avez-vous trouvé l'Italie lors du tournage de votre film *Le Bon Roi Dagobert* à Rome ?**

– Je vais vous expliquer comment j'ai trouvé l'Italie : je suis allé jusqu'à Cannes, j'ai tourné à gauche, à un moment j'ai vu marqué « *frontiera* » et c'était là !

**Coluche**

*

**– Vous aimez les hôtesses de l'air ?**

– Tu parles... en général, elles ont deux fois l'âge de l'appareil.

**Olivier de Kersauson**

*

**– Quelle est votre couleur favorite ?**

– Le vert. Sauf pour la viande.

**Patrick Timsit**

*

– Pourquoi avez-vous fait Mai 1968 ?

**– Pour ne pas devenir ce que nous sommes devenus.**

**Georges Wolinski**

*

– À Monaco, les gangsters ne braquent pas les banques...
– Elles leur appartiennent !

**Laurent Ruquier**

*

**– Quels sont vos auteurs favoris ?**

– Les livres, je ne regarde que les titres. Pas le nom des auteurs. Les génériques, ça fait chier !

**Jacques Dutronc**

*

**– C'est quoi un gentleman pour vous ?**

– Un gentleman est quelqu'un qui est capable de décrire Sophia Loren sans faire de gestes.

**Michel Audiard**

*

**– Vous est-il arrivé de faire la critique d'un film sans le voir ?**

– Mais je ne vois jamais un film avant d'en faire la critique ! J'ai trop peur d'être influencé.

**James Agee**

*

– Vos parents ont souvent déménagé quand vous étiez enfant...

– Oui, mais je les ai toujours retrouvés.

**Rodney Dangerfield**

*

**Élizabeth Teissier :** Je ne suis pas Nostradamus. Je n'ai jamais dit que le monde serait plongé dans l'obscurité, non...

**Laurent Baffie :** C'est l'EDF, ça !

*

– Tu vas voir comment le prix de l'essence
y va monter !
– Moi, ça va rien changer, je prends toujours
15 euros d'essence.

**Brèves de comptoir**

*

**– Qu'est-ce que vous pensez du téléphone portable ?**
– C'est le seul sujet de conversation entre hommes où l'on se vante d'avoir le plus petit.

**Neil Kinnock**

*

**– Quelle est la chose la plus difficile dans la boxe professionnelle ?**
– C'est d'apprendre à ramasser ses dents avec des gants.

**Kin Hubbard**

– Si on vous proposait un voyage dans la Lune, iriez-vous ?
– Sûrement pas, j'y suis.

**Henri Salvador**

**– Vous êtes pessimiste...**
– Je crois que je préfère voir les choses en noir. Pour moi, la bouteille n'est jamais à moitié pleine. Elle est toujours à moitié vide, son goulot est ébréché, je me coupe les lèvres en buvant et je m'y casse les dents.

**Janeane Garofalo**

*

**– L'Académie française trouve que la langue est en danger !**
– Nous, on a appelé la boucherie Bernard et apparemment la langue est bonne, elle est fraîche, elle est à 35,80, elle est légèrement en hausse mais dans l'ensemble elle se maintient !

**Coluche**

*

– Moi qui ne cours pas après le pouvoir social, loin de là, j'ai tendance à me comporter, dans mon petit cercle, en despote absolu.
– Despote éclairé ?
– À la bougie, alors.

**Claude Chabrol**

*

À la télévision, on m'a demandé un jour : « Quelle est la différence entre la meilleure photo du portrait de Juan de Pareja, de Velázquez, et le portrait lui-même ? » J'ai répondu : « Aujourd'hui, la différence est exactement de six millions de dollars. »

**Salvador Dalí**

*

**– Vous pensez que la vie imite l'art ?**
– Non. Elle imite plutôt la mauvaise télévision.

**Woody Allen**

*

– Isabelle Huppert est l'une de vos actrices fétiches.
– Oui. Elle me fait penser à Raimu.

**Claude Chabrol**

*

– La vitesse est limitée à 90 et vous étiez à 140.
**– Oui, mais on est trois dans la voiture.**

**José Artur**

*

**– Tu as assisté à son enterrement ?**
– Non, mais j'ai envoyé une lettre pour dire que j'approuvais cette initiative.

**Mark Twain**

*

**– Tu as fait quoi comme sport ?**
– J'ai été gardien de goal. C'est-à-dire que j'allais au foot avec un copain qu'était goal.

**Coluche**

*

Sacha Guitry dansait avec une jeune femme, jolie, riche et sotte. Elle lui glissa :
– Ah, maître, imaginez… Si nous faisions un enfant ensemble ; il aurait ma beauté et votre intelligence…
– Ah, madame, imaginez que cela soit le contraire…

*

**– Quelles sont les meilleures armes des femmes ?**

– Elles ont à leur disposition deux armes terribles : le fard et les larmes. Heureusement pour les hommes, elles ne peuvent pas s'en servir en même temps.

**Marilyn Monroe**

*

**Thierry Ardisson :** Vous êtes favorable à l'euthanasie ?
**Ludivine Sagnier :** Oui.
**Laurent Baffie :** Même quand les gens vont bien ?

– À l'école, en algèbre, vous étiez du genre Einstein ?
– Oui, mais plutôt Frank qu'Albert.

**Philippe Geluck**

**Thierry Ardisson:** J'ai une grande complicité sexuelle avec ma femme.
**Laurent Baffie:** Moi aussi, j'ai une grande complicité sexuelle avec ta femme. Je la ramène pas tout le temps!

*

– Vous aviez de bons rapports avec vos parents?
– Jusqu'à 13 ans, j'ai pensé que mon nom était «tais-toi».

**Joe Namath**

*

– C'est pas loin, la Lune, c'est à trois jours de voyage aller et retour.
– Oui, mais pour une journée là-bas, ça vaut pas le coup!

**Brèves de comptoir**

*

Tour de France: une année, à chaque étape, on avait droit à une pintade à dîner. J'ai horreur de ça. Alors, à la fin, je me suis levé en la désignant: «Si ce volatile doit faire le Tour avec nous, qu'on lui mette un dossard!»

**Antoine Blondin**

*

**– Quelle est votre profession selon votre passeport ?**

– Sur mon passeport, il y a eu « artiste de variétés » et « artiste lyrique ». Maintenant, c'est « comédien ». En fait, je suis sans profession. Je dépanne de temps en temps au cinéma ou dans les salles de spectacle. Mais mon véritable métier, c'est cuisse de poulet arabe. Un métier extrêmement rare.

**Jacques Dutronc**

*

– Vous prétendez que le président des États-Unis est malhonnête.

– Je ne dis pas qu'il est malhonnête, je dis juste que je ne serais pas surpris d'apprendre qu'il s'est fait installer des poches en caoutchouc pour pouvoir voler de la soupe.

**Wilson Mizner**

*

**Thierry Ardisson :** Votre plus belle histoire d'amour ?
**Richard Virenque :** Celle que je vis en ce moment avec ma femme Stéphanie.
**Thierry Ardisson :** Ah, ça dure, cette histoire...
**Laurent Baffie :** Oui, elle est pharmacienne !

*

– Vous êtes canadien.

– Oui. C'est comme un Américain mais sans le pistolet !

**Jerry Farinotti**

# Répliques cinématographiques

– Vous voyez ce groupe de musiciens folklorique ?
– Traditionnel.
– Je connais pas le terme arabe. Comment s'appelle cette guitare en forme de gros tourteau fromager ?
– ... L'al-aoud...
***(OSS 117, Le Caire nid d'espions)***

*

– Oh, un petit Scrabble ! Ça vous remontera.
– Non, non, je préfère sortir Choupette.
– Ah ! oui, mais j'ai droit à ma revanche d'hier soir, dites donc, j'ai eu du mal à digérer vos 72 points, là, avec quel mot déjà ?
– Homicide...
***(Les Trois Frères)***

*

**Un cabaretier :** Et alors ? Vous ne venez pas prendre le pastis ?
**Merlot :** Ferme ça.
**Fougasse :** Tu ne vois pas qu'on est de service...
**Le cabaretier :** Et alors ! D'habitude, c'est pas ça qui vous empêche d'avoir soif.
(À Cruchot :) C'est vous qui leur faites peur comme ça ? C'est pas gentil. Déjà qu'ils sont craintifs.
***(Le Gendarme de Saint-Tropez)***

*

La psychologie, y en a qu'une : défourailler le premier.
***(Les Tontons flingueurs)***

*

– Jane, chérie, est-ce que tu essaies d'avoir l'air d'un sac ?
– Oui !
– Mes félicitations, tu y réussis admirablement.
***(American Beauty)***

*

– Eddy, on a un problème.
– Un problème ? Non, les fumeurs de crack ont un problème, vous, vous êtes foutus.
***(Mr & Mrs Smith)***

*

– C'est qu'une boîte à faire tourner ! Quelquefois je dois cogner un petit peu pour que ça tourne rond... On a eu une engueulade, Freddy et moi, et je l'ai remis à sa place, voilà.
– Tu remets mon frère à sa place ?
– Il culbutait toutes les serveuses les unes après les autres ! Y avait jamais de fille pour servir les clients ! Tu te fous de moi, Mike ?
***(Le Parrain)***

*

– Attention, j'ai le glaive vengeur et le bras séculier ! L'aigle va fondre sur la vieille buse !
– Un peu chouette comme métaphore, non ?
– C'est pas une métaphore, c'est une périphrase.
– Fais pas chier !
– Ça, c'est une métaphore.
***(Faut pas prendre les enfants du bon Dieu pour des canards sauvages)***

*

– Tu es décevant, Nero. Mais tu sais ce qui me déçoit encore plus ?
– Ta vie sexuelle ?
***(Strange Days)***

*

– À quoi tu penses ?
– Je pense pas, je m'emmerde.
– On dirait que tu penses quand tu t'emmerdes.
***(Le Goût des autres)***

*

– C'est quand même marrant, les évolutions. Quand je l'ai connu, « le Mexicain », il recrutait pas chez tonton.
– Vous savez ce que c'est, non ? L'âge, l'éloignement. À la fin de sa vie, il s'était penché sur le reclassement des légionnaires.
– Ah ! si c'est une œuvre, alors là, là, c'est autre chose.
***(Les Tontons flingueurs)***

*

BANQUE
ROUTE
PIEM

– Il s'appelle Juste Leblanc.
– Ah bon, il a pas de prénom ?
– Je viens de vous le dire. Juste Leblanc. Leblanc, c'est son nom et c'est Juste son prénom.
– Euh...
– Monsieur Pignon, votre prénom à vous, c'est François, c'est juste ?
– Oui.
– Eh bien, lui, c'est pareil, c'est Juste.
***(Le Dîner de cons)***

*

## – Mon bac, je l'ai pas eu. Tout ce que j'ai eu, c'est des emmerdes.
***(Merci la vie)***

*

– Est-ce que l'un de vos parents ou de vos ancêtres est décédé d'une mort non naturelle ?
– Mon grand-père. Problèmes de la gorge. En fait, on l'a pendu.
***(Insurance)***

*

– Cela vous coûtera deux cents dollars.
– Deux cents dollars ! ! !
– C'est deux cents dollars ou rien.
– OK. On le prend pour rien alors.
***(Cash and Carry)***

*

– Il y a des patrons de gauche, je tiens à vous l'apprendre.
– Il y a aussi des poissons volants, mais ils ne constituent pas la majorité du genre.
*(Le Président)*

*

– Ça sent la fraude fiscale.
– À quoi tu sens ça ?
– À l'épaisseur de la moquette.
*(Tenue de soirée)*

*

– Que désirez-vous manger ?
– Betteraves et carottes râpées.
– C'est un restaurant ici, pas un pré.
*(Ninotchka)*

*

Avec un pistolet dans la bouche, on ne peut prononcer que les voyelles !
*(Fight Club)*

*

**– Un crétin chimiquement pur… je me demande où tu vas le chercher ?**
– Quai des Orfèvres. Je suis fidèle à mes fournisseurs.
*(Le Pacha)*

*

– Madame, quand vous étiez allongée dans ce parc, que vous sentiez les mains de cet inconnu sur vos genoux, sur vos bas, pourquoi n'avez-vous pas crié ?

– Comment aurais-je pu savoir alors qu'il en voulait à mon argent ?

***(The Night They Raided Minsky's)***

*

– Mais qu'est-ce qui s'est passé ?
– Ben... Il a dû pisser sur la ligne à haute tension... Point final...
– Vous savez, madame, ça s'est passé tellement vite... Il a pas dû souffrir du tout... Du tout.
**– C'est bien la première fois qu'il fait des étincelles avec sa bite !**

***(Les Morfalous)***

*

– Tu ferais mieux de rejoindre ton grand-père !
– Mais il est mort !
– Je sais.

***(Le Metteur en scène)***

*

– Comment êtes-vous mort ?
– J'étais dans le coma.
– Ah... et combien de temps êtes-vous resté dans le coma ?
– Je n'en ai aucune idée.
– On va faire un jeu : Elvis, mort ou vivant ?
– Vivant.
– Un long coma alors !

***(Defending Your Life)***

*

Le docteur dit que si on m'opère encore une fois, il aura plus vite fait de me greffer une fermeture Éclair.
***(Whoopee !)***

*

Quand on est enceinte, on ne fume pas. C'est pas un médecin qu'il va te falloir pour accoucher, c'est les pompiers.
***(Je vous aime)***

*

– Est-ce qu'il y a des tambours dans votre roman ?
– Non.
– Et des trompettes ?
– Non plus.
– Alors, vous n'avez qu'à l'appeler «**Sans tambour ni trompette**» !
***(Domicile conjugal)***

*

– John, mes parents... sont morts quand j'avais 5 ans, j'suis orpheline.
– Mais alors qui... qui t'as conduite à l'autel lors de la cérémonie de mariage ?
– Un vulgaire acteur.
– Quand je disais que j'avais vu ton père dans *La croisière s'amuse*...
– T'avais raison !
***(Mr & Mrs Smith)***

*

– C'est pas bien sorcier d'extraire une âme de son corps… on la siphonne par les orifices… j'ai lu ça dans un livre !
– Je parie que c'est un bouquin de cul.
***(Bubba Ho-Tep)***

*

– Tu n'as gagné aucune bataille depuis ta cinquième et c'était contre une fille !
– Ouais, mais elle était grosse… Elle avait redoublé !
– Et t'avais le soleil dans les yeux !
***(Bruce tout-puissant)***

*

La famille royale est peut-être dégénérée mais j'peux vous assurer que la princesse Al-Tarouk vaut le détour. J'peux vous dire que quand elle s'affaire elle laisse son sang royal au vestiaire ! Mais elle gueule, mon vieux ! On dirait une poissonnière de Ménilmontant !
***(OSS 117, Le Caire nid d'espions)***

*

Tu vois, le monde se divise en deux catégories : ceux qui ont un pistolet chargé, et ceux qui creusent… Toi, tu creuses…
***(Le Bon, la Brute et le Truand)***

*

**Fernand Naudin :** J'ai connu une Polonaise qu'en prenait au p'tit déjeuner. Faut quand même admettre que c'est plutôt une boisson d'homme.
**Raoul Volfoni :** Tu sais pas ce qu'il me rappelle, c't espèce de drôlerie qu'on buvait dans une p'tite taule de Bien-Hoa pas tellement loin de Saigon... Les volets rouges... et la taulière, une blonde commak... Comment qu'elle s'appelait, nom de Dieu ?
**Fernand Naudin :** Lulu la Nantaise !
***(Les Tontons flingueurs)***

*

– Le mec du *Grand Bleu*, il peut rester sous l'eau 10 minutes sans respirer.
– Et toi, tu peux pas rester 10 minutes sans dire une connerie !
***(Les Trois Frères)***

*

Je cherche un homme qui a des amis haut placés. Je cherche un million de dollars cash. Je cherche, Don Corleone, l'aide des politiciens que vous trimbalez dans vos poches comme si c'était de la petite monnaie.
***(Le Parrain)***

*

– Je serai là le temps de dire « tarte aux myrtilles »...
– Tarte aux myrtilles.
– ... P'têt pas si vite...
***(Pulp Fiction)***

*

**Youssef:** Moi, j'persiste à dire que t'aurais jamais dû l'appeler aujourd'hui.
**Mike:** Qu'est-ce que ça aurait changé s'il l'avait appelé plus tard?
**Christophe:** C'est vrai, qu'est-ce que ça aurait changé?! Elle m'a filé un faux numéro! Un faux numéro, ça se serait pas transformé en bon numéro dans deux jours.
***(Le ciel, les oiseaux et ta mère)***

*

– Quel est le problème?
– Il y a entre nous un immense abîme, docteur. Et il se développe continuellement parce qu'il y a trop de choses que nous ne savons pas nous dire, comment on appelle ça?
– Le mariage.
***(Mr & Mrs Smith)***

*

– Babloche!
– Mais oui, je suis un bab, et alors? Ça te défrise, vieux réac? Parce que j'ai les cheveux longs, tu flippes pour ton confort bourgeois. Tu as un mauvais karma, frère, si tu supportes pas les cheveux. Désolé, papy, mais j'ai ma liberté d'expression capillaire.
***(La Classe américaine)***

*

– Putain, attention, touche pas ! C'est un monochrome de Whiteman, ça vaut une fortune.
– Ah ouais, c'est un tableau quoi… Le mec, il a peint l'Alaska.
***(Les Trois Frères)***

*

J'espère, messieurs, que nous ferons du bon travail ensemble. Écoutez-moi bien. Vous savez que le gendarme est à la nation ce que le chien de berger est au troupeau. Il faut souvent aboyer, parfois mordre, mais toujours se faire craindre. Vous êtes les branches et je suis le tronc. Une seule chose compte : c'est que la récolte soit bonne et que les vaches soient bien gardées.
***(Le Gendarme de Saint-Tropez)***

*

– Bon, ce n'est pas l'Armée du salut. Sortez !
– Mais c'est des querelles d'amoureux, ça ! Vous êtes marié ? Vous ne vous êtes jamais disputé, vous ?
– Oui, mais jamais à coups de fer à souder.
– Euh, ben, c'est parce que vous n'êtes pas bricoleur !
***(Le Père Noël est une ordure)***

*

– Pardon, monsieur, la rue Gustave-Flaubert, s'il vous plaît ?
**– Qu'est-ce que vous allez foutre, rue Gustave-Flaubert ?**
– Mais enfin, monsieur, ça ne vous regarde pas !
**– Alors, m'emmerdez pas !**
***(Calmos)***

*

Le chagrin, c'est comme le ver solitaire : le tout, c'est de le faire sortir.

***(Fanny)***

*

– Non, mais dis donc, tu n'allais quand même pas me proposer une partie à quatre ?
– Non, mais t'es fou… je bois déjà pas dans le verre des autres !

***(Viens chez moi, j'habite chez une copine !)***

*

– Je l'ai aimé neuf ans. Je l'ai aimé dès le jour de notre mariage. Et puis peu à peu, le temps passe et c'est comme essayer de remettre le dentifrice dans le tube.

***(How to Beat the High Cost of Living)***

*

Toi, dans la vie, tu ne comprends rien dès que tu n'es pas derrière un comptoir.

***(Le Schpountz)***

*

Tu penses vraiment que tu étais facile à vivre ? Comparé à quoi ? À la guerre de Cent Ans ?

***(Nos plus belles années)***

*

– Tu as 40 ans, il en a 23. Tu veux vraiment te marier ?
– Qu'est-ce que je peux faire d'autre ?
– L'adopter.
*(40 carats)*

*

Si j'étais une femme, je ne ferais rien d'autre que de passer mes journées assise chez moi à jouer avec mes seins.
*(La Storia)*

*

J'ai été sur plus de genoux qu'une serviette !
*(Je ne suis pas un ange)*

*

– Vous savez à quoi je pense ?
– Est-ce qu'il y a des moments où vous n'y pensez pas ?
– Oui – quand je le fais.
*(Le Grand Escogriffe)*

*

J'ai demandé à ma femme : « Où veux-tu aller pour ton anniversaire ? » Elle m'a répondu : « Je veux aller quelque part où je ne suis encore jamais allée. » **Je lui ai dit : « La cuisine, par exemple ? »**
*(Les Affranchis)*

*

Mange ta soupe ! Et surtout ne pleure pas dedans, elle est déjà trop salée.
***(Marius)***

*

– Vous trouvez que je vous ressemble ?
– Non, à ta mère. Une perfection, ta mère, une sainte.
– Pourquoi l'avez-vous quittée ?
– Je viens de te le dire.
***(La Bande à papa)***

*

– À quelques mètres de nous, il y a trois metteurs en scène. Je vendrais ma mère pour pouvoir leur parler.
– Tu as déjà vendu ta mère l'année dernière.
– Oui, mais on me l'a retournée.
***(La Chanteuse et le Milliardaire)***

*

– Vous êtes acteur ? Et où peut-on vous voir ?
– Chaque vendredi à onze heures. À l'agence pour l'emploi.
***(Fleur de cactus)***

*

À ma dernière visite de dépistage, le gynéco a dû utiliser des gants en cuir et un couteau à huîtres.
***(Mary à tout prix)***

*

– Entre nous, Dabe, une supposition, j'dis bien une supposition, que j'aie un graveur, du papier et que j'imprime pour un milliard de biftons. En admettant, c'est toujours une supposition, en admettant qu'on soit cinq sur l'affaire, ça rapporterait net combien à chacun ?

– Vingt ans de placard. Les bénéfices, ça se divise, la réclusion, ça s'additionne.

***(Le cave se rebiffe)***

*

– La magouille, je peux plus. Je veux faire honnêtement un métier honnête.
– Tu veux quitter la police ?

***(Ripoux contre ripoux)***

*

– La police a trouvé dans son appartement un tapis fait de cheveux humains !

**– Et alors, Votre Honneur, le mauvais goût n'est pas un crime.**

***(Armed and Dangerous)***

*

– Des milliers d'hommes se sont mariés uniquement pour éviter l'armée.
– C'est comme se couper la gorge pour éviter les laryngites !

***(Caught in the Draft)***

*

– Dites, c'est la première fois que je vois un Chinois qui parle yiddish.
**– Ne lui dites rien, il croit qu'il apprend l'anglais.**
***(Je hais les acteurs)***

*

– Finalement, il y a beaucoup de cousins qui ne sont pas germains.
– Sauf chez les Allemands.

***(Bonsoir)***

*

Salut. Y a-t-il quelqu'un qui ait une bonne nouvelle ou de l'argent ? Non ? Au revoir.
***(Des clowns par milliers)***

*

Je vois un désastre, je vois une catastrophe, pire, je vois des avocats !
***(Maudite Aphrodite)***

*

– Tu as disparu du jour au lendemain sans même me laisser un mot. Tu n'as jamais répondu aux lettres que je t'ai envoyées.
– Je ne les ai jamais ouvertes. Je les déchirais et je les jetais au feu.
– Ah bon. Tu n'as donc pas eu le chèque de 1 million de francs légué par ton oncle ?
***(Y a-t-il un flic pour sauver la reine ?)***

*

– Je ne trouve pas ça juste de passer un test que nous n'avons pas préparé !
– Mais, les gars, ce n'est qu'un putain d'examen d'urine !
***(29th Street)***

*

– La révolution, c'est comme une bicyclette : quand elle n'avance plus, elle tombe.
– Eddy Merckx !
– Non, Che Guevara !
***(Les Aventures de Rabbi Jacob)***

*

– C'est pas beau, des travailleuses !
– Il ne peut pas y avoir que des putes.
– Et pourquoi pas ? Des travailleurs et des putes, au moins, comme ça, on saurait pourquoi on travaille.
***(On ne meurt que deux fois)***

*

**Je me suis hissé moi-même de rien du tout jusqu'à un état d'extrême pauvreté.**
***(Monnaie de singe)***

*

– Si vous persistez à ne pas arriver à l'heure, je devrai prendre une autre secrétaire !

**– Et vous pensez qu'on aura suffisamment de travail pour deux ?**

***(Une demoiselle en détresse)***

*

– J'ai failli épouser Caroline de Monaco. Puis ça s'est pas fait. Une question de TVA, une connerie.

***(Le Quart d'heure américain)***

*

– Jenny est le stéréotype parfait de l'adolescente : hargneuse, paumée, mal dans sa peau. J'aimerais pouvoir lui dire que ça va s'arranger, mais je ne peux pas lui mentir.
***(American Beauty)***

*

Ce sont les pauvres qui sont fous à lier. Nous, les riches, on est excentriques !
***(Speed)***

*

**– La contribution de l'Angleterre à la gastronomie : la chips.**
***(Un poisson nommé Wanda)***

*

– Qu'est-ce que c'est que ça ?
– Des sushis.
– Sushis ?
– Riz, poisson cru et algues.
– Tu ne supportes pas la langue d'un garçon dans ta bouche et tu arrives à manger ça ?
***(The Breakfast Club)***

*

Quand les types de 130 kilos disent certaines choses, les types de soixante kilos les écoutent.
***(100 000 dollars au soleil)***

*

– Regrettez-vous votre crime ?
**– Oui. Si vous me condamnez.**
***(La Poison)***

*

S'il y a une chose que j'ai apprise dans la vie, c'est bien qu'il vaut mieux avoir un flingue et ne pas avoir besoin de s'en servir que d'avoir besoin de s'en servir et de ne pas en avoir.
***(True Romance)***

*

Mon père lui a fait une offre qu'il ne pouvait refuser. Luca Brasi lui pointait un pistolet sur la nuque et mon père l'a assuré que soit son cerveau soit sa signature finirait sur le contrat.
***(Le parrain)***

*

Non mais t'as déjà vu ça, en pleine paix, y chante et pis craque un bourre-pif. Mais il est complètement fou, ce mec… Mais moi, les dingues, j'les soigne, j'm'en vais lui faire une ordonnance, et une sévère. J'vais lui montrer qui c'est Raoul. Aux quatre coins de Paris, qu'on va le retrouver éparpillé par petits bouts, façon puzzle. Moi, quand on m'en fait trop, je correctionne plus, je dynamite… j'disperse… j'ventile !
***(Les Tontons flingueurs)***

*

Je monte à l'étage voir ce qui se passe. Si deux hommes en redescendent en courant, laisse passer le premier, il y a toutes les chances pour que ce soit moi.

***(Le Mystère du château maudit)***

*

– Et alors, finalement, vous nous avez piqué beaucoup de trucs ?
– La routine : bijoux, fourrures, argent liquide... rien de vraiment bouleversant.
– Les pauvres... Ils risquent leur liberté pour nous voler notre ennui...

***(Tenue de soirée)***

*

Si seulement je pouvais voler suffisamment de choses pour enfin devenir un homme honnête !

***(Le renard s'évade à trois heures)***

*

Le quatuor, c'est une bonne formation pour orchestre, mais pour un braquage, c'est un peu trop.

***(La Métamorphose des cloportes)***

*

– Nous ne sommes pas des voleurs.
– Alors, c'est quoi que vous faites ?
– De la mendicité à main armée.
***(Bons baisers... à lundi)***

*

Tu es un ersatz de méchant, tu es un semi-méchant, tu es la sucrette du mal, vois-tu. Tu es le Diet Coke du vice...
***(Austin Powers 2)***

*

– Qu'est-ce que tu crois ? Lecter veut la baiser, la tuer, la manger ?
**– Les trois, certainement, reste à savoir dans quel ordre.**
***(Hannibal)***

*

– Y a pas de souci, vieux. Dans la vie, tout s'arrange. Y a jamais de raisons de se biler. À quoi bon, sincèrement, se fabriquer des cheveux blancs ? À notre âge ? Ils vont pas nous faire un trou au cul... on en a déjà un !
– On va quand même pas rouler comme ça, droit devant, sans savoir où, jusqu'à ce que le réservoir soit vide ?
– Et pourquoi pas ? On est pas bien ?
– Si...
– Paisible... à la fraîche... décontracté du gland... Et on bandera quand on aura envie de bander !
***(Les Valseuses)***

*

– Quand Raphaël a contemplé pour la première fois le plafond de la chapelle Sixtine, il s'est évanoui.
**– Pourquoi, il n'avait pas mangé ?**
***(Comédie érotique d'une nuit d'été)***

*

– J'ai déjà connu beaucoup d'hommes mais je n'en ai jamais regardé un tant que le précédent n'était pas mort.
– Dès qu'il y en a un dans un état critique, faites-le-moi savoir.
***(Charade)***

*

– Je ne suis pas le Messie ! Vous m'entendez ? Je ne suis pas le Messie, vous comprenez !
– Seul le Messie peut ainsi dénier sa divinité !
– Mais... que voulez-vous que je vous dise alors pour vous convaincre ? D'accord, dans ces conditions, je suis le Messie !
– Il est le Messie, il est le Messie !
– Mais non ! Oh, allez vous faire mettre !
– Bien. Et par qui, Mon Seigneur ?
***(La Vie de Brian)***

*

– De quelle religion êtes-vous ?
– Euh... disons juif ; juif non pratiquant.
– Moi, je suis vierge non pratiquante.
***(Génération 90)***

*

– Sqwack Mulligan m'a dit que vous aviez enterré votre femme l'an dernier.
– Oui. J'ai été obligé. Elle était morte.
***(Mon petit poussin chéri)***

*

– Pas la guillotine !
– Soyez brave, mon ami. Vous vouliez mourir de toute façon.
**– Oui, mais comme un homme, pas comme un salami.**
***(Monsieur Beaucaire)***

*

– Ton père et moi, tu nous feras mourir de chagrin.
– Tant mieux, comme ça, on retrouvera pas l'arme du crime.
***(Mélodie en sous-sol)***

*

C'est les jeunes qui se suicident, pas les vieux, ils ont tellement pris l'habitude de vivre !

***(Y a-t-il un Français dans la salle ?)***

*

À 60 ans, ma grand-mère a commencé à marcher tous les jours trois kilomètres. Aujourd'hui, elle a 97 ans et Dieu sait où elle est rendue !

***(Wisecracks)***

*

– Je me suis éraflé la main.
– C'est bien fait, t'avais qu'à prendre des gants ! Oh, mais c'est rien...
– Je suis pas sûr. Je connais un mec, il s'est éraflé, ça s'est infecté, il est devenu sourd-muet !

***(Viens chez moi, j'habite chez une copine !)***

*

– Tu sais, il y a un nom pour les gens qui pensent que tout le monde conspire contre eux.
– Je sais... la perspicacité.

***(Le Sortilège du scorpion de Jade)***

*

– À chaque fois que je chante cette chanson, elle continue à me hanter longtemps.
**– Normal, à chaque fois, tu l'assassines.**

***(Lady Lou)***

*

Une couche-partout, une garce pour qui tous les hommes sont bons. [...] en fin de compte, ces femmes trouvent toujours preneur. Tout le monde visite et un imbécile finit par acheter.

***(Maigret tend un piège)***

*

L'amitié entre un homme et une femme, ça n'a pas cours. C'est de la fausse monnaie.

***(Paris au mois d'août)***

*

Ma femme, tu peux lui enlever sa culotte mais pas ses principes !

***(L'important c'est d'aimer)***

*

– Y a quel pourcentage de filles pour un mec ici ?
– Ça dépend du mec.

***(Les Bronzés)***

*

« Cocu » est un mot pour les riches. Moi, si ça m'arrivait, je ne serais pas cocu, je serais malheureux.

***(La Femme du boulanger)***

*

– Je vous présente Mme Dolla Volle.
– Il y a du sicilien en vous ?
– Pas depuis hier soir.
***(Le Prince de Sicile)***

*

Regarde-moi le mignon avec sa face d'alcoolique, sa viande grise, avec du mou partout, du mou du mou, rien que du mou. Dis donc, tu ne vas pas changer de gueule un jour ? Et l'autre, la rombière, la guenon gélatine et saindoux. Trois mentons et les nichons qui lui dévalent sur la brioche. Cinquante ans chacun, cent ans pour le lot, cent ans de connerie !
***(La Traversée de Paris)***

*

– En puissance intellectuelle, on va voir ce que tu vaux.
– Mais avec plaisir.
– Très bien. C'est une devinette. Qu'est-ce qui a 3 bras, 1 seul chapeau, 2 chemises et une veste… un foulard… un pistolet et 4 oreilles ?
– Mais aucun problème, c'est le cow-boy de Tchernobyl.
– Bravo, il la connaissait !
– Au revoir, messieurs dames, c'est ça la puissance intellectuelle. Bac + 2, les enfants !
***(La Classe américaine)***

*

– Et vous, votre femme vous a-t-elle trompé ?
– Forcément.
– Et alors ?
– Je lui ai flanqué une correction et depuis, avant de recommencer, elle y regarde à deux fois… il faut que ça en vaille la peine !

***(Au bonheur des dames)***

*

– Tu veux danser ?
– J'y pensais depuis un moment.
– Alors ?
– Non.

***(Pour le meilleur et pour le pire)***

*

– Écoute, Paul, tu es très sympa mais tu chancelles pour un rien. Je voudrais pas être à ta place le jour où tu rencontreras une coccinelle sans taches noires.

***(Tango)***

*

– Pourquoi est-ce que vous ne rapportez pas un cadeau à votre femme ? Un petit animal, par exemple, les femmes sont cinglées de ces petits animaux…
**– Les femmes sont cinglées tout court et les petits animaux n'ont rien à voir là-dedans.**

***(Dollars et whisky)***

*

– Qu'est-ce que vous remarquez d'abord chez une femme ?
– Ça dépend… si elle est assise, les yeux.

***(Je vous aime)***

*

Est-ce que tu t'es déjà posé la question à laquelle personne n'a jamais répondu ? **La grande question :** quand on se gratte les couilles, à partir de quel moment on le fait ? Parce que ça vous démange ou parce que ça vous fait plaisir ?

***(Coup de torchon)***

*

Ce qui se dit la nuit ne voit jamais le jour.

***(Jet-set)***

*

– Il s'appelle comment, votre ami ?
– Mimosa.
– Comme les fleurs.
– Non, comme les œufs !

***(Une époque formidable)***

*

On s'entendra comme le bruit et la gueule de bois si tu restes ici !

***(Police spéciale)***

# Les combles de Jean-Paul Henry

## LE COMBLE DE L'ÉCOLOGISTE

Aimer la nature humaine
Avoir des mœurs dénaturées
Avoir un enfant naturel
**Être vert de rage**
Manquer de naturel

*

## LE COMBLE DU PEINTRE

Aimer la couleur locale
Amuser la galerie
Jouer sur plusieurs tableaux
**En avoir une couche**
Noircir le tableau
Se faire abîmer le portrait

*

## LE COMBLE DU VOYAGEUR

Avoir un bagage intellectuel
Être transporté de joie
**Prendre un train de mesures**

*

## LE COMBLE DU GOURMET

Avoir le goût de l'effort
Cracher dans la soupe
Dévorer quelqu'un des yeux
**Lécher les vitrines**
Bouffer du curé
Savourer une victoire
Se mettre au goût du jour

*

## LE COMBLE DU PAUVRE

Avoir une riche idée
Utiliser des moyens de fortune
**En avoir assez**

*

## LE COMBLE DU FOOTBALLEUR

**Agir sur un coup de tête**
Faire un appel du pied
Passer par tous les stades
Toucher au but

*

## LE COMBLE DE L'ENSEIGNANT

Avoir des affaires en cours
Changer le cours des choses
**Être mis en examen**
Recevoir une correction
Manquer à son devoir
Trouver son maître

*

## LE COMBLE DE L'ÉTUDIANT

**Avoir un sujet d'inquiétude**
Faire un examen de conscience
Suivre le cours des événements

*

## LE COMBLE DU BOURSICOTEUR

Avoir des hauts et des bas
Faire une bonne action
Se donner le change
**Avoir des obligations**

*

## LE COMBLE DE L'ALCOOLIQUE

Être bourré de talent
Être imbu de soi-même
**Être imbuvable**
Prendre de la bouteille

*

## LE COMBLE DE L'ACROBATE

**Être sur la corde raide**
Prendre un virage à la corde

*

## LE COMBLE DE L'ACTEUR

**Arrêter son cinéma**
Quitter le théâtre des opérations

*

## LE COMBLE DE L'AMANT

Avoir une mauvaise liaison
Être jaloux de son indépendance
**Jouir d'une grande notoriété**

*

## LE COMBLE DE L'AMNÉSIQUE

Écrire ses mémoires
**Oublier ses soucis**

*

## LE COMBLE DE L'ALPINISTE

Avoir une haute idée de soi
**Être au sommet de sa carrière**
Être usé jusqu'à la corde

*

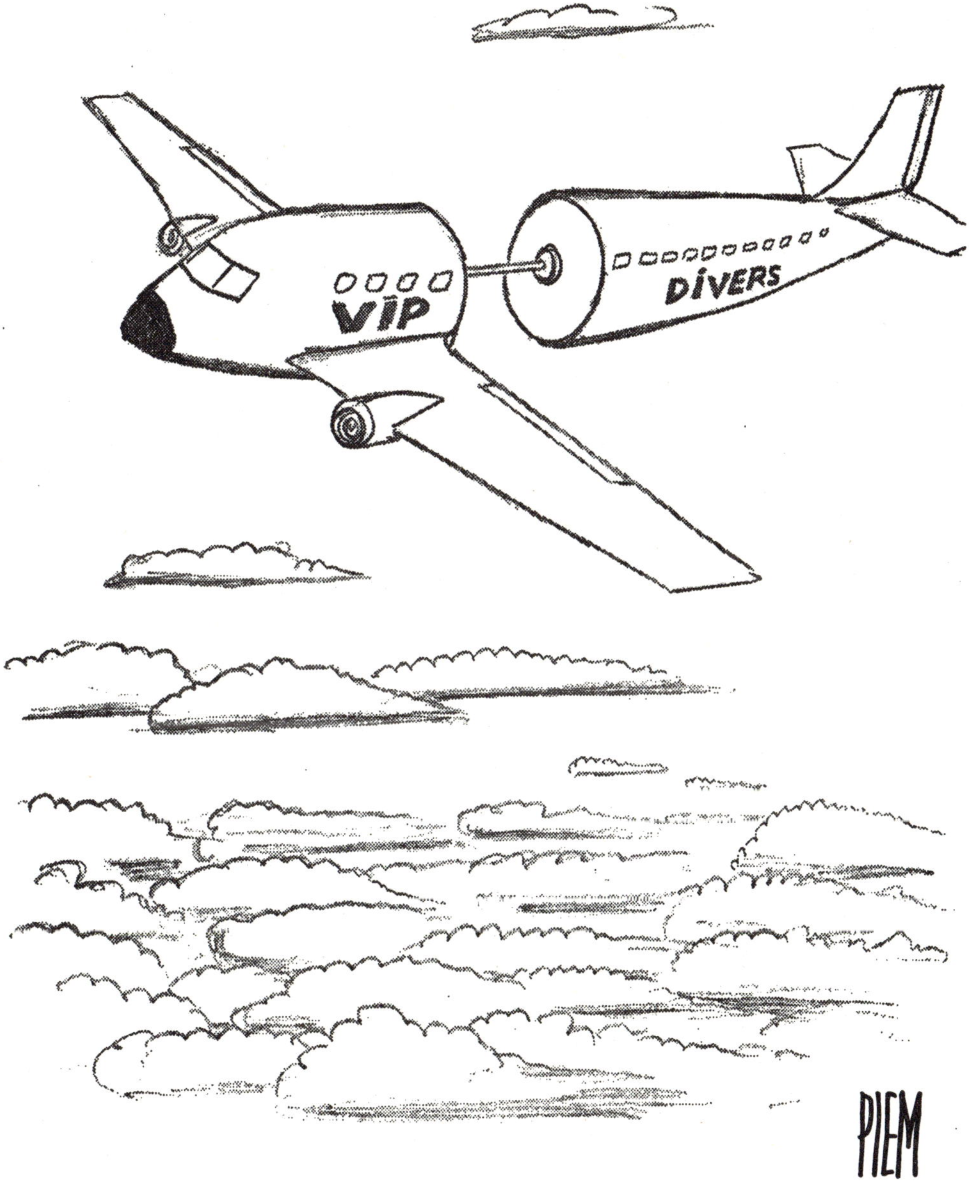
VIP
DIVERS
PIEM

## LE COMBLE DE L'ANGLAIS

**Prendre une douche écossaise**
Faire la manche

*

## LE COMBLE DE L'AVARE

**Épargner sa peine**
Se donner la mort

*

## LE COMBLE DU BOURREAU

Être un homme de tête
Exécuter un travail
**Se payer la tête de quelqu'un**

*

## LE COMBLE DU CHARBONNIER

**Aimer l'humour noir**
Être sur des charbons ardents

*

## LE COMBLE DU CHASSEUR

Avoir du plomb dans la cervelle
Changer son fusil d'épaule
**Dormir en chien de fusil**
Être en proie à des remords

*

## LE COMBLE DU DÉLATEUR

Dénoncer les abus
**Trahir sa pensée**

*

## LE COMBLE DU DISTILLATEUR

Avoir un esprit alambiqué
**Faire de l'esprit**

*

## LE COMBLE DU DOMPTEUR

Avoir une mémoire d'éléphant
Chercher la petite bête
Dresser l'oreille
**Rouler en Jaguar**
Se tailler la part du lion

*

## LE COMBLE DE L'ÉDITEUR

Avoir un titre de noblesse
**Être épuisé**
Parler comme un livre

*

## LE COMBLE DE L'ÉGOÏSTE

**Donner l'heure**
Partager ses peines de cœur
Garder son sang-froid

*

## LE COMBLE DE L'EXPLORATEUR

Aller jusqu'au bout de sa pensée
Chercher la femme
Chercher une aiguille dans une botte de foin
**Être déboussolé**

*

## LE COMBLE DU FOSSOYEUR

Avoir des idées creuses
Avoir une mine d'enterrement
**Enterrer sa vie de garçon**
Faire son trou
Remuer ciel et terre
Tomber sur un os

*

## LE COMBLE DU MAÇON

Avoir le dos au mur
Bâtir une théorie
Être au pied du mur
**Se murer dans le silence**

*

## LE COMBLE DU PACIFISTE

Avoir la maladie du légionnaire
Avoir les cheveux en bataille
Être d'humeur massacrante
**Se faire violence**

*

## LE COMBLE DU SOLDAT

**Défendre ses idées**
Rectifier le tir
S'armer de patience

*

## LE COMBLE DU VÉTÉRINAIRE

Acheter chat en poche
Avoir un air de chien battu
**Poser un lapin**
Sauter du coq à l'âne

# Les contrepèteries

Il ne faut pas **gl**isser dans la **p**iscine.

La jeune fille contemple le **p**lant qui vient de la **G**uinée.

Superman a une **b**ouille in**c**royable.

Les parasites lui brou**illen**t l'écou**te**, surtout qu'il a une p**a**nne de m**i**cro !

Les jeunes filles aiment le **t**ennis en **p**ension.

Votre **p**ère a l'air **m**utin.

Ca**b**ine **tr**eize.

Le **p**lan de **G**aulle brise le c**œur** de Mass**u**.

Quel beau **mét**ier pro**fess**eur !

Le pape préfère les pé**t**ales ri**d**és.

**T**aisez-vous en **b**as !

Le chasseur a eu le **s**an**gl**ier.

Son **en**gin sent le cal**va**dos.

Les mutins passaient la **b**erge du grand ra**vin**.

Le cuisinier se**c**oue les **c**ouilles.

Je n'ai pas de re**b**ords à **m**es épaulettes.

Après le match, il faut bran**ch**er les **l**ampions.

Le berger écarta les **b**iches et découvrit le petit **m**outon,
bien ca**l**é entre les deux **ch**èvres.

Pioline a un **t**ennis **p**révisible.

Trahi par les él**us** de son c**amp**, le ministre est **é**culé en fin**an**ces.

La comtesse a un c**lerc** qui lance des é**cus**.

Elle tri**c**ote des **p**ulls comme personne.

Les Ni**pp**ons contribuent au redressement de la **Ch**ine.

J'ai les jambes en **bé**ton : j'ai **cau**sé debout toute la nuit.

Il n'a pas toujours bonne **pr**esse mais s'y connaît en **f**oot.

Marco Polo est arrivé à **p**ied par la **Ch**ine.

Je vous laisse le **ch**oix dans la **d**ate.

Ce poliss**on** est inqu**iet**.

**Q**uelle **b**ouille !

Le vieux pécheur grattait le **f**ond de sa **q**uille.

Les paysans vont aux champs en grattant le **c**ou de leur **b**œuf.

Il fallait voir quelle **b**ille il **f**aisait.

La vieille **f**ine du grand-père n'avait vraiment aucun dé**p**ôt.

On sentait une forte odeur de **marr**on en s'approchant du **q**uai.

Et là : deux **c**arrioles sans **m**ulet !

Il ne faut jamais p**enser** s'end**etter**.

**Hen**ry a été **ma**culé de boue.

Tout ce chichi pour une pauvre **m**ite dans sa **b**otte.

La p**oire** avait un goût de terr**ine**.

Tu n'as pas une **m**ine **p**iteuse.

Il faut l'a**p**aiser en la **b**erçant doucement.

Je ne suis pas **p**ressé pour **d**îner.

Il faut couper les **n**ouilles au sé**c**ateur.

Elles **p**apotent sur le **t**ennis.

Il faut faire attention à ce que le **l**inge qui **s**èche ne m**ouille** pas les c**ordes**.

La rameuse dévoila son c**œur** au bar**on**.

Le pape n'aime pas que l'on **b**âcle les **r**ites.

Que j'aime l'esc**alope** sur une belle s**alade** !

Cet ouvrier lisse les **b**étons à la **t**onne.

Pour leur récompense, les élèves ont tous eu un **dix** à leur **com**position.

Alors que les a**th**ées se **b**attent, les a**bb**és se **t**aisent.

Elles sont délicieuses, ces **r**illettes en **f**ût.

Après ces t**ou**rtes de c**a**illes, ce coup de **b**lanc m'a **g**risée.

Venez donc louer de superbes **ch**ambres au **m**ois!

L'A**f**rique est dans l'a**tt**ente.

Les meilleures étudiantes préféreraient qu'on leur **ch**ange les **m**aths.

Elle préfère dép**il**er des b**oî**tes qu'emp**il**er les **cu**lottes.

Quelle **c**oupe de **tr**oncs!

Quelquefois, il faut plusieurs **c**ourses pour un seul **b**ut.

Qui a dit que j'b**att**ais P**and**raud?

Quoi, un morceau de **g**îte dans ce **b**oyau?

**S**aisons **b**elles qui passent.

Si vous insistez, le **c**aissier va vous **fu**ir.

Suce la belle p**omme**, Al**ine**.

Un curé **pr**écis refuse toujours le **t**ennis.

Votre **c**œur possède un **s**on qui m'enchante...

Vous me con**t**ez la Bi**ble**...

Vous n'allez tout de même pas **m**iner avec cette petite **p**ioche.

Elle prend toujours les **ch**oses en **r**iant!

Il faudra bien qu'il **r**ende ce vieux **b**ouquin!

Le légionnaire m'a **p**assé le **m**ot.

Elle songe à la **m**ine orgueilleuse du **p**ère.

Le chasseur sous-marin recherche les **f**onds **c**urieux.

La résistance excite les **s**ections de **r**apine.

Elle a lassé la **pi**tié des **moi**nes.

En quittant le qu**ai**, le soldat réclame un bid**on**.

Duce, tes gladiateurs **cir**culent dans le s**ang**.

L'aviatrice a perdu son **f**uselage à la cime d'un **p**in.

Soldats, c'est en **d**ressant vos **p**arts que la cantinière
s'est **s**ouillé les **m**ains.

Il y a deux sortes de gendarmes: les **c**ourts et les **l**ongs.

Les Romains de**sc**endaient en troussant les **b**abines.

Malgré ses protestations indignées,
le gendarme a fait **re**culer le maître des **en**quêtes.

La petite **n**onne aime les grands **b**œufs.

Il dé**pl**ore la **f**oule.

Le capitaine redoute les **pr**oues qui **t**uent.

Voici, monsieur, la **b**annière de**ma**ndée.

Pourquoi le **c**ou est-il si près du **tr**onc?

Il avait bien de la peine à tirer un é**cu** de son **tronc**.

S'il vous plaît, **con**vertissez mon **père**!

Hélas, c'est votre p**eine** qui vous m**ine**.

Ce catcheur cherche des f**ein**tes pour l'étr**an**gler.

Seule l'entrée du premier **ch**ar marque une **d**ate.

Ah, mon A**nnie**, comme tu me **man**ques!

Les téléspectateurs se plaignent des **c**ouleurs de la **D**eux.

La cantatrice a peur que sa **m**ue la **p**erde.

Ces élèves apprennent à **cal**culer en **cent** leçons.

Les filles de **Tr**oyes offrent leurs deux **j**oues.

Elle avait un chapelet de ci**tr**ouilles autour du **c**ou.

Tu as besoin d'un bon va**c**cin dans les ré**g**ions où tu es.

Tu n'as que tes petits **p**ois pour **d**îner?

J'ai le **sang** qui **bout**.

Cette agitation de no**v**embre va accroître notre **m**alheur.

Il écarta ses a**m**is pour mieux voir les **b**iches.

Il faut que je vérifie l'â**g**e de ton va**cc**in.

Il ta**ss**a le condensa**t**eur.

Le **b**outre du corsaire coule au con**f**luent de la **G**aronne.

Cette jolie fille ha**bite** La**val**.

L'A**f**rique est bonne hô**t**esse.

Allez, ma fille, essuie ça **v**ite et **b**ien !

Je te verrais bien en cu**r**é, avec une ca**l**otte.

Il faut se méfier de l'a**v**idité des con**c**ierges.

Cette jeune poète aime les **vers bel**ges.

Une grande **fr**ite nageait dans son **b**ock.

Les jeunes filles qui possèdent un **c**aleçon em**b**rassent le **c**ou.

Ces bûcherons ha**b**itaient des **g**îtes sordides qui branlaient.

À force de **b**utter, les hommes risquent de voir leurs **m**ythes disparaître.

Ce doux **f**eu qui me **n**oue.

Est-ce un **f**eu de **p**outre ?

L'épicurien recherche les **s**ources du **b**onheur.

Les professeurs admiraient le **fa**ctum du **re**cteur.

Le Pont-**Neuf** fait un bon soixante **pieds**.

La **c**uvette est pleine de **b**ouillon.

**G**outtez-moi cette **f**arce.

C'est une **l**ieuse de **ch**ardons.

Ton en**tr**ain **g**êne.

B**ob** hés**ite**.

Il est aise de distinguer le **f**ond des **c**aisses.

Il se fait volontiers pomp**eux** en parlant d'**é**cus.

Cette jeune v**eu**ve adore les N**uls**.

Des vendeuses **p**étillantes proposent quelques **fr**ipes.

Très mince, je n'ai pas à me comprimer la p**anse** quand je d**îne**.

Celles qui n'aiment pas le Fa**bi**us veulent le mettre en **l**'air.

Le président veut faire **v**oter tous les con**c**ierges.

Steffie Graf a su**bi** bien des **se**ts.

Les **sc**orpions attaquent pas **m**al.

M**ets** ta c**as**quette !

Le petit léo**p**ard est fatigué d'avoir tro**tt**iné.

Ce que j'aime dans le **c**lip de Madonna, c'est le **s**on.

L'éleveur de mouton tire de sa **lai**ne une maigre **pi**tance.

Qu'est-ce qu'il tr**ame** encore, ce sad**ique** !

On a vu Se**l**es en **f**aire.

Rien n'est trop **b**eau dès qu'il s'agit de **gr**andeur.

La cosmonaute se sent dé**cal**ée depuis qu'elle a été en **fus**ée.

Au**b**erge de **V**endée.

Ma belle-mère admire les **ross**ignols du ca**roub**ier.

À ces **s**ites de **B**ologne, je préfère les **m**ines de **P**ompéi.

À la caserne : essuie ton **q**uart et tes **d**ouilles.

Au bowling : voulez-vous me placer les qu**i**lles de n**ou**veau ?

**B**eaux-arts, quel **m**ythe !

Bécassine est montée sur le **c**ar avec la mère **D**odu.

**B**égueule ou pas, je rentre dans ta **d**ouche !

Bernard Pivot en a vu défiler, des bou**qu**ins, sur la **D**eux.

Il avait une mère **c**ocue **d**olente.

C'est pas le tout de faire le mari**é**, il faut arriver à Band**ol**.

C'est pour moi une sacrée **b**ête qu'un **f**aucon !

Ce marchand qui **v**end de la **s**erge m'a fait tâter un **b**on de **c**retonne.

Ces petits **rats** sont en **con**gé !

Cette fermière sait que sa **p**oule **m**ue, c'est pour ça qu'elle **v**it au **ch**amp.

Chaque soir la petite poule pon**d**ait quelque **p**art.

Comtesse, votre **b**alcon **s**aille dangereusement.

**C**on**ç**u **r**ue de la **P**aix.

Pour assouvir mes fantasmes, il me faut une **b**arrette de **sh**it.

Toutes les jeunes filles **d**outent de leur **f**oi.

Défense de **sc**ier dans un **ch**antier.

Dès qu'on touche à son petit b**anc**, cet enfant b**ou**de.

Dessert : **f**lan an**g**lais aux **b**aies d'ai**r**elles.

À l'EDF-GDF, on rec**en**se les br**û**leurs.

Elle a toujours à la bouche le **m**ot de **g**uichet.

Elle m'a **m**enti, la **s**otte !

Permettez, madame, vous qui êtes **f**olle de la **m**esse, vous qui êtes **f**olle de la **m**enthe, que je déverse dans vos **c**aisses le produit de mes **f**ouilles.

En se bran**ch**ant avec ses fi**l**s, la standardiste découvre du s**on** dans son c**âble**.

Il ne faut pas **ch**ourer le **b**ien du voisin.

Géla**t**ine **p**rofanée.

La petite **C**osette nous a offert son **j**us.

Grand-père, vous avez de la **mousse** à la **pis**tache !

Il faudrait une bonne **pu**rge à cette **vai**sselle.

Il faut bran**ch**er les co**l**onnes avant d'entrer.

Il m'a **p**romis son **t**ennis.

Il passe sa **f**aim au **m**ess des officiers.

Il ressemble à un **ve**rrat qui aurait eu un jour la **pa**role.

Il tourna tristement sa p**ei**ne vers ses l**i**vres.

«Je **d**is de belles **ch**oses», dit le vieux Sen**èque** en dé**fil**ant.

Je te caresserai les **tr**esses après le **f**ootball.

Jeanne fut impressionnée par l'**é**v**i**ction du grand **Gilles** de **Rais**.

# Les calembours de Patrice Delbourg

## Mariage

Le mariage… hymen à tout
Épouser la première velue
Le gendre ne fait pas le bonheur
L'ennemi du gendre humain
Le mariage de virago
Pour l'été, il épousa une jeune fille ombrageuse
Le mariage est un jeu de satiété
Les coups de foudre ne font pas des mariages du tonnerre
De quoi se marier !

*

## Le clergé

Experte en bibliques relations
Répandre de la poudre arrêt-curé
Puritain de vie
Une langue de vicaire
Un homme à vertu en vaudou
Ça va tiquant
Parler dogme à dogme

*

## Agriculture

Un vieillard manioc
J'ai fait un rave étrange
L'avoine de son maître
Un navet maria
Salsifis, c'est patois
Brocoli pour être honnête
Il faut tourner sept fois sa mangue dans sa bouche
Si j'y vais, les petits potes iront
Les gaietés de l'estragon
La légende des seigles
La ruée vers l'orge
Connu comme le houblon
Sans topinambour ni trompette

*

## Chez le joailler

On ne platine pas avec l'amour
Marche à l'ambre
Onyx soit qui mal y pense
Bien malachite ne profite jamais

*

## Au cirque

Forain exagérer
Les animaux malades de la piste
Passer ses vacances à Saint-Trapèze
C'est le clown du numéro
Un Grock-monsieur
Mon pote le titan
Faire des accrocs baths
Voir son gnon tout en haut de l'affiche
Travailler du chapiteau

*

## En feuilletant l'actualité

Ces Tchétchènes qu'on abat
Heureux qui communiste...
Un grand moribond en avant
Embrouillaministre
Charter d'asile
C'est la french rigolade
L'assiette aux peurs
L'abominable homme des Belges
Jamais trop tarte pour bien faire
Un facho président

*

## Avec quelques inventeurs

Un poulet aux Curie
Gutenberg a fait une grosse impression
Élève Pasteur, vous faites enrager vos petits camarades
Fleming de rebrousser chemin
Bell, Bell, Bell comme le jour
Un savon illustre
Albert et Frankenstein

*

## Dans un haras

Pouliche secours
La vie en rosse
Laisse Thomas dans l'étalon
Time is poney
Il alezan chaud
Trot, c'est trot

*

## En faisant de la bicyclette

La tête et les jantes
Chaîne de vie !
Tous les moyeux sont bons
Le régional de l'épate
L'aîné graisse un plateau
Régime sans selle
Cotiser à la retraite des cadres
Avoir pignon sur roues
Un drôle de vélo-drame
Singing Indurain
L'impossible Monsieur Bobet
En connaître un rayon

*

## Chez le cardiologue

Fermez l'aorte, SVP
Ingénieur des pontages et saucés
Ventricules affamés n'ont point d'oreillettes
Utile à sang pour sang
La cave se rebiffe
Le dernier des bustes
Trouvez-moi le coroner
Porter sur la systole
En saigne de vaisseaux
Avoir le péage de ses artères

# Anecdotes

Lors d'un dîner chez Castel, chacun de nous devait inviter un con. Un de nos invités est arrivé en retard en disant : « Je ne sais pas ce qui s'est passé, j'ai été invité au moins par dix personnes ! »

**Jean-Paul Belmondo**

*

*Que la fête commence* : je jouais un évêque qui grimpait sur les tables en faisant le chimpanzé. Je me revois avec ma calotte et ma soutane, poussant des cris de singe ! Je rejoignais tout ce que j'aimais : être cureton et simiesque !

**Jean Rochefort**

*

L'interview la plus étonnante que j'aie faite, c'est celle d'Hitchcock, avec Truffaut, à Saint-Moritz. Tout est gelé, on descend des marches… Ce n'était pas un escalier mais la margelle de la piscine. On est tombés dedans. Après ça, j'ai tout compris sur la relativité des témoignages humains. Il y a ma version : François s'est mis à hurler dans l'eau et les gens sont venus nous chercher. Et puis il y a celle de François, qui dit que c'est moi qui ai hurlé.

**Claude Chabrol**

*

C'était pendant la dernière tournée, je ne vous dis pas où, parce que je suis modeste ! On en était au dixième rideau. Je reviens en coulisse, j'avale un verre d'eau, deux filles se précipitent : « Monsieur Salvador, un autographe, s'il vous plaît ! » Je signe... Ça applaudit toujours, je retourne saluer. Je bisse. Nouveaux rappels. Encore des jeunes filles.
Encore des autographes : « Henri, une signature ici... Une autre là ! » Ça applaudit toujours, je retourne, je salue. Je reviens en coulisse et je bute sur un vieux monsieur très digne : « C'est pour un autographe aussi ?
– Non ! Je suis l'administrateur du théâtre. Il est déjà près de 2 heures du matin, voilà les clés, m'sieur Salvador. Vous serez gentil de fermer vous-même... Moi, je rentre me coucher ! »

**Henri Salvador**

*

J'ai connu Alain Resnais au cours Simon.
Il essayait de devenir comédien mais il était très mauvais. Il s'échinait à passer les stances de *Polyeucte*.
Déjà les stances de *Polyeucte*, c'est chiant, mais dits par Resnais, c'était épouvantable.

**Jean-Pierre Mocky**

*

En 1969, j'ai été candidat au prix Goncourt avec l'album de bande dessinée *Voyage au centre de la c... ulture*, réalisé avec Tito Topin. On avait envoyé ledit album, dûment dédicacé, aux membres de la très officielle académie. Les dix ont donc eu chacun le droit à un petit mot personnalisé inscrit sur la page de garde. Hervé Bazin, par exemple : « Si vous votez pour nous, soyez gentil de nous le faire savoir avant la date fatidique, que je puisse prévenir ma mère. D'avance, merci.» À Pierre Mac Orlan: «Donnez-nous le prix. Entre nous, vous en avez déjà choisi de pires.» À André Billy: «Même si vous ne votez pas pour nous, vous pouvez garder le livre.» À Philippe Hériat: «Nous comptons beaucoup sur vous pour obtenir notre neuvième voix au Goncourt (tous les autres sont déjà d'accord sauf un).» Enfin, à Armand Salacrou: «Pour M. Salacrou, cet ouvrage pour lequel il peut voter au Goncourt (à condition qu'il soit sincère, parce que, nous, les combines… pouah!).»

**Jean Yanne**

On demanda à Jean-Pierre Mocky pourquoi son projet de film avec Mickey Rourke était tombé à l'eau: «Je le présente à mon producteur dans un bar d'hôtel. Mickey boit comme un trou et, ivre mort, il va aux toilettes. Il revient et s'installe à une autre table, face à deux inconnus, et continue la discussion, croyant que c'était nous! Le producteur est bien sûr parti furieux.»

Le slip était une pièce vestimentaire essentielle chez Carmet. Une pièce maîtresse. Une clé de voûte. Un jour, il m'en a prêté un pour me baigner dans sa piscine, et peut-être n'ai-je pas mesuré tout de suite l'honneur qui m'était fait. Je le confesse (et plutôt deux fois qu'une, si j'ose dire), j'ai commis un crime de lèse-Carmet : je suis parti sans le lui rendre.

Un mois plus tard, il m'appelle pour me prier de lui retourner le divin enfant. Évidemment, un mois plus tard, je ne savais plus où je l'avais mis. Mais plutôt que de lui avouer ma négligence, et espérant encore pouvoir le retrouver, je lui promis de m'exécuter. Et puis, que voulez-vous, la vie est ainsi faite que, parfois, on pense à autre chose qu'à des slips. Je sais, ça pouvait lui paraître curieux, mais pour moi, en tout cas, il en était ainsi... en un mot, j'ai encore oublié. Un mois plus tard, je trouve une lettre recommandée, rédigée dans le plus pur style administratif, m'exhortant instamment à lui rendre son bien au plus vite. Là, j'ai commencé à sourire. J'ai eu tort.

J'ai reçu un nombre incalculable de mises en demeure de plus en plus catégoriques. À tel point que j'ai fini par aller dans la première boutique venue pour acheter le plus beau spécimen de slip bleu qu'ils pouvaient trouver, et le lui envoyer. La réponse ne se fit pas attendre. Il m'a retourné le colis à la face et en Chronopost avec ces simples mots : « Voleur ! C'est pas le mien ! »

Ça a duré des mois, jusqu'à ce que, un soir de novembre, j'allume la radio et reconnaisse sa voix. « Je profite de mon passage sur les ondes pour réclamer instamment à Pierre Richard de me rendre mon slip bleu. Vous comprenez, disait-il à l'interviewer, ce n'est pas pour sa valeur, mais il m'avait été offert par une femme que j'ai beaucoup aimée. Il a une valeur sentimentale, et ça, ça n'a pas de prix. Tu m'entends, Pierre, implorait-il avec des accents d'une infinie tristesse, rends-moi mon caleçon ! » Il usait du trémolo comme un concertiste, au point qu'il m'a semblé entendre son interlocuteur réprimer un pudique sanglot. Le courrier que j'avais reçu les dernières semaines n'était sans doute rien à côté de la déferlante de lettres d'auditeurs compatissants qui a dû parvenir à la radio. Les jours qui ont suivi, il m'a même semblé, dans la rue, essuyer quelques regards révoltés, solidaires de mon sans-culotte.

Ce qui me console, au fond, c'est que, dans ce grand élan populaire, parmi les témoignages d'encouragement des auditeurs, il a dû aussi recevoir, pour son plus grand plaisir, un nombre incalculable de slips bleus.

**Pierre Richard**

*

J'avais demandé à Picasso quel était le secret de sa jeunesse. Sans hésitation, il m'avait répondu : « Je pisse dehors. »

**Yvan Audouard**

*

À mes débuts, j'ai joué dans un cabaret, le Slow Club, rue de Rivoli. À l'époque, le patron avait trouvé un truc pour faire son beurre, il s'était mis en cheville avec des chauffeurs de bus qui faisaient visiter la capitale aux touristes. Les mecs allaient au Lido, à Pigalle, au Sacré-Cœur puis on leur annonçait une visite de cave à Saint-Germain-des-Prés. Et comme c'était trop le bordel pour se garer à Saint-Germain-des-Prés, les cars s'arrêtaient rue de Rivoli et les mecs faisaient descendre les touristes au Slow Club en leur faisant croire qu'ils étaient arrivés à Saint-Germain. Comme le temps de visite était limité, on faisait un spectacle sans début ni fin. Dès que ça sonnait à la porte, on sautait sur scène et les touristes croyaient qu'ils arrivaient au milieu du spectacle. Quand ils repartaient, on arrêtait. Et pour faire plus couleur locale encore, on avait engagé un type qui ressemblait vaguement à Sartre qu'on faisait asseoir dans un coin avec un bloc-notes et qui faisait semblant d'écrire de la philosophie.

**Jean Yanne**

*

IL A COINCÉ SA BALLE DANS MA BULLE
PIEM

Antoine Blondin avait ses habitudes au CHU de Limoges, où ses nombreuses aventures l'avaient maintes fois mené lorsqu'il habitait la région. Il y disposait d'ailleurs en permanence d'un rond de serviette, signe ultime pour lui de son attachement à la place. On trouvait même dans cet établissement, à une époque, dans la chambre froide réservée aux prélèvements, une énorme boîte de métal sur laquelle était marqué : « Foie d'Antoine Blondin ». Les médecins trop curieux avaient la surprise, lorsqu'ils s'aventuraient à ouvrir cette boîte, d'y découvrir un énorme bloc de très bon foie gras. C'est son ami Maurice Ronet qui, un jour en visite à l'hôpital, l'avait apportée à notre patient avec un magnum de château-lafitte. Étant davantage porté sur le liquide que sur le solide, Blondin fit vite un sort au bordeaux et confia le foie gras à une infirmière, afin qu'elle le mette à conserver au frais. C'est elle qui, craignant un larcin, identifia la boîte par cette fameuse étiquette et la déposa dans cet endroit bien incongru. L'histoire ne dit pas si des prélèvements du foie d'Antoine Blondin furent faits, ni quels en furent les résultats.

*

**Spencer Tracy** insistait toujours pour que son nom figure en premier en haut de l'affiche, quelle que soit sa partenaire féminine. À quelqu'un qui lui demandait pourquoi il ne voulait pas que ce soit les femmes d'abord, il répondit: « C'est un film, pas un canot de sauvetage! »

*

Après deux ans d'animation à « Midi Magazine », je me trouve un remplaçant, je le vends bien: Coluche! Le deuxième jour, il évoque « ce grand con qui est ministre de l'Intérieur ». Le lendemain, il était viré.

**Jacques Martin**

*

Lorsque Cecil B. DeMille parla au milieu des années 1950 de son projet de faire un remake des *Dix Commandements*, qu'il avait déjà tourné en 1923, on lui demanda pourquoi il ne préférait pas prendre un scénario complètement inédit, ce à quoi il répondit: « Vous en connaissez d'autres, vous, des sujets qui ont déjà deux mille années de publicité gratuite derrière eux? »

*

Un souvenir de l'occupation nazie et de mes débuts sur scène: j'ai joué dans le seul cabaret de Paris où les clients coupaient leur purée, parce que la viande était cachée dessous... à cause des contrôleurs du ravitaillement.

**Francis Blanche**

*

En 1966, le tournage du film *La Bible*, dirigé par John Huston, ne fut qu'une suite de problèmes.
On demanda au réalisateur où en était son film. Réponse plaintive : «Je ne sais pas comment Dieu s'en est sorti avec ce truc, mais pour moi, c'est l'enfer !»

*

Le producteur Raymond Eger m'avait dit qu'il avait un scénario épatant : un crime dans un camp de nudistes. Ma première réaction a été de lui répondre : «Formidable ! Nous allons essayer de trouver l'endroit où on va cacher l'arme du crime !»

**Claude Chabrol**

*

Alfred Hitchcock, maître du suspense, recevait chaque jour des tonnes de romans policiers. Les éditeurs savaient qu'une adaptation par ses soins faisait grimper les ventes dans le monde entier.
Le cinéaste se plaignait de cet afflux : « Ces livres sont truffés de crimes. Chaque matin, j'ai la sensation de trouver un morceau de cadavre sur mon bureau et ma bibliothèque ressemble à une morgue. »

*

À la radio, j'ai inventé l'auto-stop ministériel, une façon de voyager gratuitement. Il suffisait d'écrire à un ministre, d'exiger en bon citoyen la liste de ses prochains déplacements, puis de lui demander de vous emmener avec vous à bord de l'avion ministériel. Bien entendu, il fallait choisir son ministre. Préférer le ministre des Relations étrangères pour les longs voyages, se contenter du ministre de l'Agriculture pour les petits déplacements.

**Jean Yanne**

*

Au cours d'un souper après nos spectacles, Jacques Martin, Jacques Brel et moi-même faisions un tour d'horizon sur les aléas de notre métier. Martin et moi n'avions pas arrêté de nous plaindre des difficultés financières que nous rencontrions. Seul Brel nous disait être parfaitement heureux de son sort. Lorsque nous nous sommes séparés, Jacques Martin est monté dans sa Porsche, moi dans ma Jaguar et Jacques Brel dans sa... 2CV.

**Sim**

Les notes de frais d'Antoine Blondin pour le journal *L'Équipe* sont restées fameuses. Elles ne mentionnaient toutes qu'une seule et unique dépense : des verres de contact, tous, évidemment, à régler à divers débits de boisson.

À un moment, j'ai voulu lancer une lessive sur le marché qui se serait appelée « la lessive ordinaire ». Parce que j'avais remarqué que toutes les marques disaient dans leur pub : « Notre lessive est mieux que la lessive ordinaire. » La pub comparative étant interdite, j'aurais fait un procès aux industriels et j'aurais gagné un maximum d'argent !

**Coluche**

*

Michel Leeb raconte un de ses plus notables souvenirs de scène. Engagé pour l'ouverture d'un tout nouveau cabaret, il se lance avec plaisir dans son premier numéro lorsqu'il remarque un spectateur se levant pour sortir en courant. Puis deux, puis trois… Toute la salle se vide dans la précipitation. Stupeur et inquiétude du comique.

Étais-je aussi mauvais que ça ?

C'est alors qu'une rampe de lumière s'écroula avec fracas sur une table devant moi. Je me sentis agrippé. Le pompier de service s'était précipité pour me traîner hors d'atteinte du faux plafond qui, depuis quelques minutes, s'affaissait lentement au-dessus de ma tête. Outre cette épée de Damoclès, derrière moi, le mur de stuc qui supportait les projecteurs entamait aussi une chute au ralenti, attisant l'atmosphère de sauve-qui-peut et les hurlements. La minute suivante, tout s'écroulait. Nous étions tous dans la rue, spectateurs, comiques et personnel confondus, tandis que les premières flammes apparaissaient et que les sirènes de pompiers commençaient à se faire entendre au coin de la rue.

Le lendemain, en ouvrant le journal, je tombai sur le récit de l'aventure. Je me souviens encore du titre de l'article : « Michel Leeb casse la baraque. »

*

Un jour, j'ai annoncé à Boris Vian que j'écrivais une marche. Il s'est étouffé. « Une marche ! » C'est devenu *La Marche arrière*, une chanson antimilitariste.

**Henri Salvador**

*

Voici le texte d'une petite pancarte qu'Alphonse Allais accrochait à la porte de son appartement quand il voulait rester seul chez lui :

> « M. Alphonse Allais étant rentré ce matin à la première heure du jour en état d'ébriété manifeste s'excuse auprès des visiteurs éventuels de ne pouvoir accueillir décemment personne avant l'heure sainte de l'apéritif, catégorique et crépusculaire. »

*

Bébé, il paraît que j'étais pris d'abominables convulsions. On devait me mettre une cuillère dans la bouche pour m'éviter d'avaler ma langue. J'en connais qui penseront : « Dommage. » Plus tard, je suis devenu quasiment muet. Je ne parlais plus. Plus un mot. Et là, les mêmes doivent se dire : « C'était le bon temps ! »

**Guy Bedos**

*

Alphonse Allais, son frère et sa sœur, en promenade sur le port d'Honfleur, s'étaient moqués d'un vieux colonel en retraite. Mise au courant de cette impolitesse, leur mère les envoya présenter leurs excuses. Le lendemain, les trois enfants, endimanchés, sonnaient à la porte du colonel. Celui-ci s'attendrit et leur fit servir une délicieuse collation :

« Tout s'est bien passé ?

– Oui, répond le jeune Alphonse. Et la prochaine fois que nous le verrons, nous lui jetterons des pierres ; comme ça, il nous invitera à déjeuner. Et c'est bon, chez lui ! »

*

**Francis Blanche** avait promis que son épitaphe ne serait « pas piquée des vers ». On peut lire sur sa tombe au cimetière d'Èze-Village : « Laissez-moi dormir, j'étais fait pour ça. »

*

J'avais mes premières affiches dans la rue qui étaient collées à hauteur d'homme. Un photographe m'a proposé de me mettre devant une affiche pour qu'il me prenne du trottoir d'en face. Le temps qu'il traverse la rue, qu'il installe ses appareils, tout ça, je poireautais tout seul devant l'affiche. Et il y a un bonhomme qu'est passé avec son gosse et le gamin a dit : « Oh ! regarde le monsieur, il est sur l'affiche… » Et le père, il a dit : « Ben, va lui demander un autographe, tu vois bien qu'il attend que ça. »

**Coluche**

*

À mon âge, je compte encore sur mes doigts et je suis persuadé que cela est dû à ma première rencontre avec les mathématiques. Les problèmes que j'ai dû affronter à l'âge de 8 ans étaient en effet de ce genre : « Combien faut-il ajouter d'eau à 560 litres de vin valant 0,17 franc les 2 litres pour que le mélange puisse être vendu sans perte ni gain 0,25 franc le litre ? » J'avais beau être tout gamin, l'idée que l'on puisse ajouter de l'eau à du vin pour le vendre me hérissait déjà... J'avais plutôt envie de calculer le nombre de mois de prison que risquait celui qui se livrait à cet exercice. Quand aux baignoires qui se remplissaient alors que le robinet débitait 5 litres d'eau à la minute et que la bonde en laissait échapper 3, ça me laissait sans voix. Je trouvais complètement idiot qu'on essayât de remplir une baignoire sans fermer le déversoir.

**Jean Amadou**

*

Nous tournions, avec Fernandel, *Le Voyage à Biarritz*, à Aix-en-Provence. Il avait fait beau tout le temps du tournage et puis, tout d'un coup, alors que nous tournions la fin du film dans un petit village, il s'est mis à pleuvoir à verse, et, dans ces cas-là, on ne peut pas tourner et quand on ne peut pas tourner, c'est quelquefois bon pour les comédiens, car c'est une journée de salaire de plus, donc un cachet de plus. On est assez hypocrite, on se montre navré, désolé, mais, en réalité, on fait ses comptes ! Et alors que nous étions sous une verrière, il y avait le producteur, celui qui donne l'argent, Fernandel, qui était assis entre nous, et moi. On regardait la pluie tomber, quand brusquement Fernandel regarde le producteur avec un air mauvais et lui dit : « Je vous préviens qu'à partir du 2 décembre je suis en dépassement, alors ça fera trois briques par jour. » Dans la seconde qui suit, il se retourne vers moi, hilare, et me dit : « Du dépassement, vois, Galabru, je pleure ! » puis regarde de nouveau le producteur, cette fois la mine toute déconfite, l'air renfrogné, tourne encore la tête vers moi, avec un large sourire, d'une oreille à l'autre, et me lâche, discrètement : « Galabru, c'est de l'or qui tombe du ciel ! »

**Michel Galabru**

*

Francis Veber connut quelques déconvenues avec son personnage fétiche, François Pignon.

Au moment de la sortie du *Placard* (2001), il avoua : « J'ai récemment reçu une lettre d'un dénommé François Pignon qui me dit que sa vie avait été rendue difficile après *L'Emmerdeur* (1973), qu'elle était devenue impossible après *Le Dîner de cons* (1998) et que maintenant, avec *Le Placard*, il craint que tout le monde le traite de pédé ! »

Une association des vrais François Pignon de France, lassés d'être ridiculisés, tenta de convaincre Veber de choisir un autre nom pour son personnage de « con ».

En vain.

*

Quand j'ai écrit la chanson « Syracuse » avec Bernard Dimey, je l'ai donnée à Jean Sablon. Il a adoré la chanson, et il est parti visiter Syracuse. Quand il est revenu, il m'a dit : « Dis donc, t'es un salaud, toi ! Qu'est-ce que c'est que cette merde de pays ? » Il en a quand même fait un succès. Je n'y suis jamais allé. On m'a proposé la clé de la ville, mais, vu ce que m'avait dit Jean Sablon, j'ai préféré laisser la clé !

**Henri Salvador**

Un jour, à « Midi Magazine », j'avais mis une vitre entre la caméra et moi et j'avais annoncé en direct : « Bonjour, c'est midi, je vais nettoyer l'intérieur de votre écran. » Puis, j'avais aspergé la vitre d'un produit spécial et passé un chiffon… Eh bien, j'ai reçu six cents lettres qui disaient : « Merci bien, j'y vois bien mieux avec mon poste depuis que vous l'avez nettoyé de l'intérieur ! »

**Jacques Martin**

Un soir, Voltaire, en passant devant chez Piron, qu'il détestait, s'arrêta et écrivit sur la porte d'entrée : JEAN-FOUTRE. Piron, qui était à la fenêtre, le vit faire. Le lendemain, Piron arriva chez Voltaire :

– Je viens vous rendre visite, lui dit-il. J'ai vu que vous étiez venu me voir et que, ne me trouvant pas, vous aviez laissé votre nom sur ma porte.

*

Jacques Dutronc, évoquant son expérience avec Jean-Luc Godard sur *Sauve qui peut la vie* (1979) : « Travailler avec lui, c'est être dirigé par un très grand chef d'orchestre mais il faut être un bon musicien, parce qu'il oublie de vous donner la partition ! » Évoquant leur première rencontre à propos de ce film, l'acteur se souvient : « Je l'ai vu une fois à Paris. Il n'avait pas de scénario. Il m'a montré un truc assez court sur une cassette. Il m'a dit : "C'est le film." Puis je suis allé le voir en Suisse. Il est venu me chercher à l'aéroport. Dans la voiture, c'était bien parce qu'il ne parle pas et moi non plus et le seul truc que j'ai trouvé à dire, c'était : "C'est vert", parce que je trouvais que tout était vert sur la route. Il m'a dit : "C'est bien, vous avez compris le film." Le soir même, il nous a fait faire une rédaction. Il y avait Nathalie Baye, Isabelle Huppert et moi. "Racontez le film que nous allons tourner." Moi, comme j'avais dit : "C'est vert", j'en ai été dispensé. Bon sang, c'est ça, Godard ! »

*

## Coq au vin

Au cours d'un grand dîner, la marquise, sans cause apparente, rendit son coq au vin sur le plastron de l'ambassadeur. L'assemblée voulut ne rien remarquer : elle était composée de nombreux diplomates.

Jusqu'ici, la marquise, jeune et singulièrement troublante, abreuvait de joie l'ambassadeur. Comment ce dernier aurait-il soupçonné que d'une bouche aussi divine, d'une telle voix de cristal, pussent jaillir des quartiers de coq, arrosés de ce liquide violet et généreux ?

Cela va attirer des complications avec la Russie, pensa le Turc qui faisait face à la marquise. Et, de satisfaction, il lissa sa fine moustache. L'Angleterre, voisin de la beauté et heureux pendant de l'ambassadeur, ramena son genou à bâbord. Son désir de coloniser la marquise se trouva quelque peu refroidi. Wang-Wei-Tchou en profita pour soulever la question de l'Antarctique. Les points de vue échangés témoignèrent de l'intelligence des hommes d'État, ainsi que de leur amour réciproque pour les Esquimaux.

– La France restera toujours fidèle à sa tradition chevaleresque, claironna le général Beauchamp de Bompierre de Prepucet.

C'est à cet instant qu'une deuxième vague de coq au vin atteignit le Turc, un peu trop souriant, en pleine ceinture. L'on craignit pour les Dardanelles.

L'Amérique étala ses pieds sur la table. Un hobereau donna de la crête.

Plus éthérée que jamais, la marquise souriait à tous et se jeta sur la glace à la vanille. L'Angleterre prit nettement le large.

Tout de même, la paix fut sauvegardée dans le monde quelques mois encore.

**René de Obaldia**

*

L'autre soir, il y a un type qui est passé devant la scène au milieu du spectacle en me murmurant :
– Je reviens !
Je l'ai laissé sortir, j'ai tout arrêté et on l'a attendu. Deux mille personnes qui sont restées, à l'attendre. Quand il est revenu, il a fait un triomphe. C'est la première fois qu'il avait un tel succès en sortant des toilettes !

**Guy Bedos**

*

Jules Renard rapporte un mot de Claudel, entendu à l'occasion d'un repas.
Il parlait du mal qu'avait fait à la France l'affaire Dreyfus à l'étranger.
– Mais la tolérance ? lui dit Jules Renard.
– Il y a des maisons pour ça, répondit Claudel.

*

Devant l'insuccès du théâtre ouvert à son nom, rue du Rocher, à Paris, Tristan Bernard réagissait avec une merveilleuse élégance :
– On frappe les trois coups, un par spectateur.

*

Avant de lui donner à lire le scénario de *Que la bête meure*, j'ai demandé à Jean Yanne si ça ne le gênait pas de jouer une ordure totale. Il m'a répondu : « Je n'y vois pas d'abjection. »

**Claude Chabrol**

*

Une nuit, alors qu'il déambule seul dans Paris, Antoine Blondin passe, rue Saint-Dominique, devant le porche d'un ministère, étrangement ouvert et sans surveillance. Il ne peut résister à la tentation, entre dans la cour, continue son périple jusqu'à trouver une porte ouverte. Il se retrouve ainsi dans les couloirs de marbre du ministère désert, allume les lumières les unes après les autres, et se dirige vers le bureau du ministre, où il s'installe. Mettant la main sur l'agenda du maître des lieux, il tombe sur la liste des téléphones préfectoraux. Continuant sur sa lancée, il compose le premier numéro, demande à parler au préfet de la part du ministre de l'Intérieur. Étant donné l'heure extrêmement tardive de l'appel, il insiste pour qu'on réveille celui-ci d'urgence. Quelques minutes plus tard, le préfet est en ligne. Blondin l'admoneste : « Comment cela, le pays traverse des heures tragiques et vous, vous dormez ! » Affolé, le préfet rétorque qu'on ne lui a rien signalé dans son département. Blondin reprend de plus belle, l'accusant d'être sourd et aveugle, et donc indigne d'exercer les « hautes responsabilités que la République vous a imprudemment confiées ». Il l'autorise à aller se recoucher, après l'avoir révoqué, sans pension, naturellement. Il s'apprêtait à réveiller le deuxième haut fonctionnaire de la liste pour lui faire subir le même sort au moment où deux représentants des forces de l'ordre firent irruption dans le bureau, arme au poing. L'intrus fut maîtrisé et conduit au commissariat le plus proche avant d'avoir terminé sa tâche de restructuration du corps préfectoral.

*

Jeune débutant dans les cabarets, Francis Blanche avait pour coutume de commencer ses sketches : « **À la demande générale de ma femme et de mon beau-frère.** » Il avertissait le public à la fin de sa prestation : « **Nous vous rappelons qu'il est interdit, par ordre de la préfecture de police, de donner à manger aux artistes pendant l'entracte.** »

*

Quand j'étais garçon de café, qu'on me demandait les toilettes, je disais toujours: «Pipi ou popo?» et il y a jamais personne qui répondait «popo».

**Coluche**

*

J'ai failli tourner avec Isabelle Adjani. Mais, à l'écriture du film, il est apparu que j'avais plutôt besoin de moustachus.

**Claude Chabrol**

*

Pour l'ouverture de l'Olympia, Bruno Coquatrix m'avait établi un contrat minable. Du coup, à la place de la signature, j'avais écrit en bas à droite: «Mes couilles...», et sur le double: «Toujours les mêmes.» Et je l'ai retourné à l'employeur.

**Henri Salvador**

*

De Gaulle présidait une réunion quand, de l'assistance, fut lancé ce cri péremptoire:

– **Mort aux cons!**

– Vaste programme! commenta de Gaulle, en plaçant tous les rieurs de son côté.

*

Clemenceau avait écouté avec intérêt un jeune parlementaire brillant. Il vint féliciter chaleureusement l'orateur :
– Beau début, jeune homme ! Venez sur mon cœur !
– Monsieur le président, j'ai horreur du vide.
Cette réplique lui gagna plus tard un portefeuille.

*

Francis Blanche animait un gala au cours duquel il devait présenter Roger Pierre et Jean-Marc Thibault. Ce qu'il fit non sans malice : « Et voici Roger Pierre et Jean-Marc Thibault ! Vous verrez : il y en a un des deux qui est formidable ! »

*

Hier, élection d'Eugène [Ionesco] à l'Académie. Il m'a dit, terrifié : « C'est pour toujours, pour l'éternité. » Je le rassure : « Mais non, pense à Pétain, à Maurras, à Abel Hermant et à quelques autres. Ils en furent chassés. Tu auras peut-être aussi l'occasion de commettre quelque acte de trahison. » Lui : « Il y a donc de l'espoir. »

**Émile Michel Cioran**

*

Francis Blanche collectionnait les plaques de noms de rues, afin de décorer les murs de sa maison. Constatant un jour que les W.-C. étaient dépourvus de ce type d'ornements, il décide de se procurer la plaque la plus adéquate aux lieux, celle de la place Blanche. Vêtu en ouvrier, il se rend donc en compagnie de Pierre Arnaud, avec une voiture à bras et une échelle, sur la place en question en plein après-midi. Au moment où ces deux faux employés municipaux commencent à dévisser la plaque, arrive un agent de police. Ceux-ci sont pris d'une frayeur bien compréhensible, qui se transforme en éclat de rire intérieur lorsque le brave fonctionnaire leur propose de les aider. La mission accomplie, ce dernier, empreint d'une remarquable conscience professionnelle, fait remarquer aux deux acolytes étourdis qu'ils oublient les autres plaques, les obligeant à faire le travail jusqu'au bout et à subtiliser les sept plaques de la place.

*

La grande chance que j'ai eue, c'est de rencontrer un garçon qu'on voulait renvoyer en même temps que moi. Le directeur d'Europe 1, Maurice Siegel, a eu pitié de nous deux et, bien qu'il n'eût aucune confiance en nous, il nous a quand même confié une émission, sous surveillance. C'est comme ça que j'ai connu Jean Yanne. Partant de là, nous avons formé un duo dans lequel nous avons appris mutuellement pas mal de choses. L'émission s'appelait « Tu peux doubler, y a pas de motards ». Toutes les semaines, on menaçait de nous renvoyer parce que nous faisions des appels en faveur de Rothschild ou pour habiller la reine d'Angleterre. Ça n'a pas duré, on allait trop loin, on risquait de se brouiller avec tout le monde.

**Jacques Martin**

*

Clouzot avait la réputation d'être « le cinéaste qui gifle les actrices ». C'était une connerie. Il giflait aussi Bernard Blier. Il aurait fallu dire : « Le cinéaste qui gifle les actrices et Bernard Blier. »

**Claude Chabrol**

Le fisc fut toujours le grand ennemi de Francis Blanche, qui accumula toute sa vie des amendes dues à des retards de paiement successifs. La somme de ces dettes atteignit un jour 90 millions de centimes, qu'il se résolut enfin à payer, mais en menue monnaie. Préparant l'opération de longues semaines, il réunit la somme en pièces jaunes et arriva devant son percepteur avec de nombreux et très lourds sacs de monnaie, lui demandant de vérifier si la somme y était !

# Textes et sketches

## Revendiquez !

– Bonsoir et bienvenue à « Revendiquez ! ». Nous recevrons aujourd'hui en tant que premier invité, M. Norman Campagnol, de Gravesend, qui revendique la paternité littéraire de l'ensemble de l'œuvre de William Shakespeare. Monsieur Campagnol ?

– C'est exact. J'ai écrit toutes ses pièces et, en collaboration avec ma femme, tous ses sonnets.

– Monsieur Campagnol, le monde entier s'accorde à reconnaître que ces pièces ont été jouées au début du XVII$^{e}$ siècle. Quel âge avez-vous ?

– 43 ans.

– Aussi, comment est-il possible que vous ayez écrit des pièces jouées près de trois cents ans avant votre naissance ?

– Et ma revendication de tomber à l'eau.

– Ah !

– Il est absolument impossible de répondre à cet argument, j'en ai bien peur. J'espérais seulement que vous n'aborderiez pas cet aspect de la question, mais je constate que je ne suis pas de taille face à vous !

– Monsieur Campagnol, merci infiniment de vous être déplacé.

– Tout le plaisir était pour moi.

**Monty Python**

*

– Beaucoup de personnes dans notre pays s'inquiètent chaque jour un peu plus du devenir des corridas. Ces mêmes gens prétendent que la corrida est non seulement cruelle, vicieuse et immorale, mais encore absolument déloyale. Le taureau est lourd, violent, mauvais et agressif, sans parler de ses quatre pattes et de ses énormes dents acérées, alors que le torero n'est qu'un petit crasseux d'Espagnol. Étant donné cette inégalité inhérente à la corrida, que peut-on faire pour rendre ce spectacle plus sûr ? Nous avons posé cette question au général Arthur Farquar-Smith, président du Eh bien à la base british club.

– Eh bien, à la base, il est évident que ces petits Espingouins ont tout faux. Ils caracolent autour du taureau comme des fichus danseurs de disco… Ce qu'il faut, à présent, c'est utiliser des dispositifs tels que le radar afin de localiser le taureau, avant de lui envoyer des missiles sol-air tirés de silos souterrains dans le but de le faire choir. À la suite de quoi, j'enverrais des p'tits gars de l'infanterie écossaise avec une couverture aérienne en guise de diversion tactique, pendant que la marine s'amènerait dans son dos pour le finir. Pour moi, ça, ce serait de la vraie corrida, et pas cette chorégraphie de tatas qu'on doit supporter de nos jours. On pourrait même envisager d'utiliser ces troupes dans un rôle auxiliaire au cours d'un championnat international d'échecs.

**Monty Python**

*

**Crackpot :** je suis fier d'être à la fois le président et le Dieu de cette nouvelle religion, fondée par mon père, ex-vendeur de voitures d'occasion, la première religion qui offre gracieusement des présents. Chacun des parrains reçoit en effet gratuitement pour chaque nouvel enrôlement un magnifique service à thé. Il y a aussi possibilité de gagner un mobilier de salon, une superbe caravane ou un week-end pour deux personnes avec Peter Bonetti. À partir de huit recrues, vous pouvez même gagner un évêché dans la mer de votre choix. Vous voyez, nous avons une approche moderne de la religion. En plus, certaines religions, mieux vaut ne pas citer de noms, s'attachent une clientèle de miséreux – la plus nombreuse, il faut bien le reconnaître –, des gens sans le sou, des manants, des vilains. Chez nous, il n'y a pas de cette racaille. Les gens riches et les veuves aisées de plus de 60 ans peuvent nous rejoindre gratuitement. Les classes dirigeantes sont les bienvenues. Les parvenus peuvent se joindre à nous à partir de 50000 francs par an. Quant aux classes laborieuses, je préfère ne pas m'en occuper. Chez eux, voyez-vous, la charité est trop souvent à sens unique.

**Monty Python**

*

# Leçons de vol

*(Dans un bureau.)*

– Monsieur Chigger! Ainsi, vous voulez apprendre à voler?
– Oui.
– Très bien. Mettez-vous debout sur la table, bras en croix, doigts joints, genoux fléchis…
– Non, non, je…
– Debout sur la table!!! Voilà! Maintenant, bras en croix, doigts joints, genoux fléchis, tête bien en avant. Battez des bras. Allons-y, battez donc, plus vite, plus vite, plus vite, plus vite, et maintenant, sautez! Pourri, pourri. Vous n'êtes vraiment qu'un putain d'incapable. Une putain d'absolue nullité. Vous me donnez la nausée, raclure!
– Écoutez…
– Très bien, très bien. Je vous donne une nouvelle chance. Debout sur la table…
– Écoutez, je suis ici pour apprendre à voler dans un avion.
– Un quoi?

– Je suis ici pour apprendre à voler dans un avion.
– Oh, un « avion » ! Comme nous sommes précieux ! Allez, sur la table !

– Écoutez. Personne, dans toute l'histoire de l'humanité, n'a jamais été capable de voler de cette façon.
– Et qu'est-ce que je suis en train de faire, moi ?
– Vous êtes attaché au plafond par un câble.
– Oh, un câble ! Accroché à un câble, dites-vous ?
– Bien sûr que vous êtes attaché à un foutu câble.

– Je ne suis pas accroché à un câble. Je vole.

**Monty Python**

*

## Un dernier verre, mon lapin ?

La scène se passe dans un tabac. Un Hongrois entre avec un guide usuel de langue étrangère.

**Le Hongrois :** Je ne veux pas de ce disque, il est rayé.
**Le marchand de tabac :** Pardon ?
**Le Hongrois :** Je ne veux pas de ce disque, il est rayé.
**Le marchand de tabac :** Attendez… Vous êtes dans un bureau de tabac…
**Le Hongrois :** Je ne veux pas de ce marchand de tabac, il est rayé.
**Le marchand de tabac :** Non, euh… tabac ici… cigarettes, vous comprenez ?
**Le Hongrois :** Oui, cigarettes. Je vois. Mon aéroglisseur est plein d'anguilles.
**Le marchand de tabac :** Des allumettes peut-être… Vous voulez des allumettes…
**Le Hongrois :** Oui, merci. Euh… tu viens… tu viens boire un dernier verre, mon lapin ?

**Le marchand de tabac :** Je pense que vous ne savez pas vous servir de ce guide...
**Le Hongrois :** Tu sais que tu es une belle pédale ?
**Le marchand de tabac :** Bon, ça fait vingt-cinq francs pour les cigarettes et les allumettes.
**Le Hongrois :** Si je te dis que tu as un corps superbe, tu viendras le frotter contre le mien ? Je ne suis plus infecté, tu sais...
**Le marchand de tabac :** Ça fait vingt-cinq francs, vous comprenez, vingt-cinq francs !
**Un policier de passage :** Qu'est-ce qui se passe ici ?
**Le Hongrois** (toujours plongé dans son guide de langue) **:** Tu as de belles cuisses, tu sais.
**Le marchand de tabac :** Voyez vous-même...
**Le Hongrois :** Enlève ton soutien-gorge, je ne peux pas attendre plus longtemps...
**Le policier :** Je vois...
**Le Hongrois :** Mes tétons se dressent délicieusement...

La suite, dans un tribunal :

**Le magistrat :** Alexandre Yahalt, vous êtes ici pour avoir délibérément publié, en dépit des lois et de la moralité, un guide de langue usuel français-hongrois dans l'inttention de troubler l'ordre public. Je prends un exemple : la phrase hongroise signifiant « Pouvez-vous m'indiquer le chemin de la gare ? » devient une fois traduite « S'il te plaît, peux-tu me caresser les fesses ? ». Que plaidez-vous pour votre défense, Alexandre Yahalt ?
**Alexandre Yahalt :** Je plaide l'incompétence.

**Monty Python**

*

# Police d'assurance

*(Dans un bureau miteux.)*

*Sournois :* Qu'est-ce que vous voulez ?
**L'homme :** Eh bien, je viens au sujet de votre offre d'assurance auto.
*Sournois :* C'était quoi, déjà ?
**L'homme :** Votre police tous risques pour deux shillings.
*Sournois :* Ah, ouais... Eh ben, malheureusement, cette offre n'est plus valide. Vous voyez, elle s'est révélée être économiquement pas viable du tout, mais on a une toute nouvelle offre à vous proposer...
**L'homme :** Qu'est-ce donc ?
*Sournois :* Une femme nue.
**L'homme :** Une femme nue ?
*Sournois :* Ouaip. Vous recevez une femme nue en plus de votre assurance tous risques. En cas de malus, elle remet son soutien-gorge, et...
**L'homme :** Non, non, ce n'est pas ça que je cherche, monsieur...
*Sournois :* Sournois.
**L'homme :** Monsieur Sournois. J'aimerais simplement savoir ce que cela me coûterait de contracter une assurance tous risques pour une Aston Martin 1970.
*Sournois :* Aston Martin ?
**L'homme :** Oui.
*Sournois :* Cinq cents livres.
**L'homme :** Cinq cents livres ?!
*Sournois :* Quatre cents.
**L'homme :** Quatre cents ?!
*Sournois :* Quatre cents et une femme nue.
**L'homme :** Non, non, la femme nue ne m'intéresse pas.
*Sournois :* Des livres pornos ?
**L'homme :** Non ! Écoutez, rien de tout cela ne m'intéresse. Je veux simplement savoir ce que me coûterait une assurance tous risques pour une Aston Martin 1970. Donnez-moi simplement votre prix !

**Révérend :** Toc toc.
*Sournois :* Qui est-ce ?
**Révérend :** Le révérend...
*Sournois :* Le révérend qui ?
**Révérend :** Le révérend Morrison.

*Sournois :* Ah, entrez. Alors, rév', qu'est-ce qu'il y a ?

**Révérend :** Eh bien, c'est à propos de cette lettre que vous m'avez envoyée.

**L'homme :** Excusez-moi, est-ce que j'ai d'autres répliques ?

*Sournois :* Je sais pas, bidule, laisse-moi regarder le script... hmm... où on est ? Ah ! ici. C'est toi, « l'homme » ?

**L'homme :** Ouais.

*Sournois :* Non, non, t'en as fini.

**L'homme :** Très bien, je me barre, alors.

*Sournois :* « Le révérend s'assoit. »

*(Le révérend s'assoit.)*

**Révérend :** C'est au sujet de cette lettre que vous m'avez envoyée, concernant mon remboursement.

*Sournois :* Ah ouais, ouais. Vous voyez, c'est juste qu'on n'est pas... totalement convaincus par votre réclamation...

**Révérend :** Mais ça parle de remplir ma bouche de ciment.

*Sournois :* Oh, c'est juste du jargon, vous savez.

**Révérend :** Mais ma voiture était au garage quand on l'a démolie et vous refusez de me rembourser.

*Sournois :* Eh bien, révérend Morrison, dans votre police d'assurance... dans votre police... la voilà. Il est clairement stipulé que vous pouvez faire toutes les réclamations que vous voulez, nous ne remboursons rien.

**Révérend :** Oh, flûte.

*Sournois :* Vous voyez, malheureusement, vous avez contracté notre assurance « Paye Jamais », qui est, comme vous le savez, très intéressante si vous ne réclamez jamais rien... Mais comme vous vous êtes entêté à réclamer, voilà le résultat !

**Révérend :** Oh, zut, flûte.

*Sournois :* Bref, peu importe – ça pourrait être pire. Et la femme nue ?

**Révérend :** Parfaite, pas de problème... snif snif...

*Sournois :* Écoutez, rév'... je déteste voir un homme pleurer, alors foutez le camp de mon bureau, mon vieux.

**Monty Python**

*

La BBC souhaite présenter ses excuses pour la façon dont les hommes politiques ont été présentés au cours de ce programme. Il n'a jamais été dans notre intention d'insinuer que les politiciens sont des mous du genou, des opportunistes plus préoccupés par leurs vendettas personnelles et leurs luttes privées que par le service de l'État, il n'était pas non plus dans notre intention de laisser entendre qu'ils perdent toute crédibilité en empêchant tout débat sur la trompeuse impression que l'unité des partis passe avant le bien-être des gens qu'ils sont censés représenter, ni même de laisser croire à quelque moment que ce soit qu'ils ne sont que des petits lèche-bottes chamailleurs qui se fichent complètement des problèmes sociaux du pays, ni d'inciter les spectateurs à voir en eux des vermines égoïstes et variqueuses, avec du poil aux pattes, un penchant marqué pour l'alcool et des pratiques sexuelles d'une nature propre à choquer. Pardonnez-nous si, au final, c'est cette impression qui l'emporte.

**Monty Python**

*

Moi, je connaissais un mec qui avait un défaut sur le dessus. À la tête. Il y en a qui sont un peu chauves, eh bien, lui, il n'avait carrément pas de front. C'est-à-dire que, au-dessus des yeux, il y avait juste les sourcils puis plus rien, c'était complètement plat ! Il n'y avait pas du tout mais alors pas du tout de place pour la cervelle. Rien, des yeux et du plat ! Remarque, heureusement pour lui, ça se voyait pas du tout du tout. Enfin, sauf quand il enlevait son képi.

**Coluche**

*

# Téléachat : le pétard

Ceci est une espèce de cigarette plus grosse et fermée aux deux bouts. C'est une cigarette 100 % naturelle qui ne contient que de l'herbe. Une herbe merveilleuse qui nous vient de Tunisie, du Maroc ou d'Algérie. Une herbe scrupuleusement sélectionnée par des représentants qui la livrent en France cachée dans des camions ou dissimulée dans des coffres de voitures. Ça sert absolument à tout : à faire le ménage tous les jours sans râler, à supporter votre conjoint quel que soit son caractère, quelles que soient les années de mariage, ça sert à supporter les tracas de la vie, les saloperies de l'existence, à subir en somme le quotidien sans éprouver le stress qui l'accompagne.

**Jacques Martin**

*

**Ça me ferait plaisir qu'un jour mes enfants ouvrent le dictionnaire et lisent :** « Jacques Martin, né à Lyon, le 22 juin 1933. Enfance malheureuse. Son père le battait régulièrement, chaque dimanche, au tennis, par 6-3, 6-2, 6-0. Élevé chez les frères des écoles chrétiennes, il y apprit le piano car ses parents tenaient absolument à ce qu'il joue d'un instrument, de façon à laisser le sien tranquille. Jacques Martin n'a pas découvert le fil à couper le beurre, ni la machine à vapeur, il n'a écrit aucun traité de phénomène de mécanique ondulatoire mais c'est un homme qui passe à la postérité parce qu'il a écrit une chanson, une chanson dont la musique et les paroles reflètent son intelligence et son génie : *Et v'lan, passe-moi l'éponge.* »

**Jacques Martin**

*

JE VAIS DE CE PAS RÉCLAMER UNE AUGMENTATION AU PATRON
DÉCIDÉMENT IL EST TRÈS FORT
PIEM

On croyait connaître toutes les possibilités humaines. En fait, on ignorait la plus importante : l'homme est aimanté. Il est attiré irrésistiblement par le fer.

Cette loi de la physique est démontrée chaque jour – placez une poubelle devant votre porte. Demain matin, à l'aube, deux ou trois hommes invinciblement attirés viendront la prendre. Abandonnez une voiture en pleine rue. Dix minutes plus tard, un rassemblement se forme autour. Groupez des centaines de voitures (appelez ça le Salon de l'auto, par exemple) et vous constatez que des milliers de gens sont drainés, par la force magnétique, vers ce gigantesque tas de ferraille. Si un piéton (chargé d'une force magnétique positive) est souvent attiré par le spectacle d'une voiture qui se gare, il change totalement de comportement dès qu'il est lui-même au volant. Il se met à zigzaguer, il freine, il emprunte des départementales. Bref, il essaye d'éviter les autres voitures. Le fer ne l'attire plus. Il est devenu négatif.

Les conséquences de cette découverte sont considérables, tant sur le plan militaire que civil. En effet, il suffira que les tanks d'armées adverses soient chargés de la même force magnétique, positive ou négative, pour qu'ils se repoussent. C'est sans doute la fin des champs de bataille et le début des champs magnétiques.

Au point de vue civil et pratique, le gouvernement met déjà sur pied une vaste organisation afin de rendre la vie aux bourgs abandonnés, aux campagnes désertées. C'est ainsi qu'on a déposé sur la place principale de Mouflon-les-Yvettes deux tonnes de ferraille. Le village était vide. Huit jours plus tard, même phénomène que pour Beaubourg, on signalait que les automobilistes faisaient un crochet pour aller voir cette montagne de fer. Puis un guide s'est installé à demeure pour faire visiter. Enfin, la semaine dernière, vingt-cinq antiquaires parisiens ont fait spécialement le voyage pour acheter.

Aux dernières nouvelles, l'État envisage d'utiliser des tas de ferraille pour attirer les Français sur les plages du Nord, aux urnes et dans les théâtres subventionnés. Ce n'est qu'un début, bien sûr. Mais, quoi qu'il en soit, l'élan est donné.

**Jean Yanne**

*

# PRENEZ EXEMPLE SUR LES CONQUÉRANTS DE L'ESPACE

Si vous avez décidé de prendre des vacances cet été (ce qui, à mon avis, est parfaitement stupide car, comme l'année dernière, il vous faudra onze mois pour vous en remettre), sachez que c'est maintenant qu'il faut commencer à vous entraîner.

Ce n'est pas le 15 juin qu'on amorce les préparatifs d'un départ en juillet. Prenez conscience que partir en vacances, cela exige du temps, du courage et du labeur.

Chaque jour, le monde vibre au récit des exploits des cosmonautes. Ces capitaines courageux qui passent d'un *Soyouz* à l'autre ou qui font tourner *Apollo 8* autour de la Lune ne sont pas des petits garçons. Ce sont des hommes sûrs d'eux, en pleine possession de leurs moyens.

Eh bien! Ils n'hésitent pas à s'exercer pendant des mois, à répéter mécaniquement les gestes qu'ils devront effectuer dans leur capsule, à surveiller leur alimentation, à contrôler leurs réflexes. Pourtant, les tours de force qu'ils accomplissent, pour spectaculaires qu'ils soient, c'est de la rigolade à côté de ce que vous allez faire, vous, si vous décidez de vous rendre pendant trois semaines sur la Côte d'Azur. Soyez-en persuadé: le vacancier est, lui aussi, un héros. Traverser Montélimar à quatre heures de l'après-midi un 2 août est autrement plus éprouvant pour les nerfs et l'organisme en général qu'être placé sur orbite en douze minutes quarante secondes.

Alors, s'il vous plaît, ne faites pas les fiers-à-bras! Ne dites pas: «Je suis solide, je m'en sortirai toujours.» Soyez réaliste, logique et humble devant les épreuves qui vous attendent et, en prenant exemple sur les conquérants de l'espace, entraînez-vous soigneusement dès à présent.

## Le voyage

Toute l'année, ou presque, vous roulez seul dans votre voiture. Brusquement, vous allez vous retrouver avec votre femme, vos trois enfants, votre chien et les bagages (valises, matelas pneumatiques, cannes à pêche, appareil photo, etc.) de tout ce petit monde.

Les conditions de conduite ne seront pas les mêmes. Les cosmonautes (car, encore une fois, c'est sur eux que vous devez calquer votre entraînement), les cosmonautes, donc, font des vols simulés. Faites des départs en vacances également simulés.

Le soir, de vingt heures à vingt heures trente, au lieu de regarder le journal télévisé, qui n'a aucun intérêt, faites des exercices. Que tout le monde s'installe dans la voiture. Qu'on trouve rationnellement une place pour chacun et pour chaque objet. Recommencez dix fois, vingt fois, jusqu'à ce que ça devienne automatique. Au jour J, lorsque vous achèverez le compte à rebours, vous ne perdrez pas une heure de vos trois précieuses semaines à essayer de faire tenir trois mètres cubes de vêtements, êtres humains et matériel de plage dans un véhicule prévu pour en contenir deux et demi. Éliminez ce qui gêne. Si c'est un objet : jetez ! S'il s'agit d'un membre de la famille, n'oubliez pas qu'il existe des camps organisés où l'on peut prendre soin des petits comme des grands et qu'il vaut mieux se priver d'un être cher plutôt que compromettre les conditions nécessaires à une bonne conduite.

## Les bagages

Votre voiture est trop petite. Vous le savez bien puisque chaque année vous devez mettre sur votre toit deux ou trois valises entourées d'une toile cirée en cas de pluie. Souvent mal fixée par les élastiques, la toile cirée s'envole. Le bruit surprend, la résistance à l'air freine brusquement le véhicule, la secousse désoriente la conduite. Dès demain, habituez-vous à rouler avec quelque chose sur le toit ! Il y a bien, dans votre cave, un vieux sommier qui ne sert à rien, ou un vieux fauteuil, ou une vieille malle que vous pouvez remplir de sable ou de pavés.

Bien sûr, c'est inesthétique. Mais ne vous occupez pas de ce que diront vos collègues de travail. Mieux vaut avoir une automobile un peu moins élégante en ce moment qu'un accident en juillet.

Le dimanche, fixez une toile cirée sur l'énorme objet qui orne le toit de votre voiture à l'aide d'un cordage dont votre femme tiendra l'extrémité, par la glace entrouverte. Choisissez une route sans trop de circulation, poussez une pointe de vitesse puis demandez à votre épouse de lâcher la corde. Vous vous habituerez ainsi à l'envol de la toile cirée, à la chute des valises, et vous ne serez pas paniqué le jour où ça vous arrivera sur la route des vacances.

## Les gosses

Si vous avez deux ou trois enfants, dites-vous bien qu'à partir de Fontainebleau ils seront debout, à l'arrière, pour jouer à deviner à quel département correspondent les plaques minéralogiques des véhicules qui vous suivent.

Ce faisant, ils masqueront presque complètement la lunette arrière.

Pour vous habituer à conduire sans visibilité, procurez-vous du papier adhésif en grande largeur, faites étendre vos enfants dessus et découpez des silhouettes (le buste suffit) que vous collerez sur la lunette. Vous serez ainsi parfaitement entraîné à ne voir qu'un quart de la route dans le rétroviseur.

## La femme

Le jour du départ, lorsque vous arriverez à l'entrée de l'autoroute du Sud, votre épouse se rappellera brusquement qu'elle a oublié de fermer le gaz. Il vous faudra repartir, ce qui n'a rien d'agréable, surtout si vous habitez à l'autre bout de Paris. Le gaz étant fermé, vous traverserez de nouveau la ville lorsqu'elle s'apercevra, porte d'Orléans, qu'elle a oublié l'adresse des Untels que vous devez voir à Sainte-Maxime, ou le papier de l'agence qui vous permet de prendre possession de l'appartement que vous avez loué ou de laisser les clés à la concierge, ou autre chose de ce genre. De nouveau, il faudra faire l'aller-retour et vous perdrez deux heures.

Alors, dès à présent, habituez-vous à partir, le matin, une heure et demie plus tôt afin de revenir à la maison en faisant semblant d'avoir oublié quelque chose. Vos nerfs y gagneront en solidité et, si ces petits ennuis arrivent au mois d'août, vous pourrez revenir sur vos pas une demi-douzaine de fois, avec le sourire.

## Le chien

Si vous avez un chien, il voyagera sans doute avec les gosses, à l'arrière. Au bout de deux cents kilomètres, l'amour qu'il vous porte, le besoin de vous, le faire savoir ou, tout simplement, le désir de vous signaler qu'il aimerait bien faire une halte hygiénique, le pousseront sans doute à vous coller son museau dans le cou.

Or, s'il est en bonne santé, rien ne peut vous surprendre plus que sa truffe glacée, ce qui risque de vous faire lâcher le volant.

Habituez-vous à cette sensation d'humidité froide inattendue. Fixez, derrière vous, au plafond de votre voiture, un fil de nylon auquel vous attacherez une éponge mouillée. À chaque coup de frein, à chaque virage, l'éponge viendra heurter votre nuque, vous préparant ainsi aux futures démonstrations d'affection de votre fidèle animal.

# Les impondérables

Bien des points encore doivent être étudiés à fond pendant le cycle d'entraînement préparatoire aux vacances. Il faut vous habituer :

– à recevoir une cendre de cigarette dans l'œil (n'importe qui peut vous le faire, le soir, au cours des repas) ;

– à ne pas réagir si une guêpe pénètre dans votre chemise pendant que vous amorcez un virage (les enfants peuvent vous piquer, chez vous, au moment où vous ne vous y attendez pas) ;

– à ne pas vous endormir au volant (vous pouvez écouter France Culture) et calculer votre résistance au sommeil, etc.

Je me suis borné à vous indiquer les règles essentielles. Croyez-moi, c'est sérieux, il faut vous y mettre rapidement !

**Jean Yanne**

*

# LETTRE OUVERTE À M. LE PRÉFET DE POLICE

Le 30 avril, à 11 heures du soir, une contravention m'était infligée pour « stationnement unilatéral non respecté ». La réglementation du stationnement unilatéral est fixée, dans le département de la Seine, par tranches de quinze jours : du 1er au 15, et du 15 à la fin du mois. La fin du mois, c'est le dernier jour de celui-ci à 24 heures, 0 minute, 0 seconde, selon la division du calendrier grégorien (institué par la bulle papale de Sa Sainteté le pape Grégoire XIII, le 4 octobre 1582, supprimant les bissextiles séculaires excepté une sur quatre). Par conséquent, le premier jour du mois débute à 0 heure. Et une contravention infligée à 11 heures du soir le 30 avril ne peut sanctionner un prétendu délit commis le 1er mai. C'est pourtant ce que vos agents de police ont fait, monsieur le préfet de police, se basant sur un arrêté préfectoral établissant que, en matière de stationnement, le dernier jour du mois se termine à 21 heures, et non à minuit. DE QUEL DROIT un préfet de police peut-il fouler aux pieds les décisions d'un PAPE? DE QUEL DROIT un arrêté préfectoral peut-il modifier le calendrier grégorien (admis par tous les pays du monde, y COMPRIS L'ANGLETERRE), en faisant débuter le premier jour du mois LA VEILLE à 21 heures, c'est-à-dire trois heures avant le chiffre fixé par la division de l'année solaire. TROIS HEURES EN MOINS! Savez-vous ce que cela fait? Cela fait que l'année solaire est de 365 jours, 5 heures, 48 minutes et l'année préfectorale de 365 jours, 2 heures, 48 minutes seulement. Alors, songez aux conséquences de cette décision funeste, monsieur le préfet de police! DE QUOI FAIRE S'ÉCROULER LA FRANCE! Cette décision bouleverse l'équilibre social! Trois heures en moins dans une année, cela fait trois heures de salaires supprimées pour l'ouvrier français, soit 12 kilos de pain, 1 kilo de beurre, un seau de charbon, ou les œuvres complètes de Daniel-Rops dans une édition populaire et brochée. Cette décision bouleverse l'équilibre de la justice: un criminel ayant commis un meurtre le 25 octobre, à 11 heures du soir, pourra prétendre, et prouver, qu'on était le 26 et avoir ainsi un alibi pour le 25. Comprenez-vous, monsieur le préfet de police, qu'il y a dans cette petite feuille de papier jaune glissée sous mon essuie-glace une menace contre la liberté de l'homme moderne, et l'édification d'une civilisation en perpétuelle effervescence. Vous voyez bien qu'il n'y a pas, dans cette lettre, que la protestation isolée d'un automobiliste à la sensibilité exacerbée par une sanction arbitraire. Il y a la volonté d'en finir avec le mépris souverain qui caractérise les actions des pouvoirs publics à l'égard d'un peuple vaste, obscur et incliné. Craignez pourtant qu'un jour cette forêt de dos courbés ne se redresse pour brandir l'étendard de la révolte. Comprenez, avant qu'il ne soit trop tard, notre colère et notre peine. Rétablissez notre année solaire, rendez-nous nos trois heures. Restituez-nous notre calendrier grégorien que les employés des PTT nous apportent chaque année avec leur bon sourire.

Monsieur le préfet de police, ne faites pas de la population, pour qui vous êtes un père administratif, un peuple de victimes, bafoué dans son folklore, dans ses aspirations et dans sa dignité.

**Jean Yanne**

Jérusalem, comment voulez-vous que ça marche, Jérusalem ? Ça me fait penser à une superproduction hollywoodienne où il y aurait trop de stars ! Vous avez vu le casting ? Jésus-Christ, Abraham, Mahomet. Dans le même film. Et, en plus, trois cas psychiatriques ! Un enfant adultérin maniaco-dépressif, un père infanticide, et l'autre, Mahomet, qui s'envole dans le ciel sur son cheval blanc, pourquoi pas un éléphant rose ? Là, on est dans la drogue dure… Et les fans-clubs de ces trois types ne cessent de s'entre-tuer depuis des siècles. C'est à ne pas croire !

**Guy Bedos**

J'ai essayé un truc sympa, c'est les vacances; c'est une agence de voyages qui m'a conseillé... Bien! Sur le catalogue, il y avait marqué: «Koumak, beau pays, pas cher, le billet.» D'abord, beau voyage avec une compagnie qui s'appelle Charter. Tu en as pour ton pognon: quarante-cinq heures de vol. Et quand tu arrives là-bas, la première chose que tu fais: tu dors... Forcément, faut que tu récupères: j'ai dormi soixante-dix-sept heures. Je me suis réveillé un mercredi à minuit, j'avais une patate d'enfer! Mais à minuit là-bas, il n'y a rien à faire, tout est fermé. Parce qu'on dit douze heures de décalage horaire, mais du point de vue du niveau de vie, il y a trois siècles de décalage horaire. Et puis j'ai été malade. J'ai perdu douze kilos... J'ai fait une connerie, j'ai bu un verre d'eau, c'est de ma faute, j'avais soif! La connerie! Là-bas, c'est soda-quinine, soda-quinine. En boîte, c'est whisky-quinine mais quinine.

**Patrick Timsit**

*

J'ai connu un clochard à Saint-Germain-des-Prés qui ne voulait pas faire la manche. Il subvenait à ses besoins en faisant des extra comme serveur dans les restaurants du quartier. Le problème, c'est qu'il avait un œil de verre et que celui-ci était trop petit, il n'arrêtait pas de tomber par terre. Une fois, l'œil est tombé dans la soupe d'un client qu'il s'apprêtait à servir. Il a prétexté que la soupe était trop froide et il est reparti en cuisine récupérer son œil et le remettre en orbite. Résultat, le client n'a pas eu sa soupe à l'œil!

**Raymond Devos**

*

**Personne ?**
**Si, moi !**

Attention ! Si on joue avec « personne », on n'est pas sûr de gagner. Le mot est ambigu.

Personne, cela peut être la présence d'une personne ou l'absence de quelqu'un !

Exemple :

– Il y a quelqu'un ?

– Non, il n'y a personne !

Ou :

– Il n'y a personne ?

– Si, il y a quelqu'un !

On remarque d'entrée de jeu qu'il est presque impossible de séparer le mot « personne » du mot « quelqu'un ». Ce sont des mots partenaires qui se donnent la réplique.

Deux mots-clefs qui jouent dans la même serrure. Deux mots qui s'attirent ou se repoussent. Deux mots jumeaux en quelque sorte.

– Regardez ! Vous voyez cette personne ? Eh bien, c'est quelqu'un !

Combien de fois ai-je parlé de moi à la troisième personne... pour me persuader que j'étais quelqu'un !

Pour mieux vous montrer la collusion qui existe entre ces deux mots, voici une petite histoire absurde comme toutes celles que je raconte :

Récemment, je me rendais chez quelqu'un...

Je ne me souviens plus du nom de la personne.

Je voulais lui soumettre une définition savante et sophistiquée du mot « personne ».

Où l'avais-je lue ?

Je vous la livre : personne = substance animée de quantité nulle.

Je ne cite personne !

Substance animée de quantité nulle !

Il y a là, me semble-t-il, matière à réflexion.

Remarquez... je ne vous conseille pas de dire à quelqu'un : « Vous êtes une substance animée de quantité nulle. »

Il vous répondra : « Quantité nulle vous-même ! »

Et il aura raison... En substance !

Bref.
J'arrive devant la porte de cette personne. Je frappe... pas de réponse.
La porte n'était pas fermée. Je la pousse.
Personne ne me dit d'entrer. Je crie :
– Il y a quelqu'un ?
Quelqu'un me répond :
– Non, il n'y a personne !

Je me dis : si quelqu'un répond qu'il n'y a personne, c'est qu'il y a quelqu'un !
Là-dessus, le téléphone sonne.
Je m'attendais à ce que quelqu'un réponde. Personne.
Je décroche :
– Allô ?
Une voix :
– Il y a quelqu'un ?
Je réponds :
– À part moi, il n'y a personne !
La voix :
– Ça ne fait rien. Je rappellerai lorsqu'il y aura quelqu'un !

À peine avait-il raccroché que l'on frappe à la porte.
Je vais ouvrir... Personne !
J'ai tout de même dit :
– Entrez !

Il faut savoir de temps en temps laisser une chance à quelqu'un.
Voilà, c'est fini !
Il était temps. En me relisant, je m'aperçois que ce n'était plus moi qui jouais avec les mots, mais les mots qui se jouaient de moi !
À devenir fou !
Ah... Si quelqu'un me demande, je n'y suis pour personne !

**Raymond Devos**

*

# Gloire post mortem

Vous savez que ce matin, j'ai reçu un coup de téléphone d'un grand directeur de chaîne de télévision... Il me dit :
– Je veux faire une très grande émission de télévision sur vous, une émission posthume... *post mortem*...

Je lui dis :
– Je vous remercie de penser à mon avenir... Mais pourquoi ne la feriez-vous pas de mon vivant ?
– Parce que, lorsque vous ne serez plus de ce monde, votre taux d'écoute sera beaucoup plus élevé... Il faut penser à l'après-vous.

Il m'a dit :
– L'après-vous, c'est pour quand, d'après vous ?
– D'après moi, c'est le plus tard possible !

Il m'a dit :
– C'est trop tard ! Il faut le faire avant... Dès que vous serez sur la liste de ces chers disparus, on lancera un formidable avis de recherche !

J'ai dit :
– Qui fera la présentation ?
– Ce cher Patrick !

J'ai dit :
– Moi, j'aurais préféré que ce soit ce cher Léon Zitrone...

Il a dit :
– Ah non ! Lui, on le garde pour le dixième anniversaire de votre mort !

Ils m'ont dit :
– On va déjà enregistrer votre dernier soupir. Ce sera toujours ça de mis en boîte !

Ils m'ont tendu un micro :
– Allez-y, Devos !
– Rhahh !
– Est-ce que vous pourriez le refaire ?

J'ai dit :
– Volontiers ! Rhaaa !

Ils m'ont dit :
– Plus gai !
– Rha ha ! Rha ha ! *(Au public.)* Voulez-vous pousser un dernier soupir avec moi, messieurs dames ? À trois, nous allons tous « dernier-soupirer » ensemble... Un ! Deux ! Trois !
*(Tous :)*
– Rhaa !

*(L'artiste se recueillant comme sur une tombe, sur un ton d'éloge funèbre :)*
C'était un brave public... ! *(Refoulant ses larmes.)* Sans lui, que la salle va sembler vide ! *(Reprenant son récit sur un ton normal.)* Aussi pourquoi me demander de faire une émission *post mortem* ? Au lieu de faire une émission prénatale ! Toute la vie devant moi pour la faire. Ils m'auraient dit :
– On va enregistrer ton premier cri, mon petit Raymond...
– Areu ! Areu !

Ils m'auraient tendu un micro :
– Vas-y, mon p'tit Raymond ! Pousse ton premier cri ! Tu sors et tu cries...
*(L'artiste, comme écartant les battants d'une porte :)*
– Rhaa !

Ils m'auraient dit :
– Est-ce que tu peux le refaire ?

Là, j'aurais dit :
– Non ! Maman ne veut pas !
C'est dur de pousser un premier cri... à chaud !

*(Il se tourne vers le public et, humblement, l'interroge du regard. Il semble déjà lui dire ce qui suit.)*
Je n'ose pas vous le demander, mesdames et messieurs. Vous voulez bien pousser un premier cri avec moi ? À trois, nous allons tous « premier-crier » ensemble. Un ! Deux ! Trois !

*(Tous :)*
– Haa !

*(L'artiste béat :)*
Oh, le beau petit public !... guili-guili... Il rit déjà... Il tape dans ses petites menottes...

*(Le public applaudit. L'artiste, pour lui-même :)*
Je n'ai rien demandé...

*(Reprenant son émission* post mortem.*)*
Dix fois de suite, j'ai poussé mon dernier soupir, dix fois de suite !
– Rhhaa !
– Encore !
– Rhaaa !
– Plus convaincant !
– Rhaaa
– Plus sensuel !
– Rhaahaa !
– Encore !
– Rha !

Au dernier, j'étais comme ça *(effondré)* alors qu'au premier, j'étais comme ça... *(fringant)* Finalement, ils ont pris le premier parce que c'était le plus vivant !
Et ce matin, je reçois un coup de téléphone du grand directeur de chaîne :
– Allô, Devos, comment ça va ?
– Très bien !
– Ça ne fait rien. On attendra !

**Raymond Devos**

*

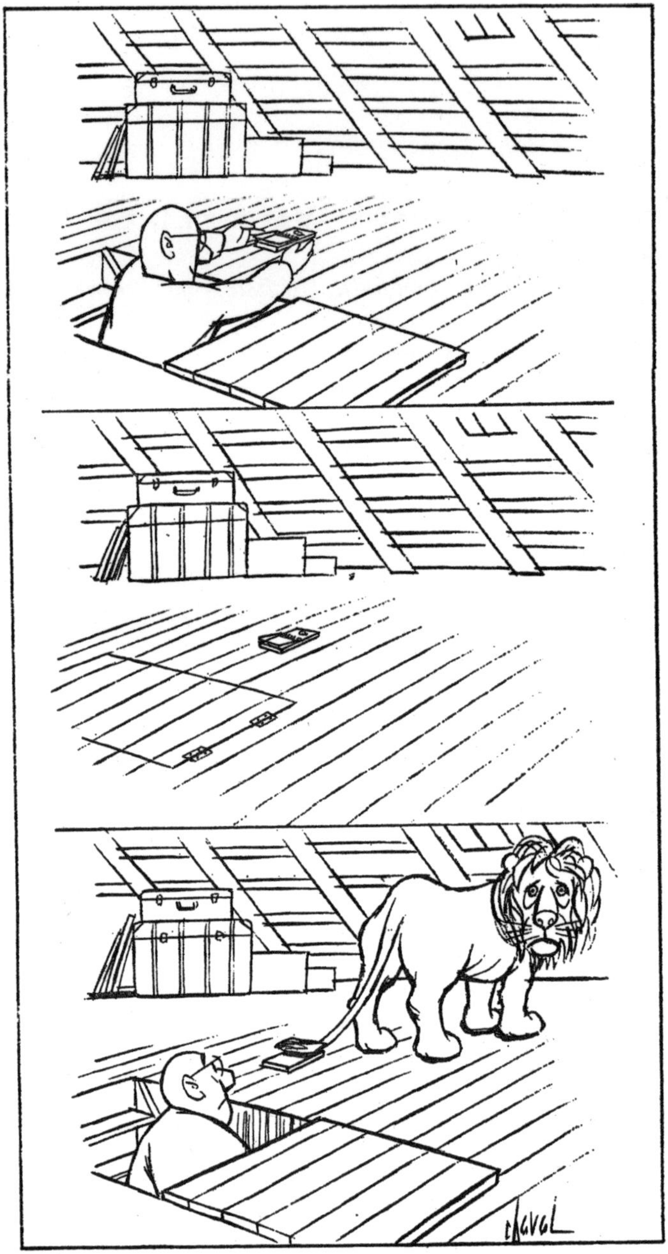

# Peur injustifiée

Quelquefois, on a des peurs stupides, des effrois injustifiés.
Récemment, je devais passer la frontière et, subitement, en voyant l'uniforme du douanier français, j'ai eu peur...
J'étais comme ça, tout tremblant...

– Vous n'avez rien à déclarer ?
– Je crois que non !
– Comment, vous croyez ? Vous n'en êtes pas sûr ?
– Je ne suis jamais sûr de rien, moi.
– Enfin... vous cachez quelque chose, oui ou non ?
– En principe... non !
– Alors !
– Alors, alors... pourquoi ai-je peur ?
– Car, si vous avez peur, c'est que vous cachez quelque chose !
– C'est bien ce que je craignais... à chaque fois, c'est pareil !
– Que cachez-vous ?
– Pour ne rien vous cacher... je n'en ai pas la moindre idée.
– On va voir ça.

Il a regardé un peu partout.
– Vous n'avez rien.
– Vous avez bien cherché ?
– Je connais mon métier, non ! Pour la fouille, je suis imbattable.
– Vous êtes imbattable, peut-être ! En attendant, moi, j'ai peur... et comme vous me dites que ça cache quelque chose... je voudrais bien savoir quoi... Vous avez excité ma curiosité.
– Bon !

Il a encore cherché sous les sièges...
– Dans les vide-poches ?

Il regarde.
– Rien ! Je suis désolé.
– Ce n'est pas possible !
– Écoutez ! J'ai fouillé partout, hein, vous êtes témoin ?

– Bon !
– Sauf dans le coffre !
– Non, ce serait trop facile !
– Regardez tout de même, quelquefois...
– Vous vous faites des idées.
– Pour ma tranquillité personnelle...
– Je ne suis pas là pour ça !
– Bon ! Puisque vous n'en avez pas le courage... je vais regarder moi-même.
J'ouvre le coffre... Ah, dites donc, tout était là ! Les chocolats, les cigarettes, l'alcool, tout ! Je le referme et je pousse un ouf de soulagement.
Le douanier me dit :
– Alors, cette peur ?
Je lui dis :
– Dissipée. Injustifiée !
Moralité : quand on passe une frontière, la première chose qu'il faut cacher, c'est sa peur !

**Raymond Devos**

*

Chaque semaine, je vais voir un ami psychiatre. Je discute avec lui, je lui demande s'il va bien, s'il pense qu'il a fait des progrès vis-à-vis de moi, s'il me prend toujours pour un parapluie. Je lui demande si sa phobie des mouches régresse... (Il a peur qu'une mouche ne l'emporte à Limoges dans son sommeil... Ce n'est pas tant la mouche qui lui fait peur mais c'est le fait de se retrouver à Limoges où il ne connaît personne !... Chaque fois, j'essaie de le rassurer en lui faisant remarquer que : *primo* le voyage est gratuit, *secundo* qu'il se fera des amis à Limoges... Peine perdue, mais notre amitié demeure...)

Nous avons beaucoup de points communs, lui et moi. Il a beaucoup de points communs avec moi, et, de mon côté, j'ai beaucoup de points communs avec lui. Tout comme je me suis rendu compte, à la faveur d'une de nos nombreuses discussions, que, moi aussi, j'ai beaucoup de points communs avec moi : par exemple, ça n'a l'air de rien, mais j'aime bien Mozart, moi aussi, figurez-vous !

Je n'aime pas l'andouille, moi non plus !

C'est tout cela qui me rassure et me fait penser que je ne suis pas tout seul dans l'existence et que je peux toujours compter sur moi !

**Daniel Prévost**

Je reviens sur ma pensée philosophique : le temps passe et les œufs durent !

Je conçois que l'on veuille en débattre. Il est vrai que le sujet est vaste.

Cette phrase a pourtant un sens clair : le temps ne dure pas, il passe !

Quant aux œufs, jamais ils ne passent ! Ils durent ! Toujours ils durent !

Ceux qui veulent se moquer de cette phrase ont tort !

Le temps me donnera raison !

**Daniel Prévost**

# Les pensées d'un timide

(monologue discret et quasiment autobiographique)

Le timide est un mammifère bimane, c'est-à-dire qui a deux mains. Il ne faudrait cependant pas inférer pour autant que tous ceux qui ont deux bras sont des bramanes.
La timidité remonte à l'époque glacière, ce qui explique, chez le timide, le manque de chaleur absolue dans ses manifestations extérieures.

Il est magistralement traité de la timidité en différents ouvrages, tels que le *Couillonnibus Illustribus*, d'un nommé Plutarque, mort en captivité pour infraction à la loi sur les transports en commun et dans diverses publications telles que *L'Avenir du bœuf en daube* et *Le Réveil de la Varlope*.

Les timides se classent en trois catégories, à savoir la première, la deuxième et la troisième. Elles n'ont d'ailleurs entre elles d'autres différences que le numéro, mais enfin, ça ne fait de mal à personne et ça encourage l'artiste.

Il ne faut pas confondre le timide et l'indécis. Le timide sait parfaitement ce qu'il veut, seulement il n'ose pas. Au moment de dire ou de faire ce qu'il pense ou ce qu'il veut, il est frappé d'une sorte de paralysie qui le stérilise aussi complètement que s'il avait déplu à des ennemis de son pays.

C'est ainsi que, à un repas, le timide n'ose pas redemander du plat qu'il aime, pas plus d'ailleurs qu'il n'ose refuser de celui qu'il n'aime pas et que, généralement, on lui sert en quantité industrielle, parce que, lorsqu'on lui demande s'il l'aime, il répond oui, n'osant dire non, alors qu'il pense non en disant oui.

Le timide est la proie rêvée pour les tapeurs professionnels. En effet, il n'ose pas refuser l'argent qu'on lui emprunte, ce qui est déjà bien, mais une fois qu'il l'a prêté, il n'ose plus le réclamer, ce qui est mieux. Quand, d'aventure, il se trouve devant son débiteur, il affiche un air tellement gêné qu'on a nettement l'impression que c'est lui qui doit de l'argent à celui qui lui en doit.

Lorsque le timide se livre à des achats, ça commence à devenir intéressant. Ainsi, au cours de l'essayage d'un costume, s'il s'aperçoit que le gilet est sensiblement plus long que le veston, il tentera bien de faire remarquer que ça ne va peut-être pas tout à fait très bien. Mais, si le tailleur lui fait péremptoirement observer que c'est ce qui se porte, il n'insistera pas.

Mais là où le timide se montre dans toute sa splendeur, c'est quand il est amoureux. Lorsqu'il se trouve auprès de la femme qu'il aime, il a le cœur gonflé de sentiments chevaleresques et généreux. Des discours incandescents lui brûlent alors les lèvres, mais ne sortent jamais.

Enfin, prenant une résolution farouche, il se dit: «Je vais compter jusqu'à 500 et je me déclarerai.» Lorsqu'il arrive à 499, craignant de s'être trompé, il recommence à compter pour arriver enfin à sortir péniblement dans le genre de celle-ci: «Si la chaleur continue, ça nous évitera le verglas.» Et cela dure ainsi jusqu'au jour où il est pris soudain du courage des timides. Alors, perdant toute mesure, dépassant les plus extrêmes limites, il balance une énorme claque sur le derrière de la dame et lui dit à brûle-pourpoint: «Allez, on casse un œuf.» Ce qui compromet définitivement son avenir sentimental en le faisant passer pour le dernier des goujats, alors qu'il ne rêve que de clair de lune et de chastes baisers, ce que personne, à part lui, ne saura jamais, puisque, malheureusement chez le timide, tout se passe en dedans.

**Pierre Dac**

*

# C'est pas rigolo d'être drôle

(confession sincère)

Chacun vient au monde avec son destin et marqué d'un signe exact et certain : sympathie, laideur, bonté, méchanceté, nous allons ainsi être dûment étiquetés...

Moi, quand je vis le jour, on s'est écrié : « Il a une bonne bouille, il fera rigoler. » Ainsi, je suis né, c'est bien établi, sous le signe comique. Ah ! quel fardeau pour mes épaules ! C'est pas rigolo d'être drôle.

Donc, je dois être drôle continuellement et n'ai pas le droit d'agir autrement. Même lorsque je fais une gueule d'enterrement, il y a des gens qui disent : « Ce qu'il est amusant ! »

Quand je me suis marié, ce fut désastreux. M'ayant reconnu, le maire, tout joyeux, dit à ma moitié : « Félicitations, je connais votre mari, c'est un grand couillon ! »

Lorsque mon tailleur m'essaye un vêtement, je lui dis : « Faites-moi quelque chose d'élégant. » Mais comme il rigole à tout ce que je lui dis, ses mouvements ne sont pas tout à fait précis. Aussi, quand je mets le costume terminé, le gilet m'arrive presque jusqu'aux pieds, le veston a l'air d'un moteur flottant et le tailleur me dit : « Là, vous êtes marrant ! »

Parfois, ma femme me traîne au Printemps ou bien aux Galeries Lafayette. Alors là, c'est charmant. Afin de soutenir ma réputation, je fais de bonnes blagues à tous les rayons. Quand je vois un vendeur distingué qui porte un bouc, je fais bê... ê. Au bout d'un quart d'heure, mon épouse me dit : « Tu m'énerves, idiot, fous-moi le camp d'ici ! »

Si, d'aventure, je suis alité et que mon thermomètre marque quarante degrés, les copains se disent en se tire-bouchonnant : « Voilà qu'il est malade : ça, c'est bidonnant ! Ah, quel numéro, il le fait exprès ! Sacré phénomène, il ne changera jamais. » Là-dessus, ils concluent en se séparant : « Il va peut-être claquer, ça, ce serait crevant ! »

Ce sera comme ça jusqu'au dernier jour. La folie sur moi planera toujours. Et les gens diront quand je serai dans le trou : « Il nous a fait rire. » Et ce sera tout...

Si, au paradis, on me laisse entrer, le bon Dieu me dira : « Tu l'as bien gagné. Tu les as fait rire, viens te reposer. Il y en a tant sur Terre qui les font pleurer. »

Quand j'y pense, ça me console. Finalement, je suis bien content d'être drôle.

Pierre Dac

*

# Les petites annonces

◆ Recherche poinçonneur tickets de métro ayant loisirs pour travailler dans fabrique de passoires.

◆ On demande chauffeur de taxi connaissant mal Paris pour augmenter recettes en allongeant parcours.

◆ On demande gardien de garage ne possédant pas son permis de conduire.

◆ Réparez des locomotives et des automobiles à domicile. Bonne rétribution. Aucune connaissance spéciale exigée.

◆ **On demande personne ayant des vapeurs pour faire marcher locomotive.**

◆ Monsieur possédant casquette blanche et sachant jouer du sifflet à roulettes cherche place de chef de gare. Accepterait Paris ou grande ville de province.

◆ Équipe de porteurs en triomphe cherche personnalité, artistique ou autre. Tarifs correspondants à ceux des porteurs de la SNCF. Pourboire compris.

◆ Jeune étalagiste ambitieux, voyant très grand, cherche place chez marchand de locomotives, wagons et transatlantiques pour agencement vitrines.

◆ On demande cheval sérieux connaissant Paris pour faire livraisons tout seul.

◆ Rail isolé devant recevoir passage locomotive recherche associé pour former parallèle et supporter poids de l'affaire.

◆ On demande femme de chambre bonne musicienne, capable de reconnaître coups de sonnette de créanciers.

◆ Nouveau riche arrogant désire engager laquais obséquieux.

◆ Offre bonne place de gardien de vaches. Paiement par traites.

◆ Banque ayant perdu caissier et sa caisse dans d'atroces circonstances recherche nouvel employé ne jouant pas aux courses ou au casino.

◆ Pièce de 10 francs enfermée depuis de longues années dans porte-monnaie d'avare demande pickpocket assez adroit pour lui faire prendre l'air.

◆ Avare désirant connaître sensations nouvelles échangerait promesses généreuses contre remerciements anticipés.

◆ Il a trouvé hier un portefeuille contenant 50 000 francs en petites coupures. Prière de ne pas le réclamer.

◆ Jeune homme désintéressé épouserait jeune fille laide même fortunée.

◆ Cuisinière préparant très mal n'importe quelle recette cherche place chez couple hargneux manquant de sujets de scènes de ménage. Se mettra du côté du plus offrant.

◆ Jeune couple dynamique recherche femme de chambre pour ménage à Troyes.

◆ Vieille dame maniaque ne supportant pas ombrelle recherche grosse demoiselle pour promenades dans la campagne.

◆ Habitants d'un petit village de campagne recherchent coq aphone pour assurer remplacement pendant séjours touristes venus de Paris.

◆ Monsieur pointure 45, doigts de pied en éventail, demande place de ventilateur dans palace Côte d'Azur ou île lointaine.

◆ Échangerais 15 litres de côtes-du-rhône contre 15 jours de vacances sur la Côte d'Azur.

◆ Récent adepte du naturisme échangerait garde-robe complète contre pâtes épilatoires et lotions antimoustiques.

◆ Échangerait quinze jours de vacances pris au mois de juillet contre quinze jours à prendre en septembre.

◆ Caissier ayant besoin de quelques sous pour passer vacances recherche petites erreurs à glisser dans comptabilité.

◆ Offre situation d'avenir à gynécologue-ingénieur du son pour réparation d'enceintes acoustiques.

◆ Offre place stable à pédicure-oto-rhino-laryngologiste dans fabrique de pieds de nez.

**◆ Comprimé d'aspirine dans la force de l'âge cherche migraine avec qui se mesurer.**

◆ Très urgent. Venant de m'enrhumer, échangerais esquimau glacé à la vanille contre grog bien chaud.

◆ Recherche pour vengeance délicieux bambin pouvant jouer sans relâche, tambour, grosse caisse ou trompette. J'offre 50 francs par jour et 160 francs par nuit.

◆ Ai trouvé carnet de chèques dans la poche d'un voyageur du métro, l'autre soir, à 18 heures, entre les stations Porte-Maillot et George-V. Serait reconnaissant à celui-ci de me faire parvenir un spécimen de signature.

◆ À toute personne m'envoyant 30 francs en timbre-poste, j'enverrai une superbe lettre de remerciements.

**◆ Musulman cherche roue voilée pour le vélo de sa femme.**

◆ Évêque chasseur cherche canon de fusil calibre 16 pouvant s'adapter à sa crosse.

◆ Croque-mort misogyne cherche emploi croque-monsieur.

◆ Bûcheron cherche femme tronc pour exercice.

◆ Échangerais voiture de sport endommagée contre chaise roulante en bon état.

◆ Lévrier de course échangerait bon tuyau contre pâtée copieuse.

◆ Musicien gaucher échangerait piano droit contre piano gauche.

◆ Monsieur, propriétaire voiture grand sport, cherche place stationnement, 22 à 26, avenue de l'Opéra pour le 26 février à 22 h 03. Longueur 4,30 m.

◆ **Importante société de vélocipèdes cherche cadres à recycler.**

◆ Riche propriétaire cherche domestique sachant bien servir et ayant références sérieuses. Tennisman s'abstenir.

◆ Comité des courses d'hippocampes recherche amateurs sachant monter à cheval et nager. Jockeys et scaphandriers s'abstenir.

◆ Romancier spécialiste bouquin policier recherche d'urgence détective capable de trouver coupable dans histoire en cours.

◆ Bibliophile anglais cherche à engager secrétaire très au courant des volumes. Les appointements seront réglés en livres.

CE SONT MES
POINTS DE
RETRAITE
PIEM

◆ On recherche personnes influentes pour fanfare manquant de piston.

◆ Cycliste échangerait chaîne de vélo contre cordes à nœuds pour grimper les côtes à la verticale.

◆ Poète las de trousser des vers échangerait textes avec prosateur fatigué d'écrire en prose.

◆ Bibliophile au chômage échangerait magnifique exemplaire de *La Chartreuse de Parme* contre une bouteille de chartreuse et un jambon de Parme.

◆ Joueur de hockey voulant abréger sa carrière cherche à avoir peur.

◆ Magnifique musée de province venant d'être construit attend offre d'une curiosité quelconque pour pouvoir ouvrir ses portes.

◆ Poète pauvre recherche rimes riches.

◆ Pour apprendre l'anglais en trois minutes, rien de plus facile : utilisez un sablier.

◆ Pomme frite ambitionnant de devenir pomme chips recherche professeur d'anglais.

◆ Offre spéciale : cours de droit à la faculté par professeur agrégé. Cours de droite et de gauche par Kid Tom, ex-champion du monde des poids lourds.

◆ Lycéen cherche blanchisseuse habile pour l'aider à repasser ses leçons.

◆ On cherche bombeurs de torse pour présenter décorations.

**◆ Médecin militaire cherche ordonnance pour les rédiger.**

◆ Maréchal délogé cherche logis.

◆ Recherche dentellière pour découper bordures timbres-poste. S'adresser ministère des PTT.

◆ Employé de bureau bricoleur, boute-en-train, grande facilité d'élocution, grosse connaissance en récits de chasse et histoires graveleuses, cherche emploi dans administration ou ministère bien exposé au sud.

◆ Gréviste SNCF, un mot d'ordre : occupation des locos.

◆ On recherche journaliste débutant pour tenir rubrique des contribuables écrasés au *Journal officiel*.

◆ On recherche agents doubles atteints de strabisme divergent pour observer les deux côtés de la frontière.

◆ Chat instruit cherche place de greffier.

◆ Pour tous vos incendies, consultez la caserne Carlotta. Matériel premier choix, pompiers stylés. Prix modérés. On se rend à domicile.

◆ Jeune fille parlant couramment français, russe et italien, mais très fatiguée, recherche place demoiselle de compagnie chez dame ne comprenant que l'anglais et l'allemand.

◆ Saucisses de Toulouse sont demandées pour doubler discrètement saucisses de Francfort.

◆ Plongeur de restaurant polyglotte recherche place traducteur pour assiette anglaise et salade russe.

# Mots d'enfants

Je ne retournerai pas à l'école parce qu'à l'école, on ne m'apprend que des choses que je ne sais pas.

*

C'est où qu'on achète des sous ?

*

Moi, je dors dans mon lit et mon petit frère dans le sien. Maman et papa dorment ensemble parce qu'ils sont de la même grandeur.

*

**Aujourd'hui, au parc, j'ai vu un 101 dalmatiens.**

*

Les voleurs, est-ce qu'ils volent dans le ciel ?

*

Quand maman est fatiguée, pourquoi c'est toujours moi qui dois aller me coucher ?

*

Comment ils font les chasseurs pour savoir si c'est bien un canard à l'orange ?

*

Si tu as 100 ans, tu es centenaire. Alors quand tu as 1 000 ans, tu es millionnaire ?

*

Regarde, maman, y a un sept nains dans le bus !

*

**Ma nouvelle copine, May, elle habite dans le pâté chinois à Paris.**

*

Maman, tu peux m'acheter une chaussette aux pommes pour le goûter ?

*

Nous, on ne peut pas nous cambrioler : la maison a un système de larme pour les voleurs.

*

Quand on ne met pas de crème, le soleil nous donne des coups.

*

Si j'étais un garçon, est-ce que j'aurais été dans le ventre de papa ?

*

Dépêche-toi de manger, ta glace va refroidir !

*

Regarde, maman, le petit bébé a déjà perdu toutes ses dents.

*

Je suis tombé et, après, le médecin m'a fait des points de futur.

*

Pour Noël, j'ai eu un « joliciel » pour mettre sur l'ordinateur.

*

Oh, regarde, dans le bassin ! Il y a une grenouille sur un mini-phare !

*

Maman, quand tu étais petite et que papa aussi était petit, c'était qui mes parents ?

*

– Maman, je veux de l'eau !
– C'est quoi le mot magique ?
– Abracadabra !

*

J'ai pas pu aller à l'école parce que j'ai été opéré des animals.

*

Moi, j'ai des poux mais papa, il a des libellules ! *(pellicules)*

*

**Une caverne... c'est là qu'ils habitent, les pompiers ?**

*

Pour remplir la bouteille, mamie a pris un manteau noir. *(entonnoir)*

*

Mon copain Titouan ne vient plus à l'école : soit qu'il est malade, soit qu'il est devenu adulte !

*

Maman, il fait trop chaud, je vais mettre un pantalon à manche courte.

*

Depuis la rentrée, j'ai une copine garçon.

*

– Tu es une jolie femme, maman !
– Tu trouves ?
– Oh, moyen… Mais c'est pour te faire plaisir !

*

– Maman, on peut acheter une des vaches du pré ?
– Mais elles ne sont pas à vendre !
– Alors pourquoi elles ont une étiquette sur l'oreille ? !

*

– Je crois que tu as mis tes chaussures dans les mauvais pieds…
– Ça m'étonnerait, ce sont les seuls pieds que j'ai !

*

Allez, papa, tu joues avec moi au ballon ?!… Moi, je lance et toi, tu cries : merveilleux !!!

*

Maman, quand je serai grand, est-ce que c'est moi qui conduirai pour aller à la garderie ?

*

**Est-ce que les ours scolaires vont à l'école ?**

*

Oh ! Quel beau feu dentifrice !

*

Papa, tu as mis trop d'eau de colonne !

*

C'est quoi ton signe extralogique à toi ?

*

Qui vient jouer au « mon oncle poli »
avec moi ?

*

Moi, je me suis endormi au soleil, je crois que j'ai perdu la lotion du temps.

*

Papa, quand il roule trop vite, la police lui donne des conversations.

*

– Il faut que tu soignes tes devoirs.
– Pourquoi ? Ils ne sont pas malades !

*

# Perles des élèves

**Question:** Dans la phrase «Le voleur a volé des pommes», où est le sujet?
*Réponse:* En prison.

**Question:** Le futur du verbe «je bâille» est...
*Réponse:* Je dors.

**Question:** L'eau potable est celle...
*Réponse:* que l'on peut mettre dans un pot!

**Question:** L'oiseau migrateur est appelé ainsi...
*Réponse:* ... car il ne peut se gratter que la moitié du dos!

**Question:** La nuit pour éviter les moustiques...
*Réponse:* ... il faut dormir avec un mousquetaire!

**Question:** Le chat a quatre pattes...
*Réponse:* Deux devant pour courir, deux derrière pour freiner.

**Question:** On dit chevaux...
*Réponse:* ... quand il y a plusieurs chevals!

**Question:** Qui a été le premier colon en Amérique?
*Réponse:* Christophe.

**Question:** Quand je dis: «Je suis belle», quel temps est-ce?
*Réponse:* Le passé.

Le Roi-Soleil est un Égyptien qui s'appelle Râ.

Les Égyptiens écrivaient sur des papiers russes.

Napoléon est mort guillotiné, Bonaparte aussi.

Le gouvernement de Vichy siégeait à Bordeaux.

Charles de Gaulle a été couronné empereur en l'an 800.

Septuagénaire est un losange à sept côtés.

Le foie est un organe secrété par l'alcoolisme.

**L'obésité est une maladie qui ne frappe que les gros.**

Le plus grand miracle de la médecine, c'est la maladie.

Le général sudiste Bruce Lee.

# Lénine et Stallone.

La force de Coriolis provoque des cyclones dans les lavabos.

Le cerveau a deux hémisphères, l'un pour surveiller l'autre.

Le cerveau a des capacités tellement étonnantes qu'aujourd'hui pratiquement tout le monde en a un.

Quand il voit, l'œil ne sait pas ce qu'il voit. Il envoie une photo au cerveau qui lui explique.

Un pilote qui passe le mur du son ne s'en rend pas compte : il n'entend plus rien.

La datation au carbone 14 permet de savoir si quelqu'un est mort à la guerre.

*

# Perles de « L'École des fans »

J'étais en train d'interviewer un petit garçon pendant « L'École des fans » et, comme à chaque fois, je lui demande s'il est venu accompagné. Il me dit que oui et je lui demande avec qui. « Je suis venu avec ma maman et M. Jo ! » Alors je lui demande qui est M. Jo et lui répond : « C'est le monsieur qui couche avec maman quand papa est au restaurant. » Et la maman et ce M. Jo, qui étaient dans la salle, ont eu un geste invraisemblable : ils ont levé leurs bras pour cacher leur visage, ce qui les accusait encore plus. J'ai dû, pour la première fois de toute ma carrière, couper au montage. Je ne voulais pas déchaîner la colère du cocu.

**Jacques Martin**

*

– Qu'est-ce qu'il fait ton papa comme métier ?
– Il est gendarme de mouches.

*

– Qu'est-ce qu'il fait ton papa à Mont-de-Marsan comme métier ?
– Il regarde la télé.
– Et toi qu'est-ce que tu veux faire plus tard ?
– Plus tard... Eh ben, moi, je vais regarder la télé.

*

– Tu es venue toute seule, Charlotte ?
– Oh, ben non, avec papa et maman !
– Et toi aussi, tu as un fiancé ?
– Ben oui, je suis avec un garçon mais c'est un copain.
– Tu ne te laisses pas embrasser ?
– Non, faut pas.
– Pourquoi il ne faut pas embrasser les garçons ?
– Parce qu'ils ne sont pas bien beaux.

*

**– Et toi, tu as un fiancé ?**
– Oui !
**– Ah ! Comment il s'appelle ?**
– Antoine.
**– Il est là ?**
– Non.
**– Tu l'aimes ?**
– Oui.
**– Tu te marieras avec lui ?**
– Je peux pas parce qu'il est catholique.

*

**– Qui est-ce qui t'a percé les oreilles ?**
**– C'est ma maman.**
**– Avec quoi elle te les a percées ? Avec une fourchette ?**
**– Oui.**

*

– Tu es venu avec qui de Suisse ?
– Avec ma mamie et mon papa.
– Et où il est, papa ?
– Il est pas là.
– Ah bon, tu es venu avec lui et il n'est pas là ?
– Non, parce qu'il est au restaurant et il a pas voulu montrer sa grande tête à la télé.
– Qu'est-ce qu'il fait comme métier, papa ?
– Il travaille... il conduit les avions... T'arrête un peu de me cracher dessus ?
– Mais je ne te crache pas dessus... Tu aimes les chansons de Nana Mouskouri ?
– Non.
– Tu n'aimes pas les chansons de Nana ? Et comment tu la trouves ?
– Pas jolie.

*

– Et papa, comment c'est son petit nom ?
– Jean-Paul.
– Il a une bonne bouille, Jean-Paul. Il boit de l'eau ou du vin ?
– Du vin.
– J'en étais sûr, c'est un copain à moi... Combien il boit par jour ?
– Ben, un, deux, trois... trois litres.
– Maman boit aussi un petit peu ?
– Oui, un petit peu.
– Combien de litres ?
– Ah ben, c'est pareil que lui.

*

– Qu'est-ce que tu es grand pour 5 ans. Fais voir ton papa pour voir s'il est aussi grand.
– Il est grand, très grand.
– Combien il mesure ?
– Cinq mètres.

*

**– Où elle est, Sylvie Vartan ?**
**– Là.**
**– Et elle est comment, Sylvie Vartan ?**
**– Elle est belle... Et elle est bonne !**

*

– Tu as des petits frères et des petites sœurs ?
– Non, mais j'en voudrais... Un petit frère.
– Tout de suite ?
– Oui, mais chez papa, il y a plus de gouttes qui tombent.

*

– Et toi, qu'est-ce que tu manges ?
– De la toupe de poisson que mon papy pêche et aussi des chiches-kebabs.
– Ah ! parce que ton papy, il pêche des chiches-kebabs ?
– Non, il pêche la toupe de poisson.

*

– Toi, tu t'appelles Grégoire, moi, je m'appelle Jacques. Alors quand je te dis « Bonjour Grégoire », qu'est-ce que tu me dis ?
– Bonjour, Jacques Martin.
– Oh, tu peux m'appeler Jacques tout court.
– Bonjour, Jacques Toutcourt.

*

**– Bonjour, Valérie.**
– Bonjour, Jacques Martin.
**– On s'embrasse ?**
– Non.

*

– À 7 ans, qu'est-ce qui t'intéresse en politique ?
– Vous savez, Jacques Martin, moi, je préfère encore Chirac que Balladur.
– Est-ce que ton pépé partage tes opinions ?
– De temps en temps.
– Et Balladur, qu'est-ce que tu lui reproches ?
– Il fait des promesses qu'il ne tient pas.
– La vérité sort de la bouche des enfants !... Je signale que si, la semaine prochaine, je ne fais plus partie de France 2, vous comprendrez pourquoi.

*

**– Elle est gentille, ta maîtresse, à l'école ?**
– Ouais. Des fois, elle est gentille.
**– Parce qu'il y a des fois où elle n'est pas gentille ?**
– Ouais.
**– Qu'est-ce qu'elle fait quand elle n'est pas gentille ?**
– Elle met des trempes.

*

– Qu'est-ce que tu aimes le mieux ?
– Ben, j'aime le cassoulet... Mais quand maman, elle fait du cassoulet, moi, je fais toujours la nuit.
– Tu fais ?...
– Je fais toujours la nuit quand je mange du cassoulet.
– Qu'est-ce que tu fais la nuit ?
– Ben, je pète.
– Ah bon, pourquoi ?
– Ça fait péter, le cassoulet !

*

– À quelle heure tu es partie ce matin pour venir ici ?
– Je me suis levée à... cinq heures du soir !

*

– Qu'est-ce que tu vas nous chanter ?
– *Guillaume prend ton tambourin.*
– Ce n'est pas ce qui était prévu... C'est ce qu'on avait répété ?... On n'avait pas chanté ça tout à l'heure. Qu'est-ce que tu avais chanté ?
– *La Marche des anges.*
– Tu veux chanter *La Marche des anges* ?
– Non, je veux chanter *Guillaume, prends ton tambourin.*
– Tu n'aimes pas *La Marche des anges* ?
– Non.
– Qu'est-ce que tu vas chanter alors ?
– *Guillaume, prends ton tambourin* !

*

– Ça te plairait, quand tu seras grande, de te marier avec Michel Delpech ?
– Ah non !
– Pourquoi ?
– C'est des gros mots et c'est cochon.
– Qu'est-ce qui est cochon dans le mariage ?
– C'est cochon parce qu'il ne faut pas faire ça. C'est des gros mots.
– Tu as bien raison : le mariage, c'est une cochonnerie.

*

**– Qu'est-ce que c'est, cette médaille ?**
– L'immatriculée conception.

*

– C'est vrai ce que tu m'as dit ?
– Oui.
– Qu'est-ce que tu m'as dit ?
– Mémé, elle boit du whisky avec ses voisins.

*

**– Elle est mariée à ton papa?**
**– Oui.**
**– Est-ce qu'ils s'aiment?**
**– Ouah, pas trop.**

*

– Ton papa n'est pas là?
– Si, c'est celui qui est là-bas.
– À quoi il ressemble, ton papa?
– Ben... à rien.

*

– Qu'est-ce qu'il fait ton papa comme travail?
– Il me tape.
– Où il te tape?
– Sur mes fesses.

*

– Qu'est-ce qui t'attire dans le métier de docteur?
– Les sous et les femmes nues.

*

– Comment tu les trouves, les grandes personnes?
– Pas bien belles.

*

– Qu'est-ce qu'il fait comme métier ?
– Gendarme... Oui, mais aussi les autres gendarmes, à la gendarmerie, ils boivent quelquefois des pintes.
– Ils boivent des pintes à la gendarmerie ?
– Ah oui, c'est des buveurs !

*

**– Tu brosses tes dents tous les jours ?**
– Oui.
**– À quel moment de la journée ?**
– Le samedi et le vendredi.

*

– Pourquoi chirurgien ?
– Je sais pas.
– Tu as bien une petite idée.
– Parce que j'aime bien les boyaux.

*

– Est-ce que cette petite fille a bien joué ?
– **Oui**.
– Est-ce qu'elle est belle ?
– **Oui**.
– Est-ce qu'elle joue bien du piano ?
– **Oui**.
– Alors quelle note tu lui donnes ?
– **Quatre**.

*

– Il est là, ton parrain ?
– Non, il ne peut pas venir, il a un contrôle fiscal.

*

– Tu voudrais une petite sœur ?
– Non.
– Pour jouer ?
– Non.
– Pourquoi ?
– Parce que maman, elle a plus de lait.

*

– Tu es tout seul ou tu as des frères et des sœurs ?
– Euh… J'ai trois copains, un frère et une sœur.

*

**– Qu'est-ce que tu veux faire quand tu seras devenu un homme ?**
– Douanier.
**– À quoi ça sert, un douanier ?**
– Pour arrêter les gens.
**– Et les arrêter pourquoi ?**
– Parce qu'ils ont trop d'alcool.
**– Papa, des fois, il en ramène de l'alcool ?**
– Oui.
**– Et où il le cache ?**
– Il le cache dans un plastique pour faire semblant que c'est un petit bébé.

# Devinettes

**– Quel est le point commun entre un marchand de perruques et un avocat ?**
Ils travaillent tous les deux pour des faux tifs.

**– Pourquoi, en Écosse, les églises sont-elles toutes rondes ?**
Pour éviter que les Écossais ne se cachent
dans les coins pendant la quête !

**– Pourquoi le cercueil d'un homme qui est mort de rire est-il tout petit ?**
Parce qu'il était plié en quatre !

**– Que demande le médecin lorsqu'il ausculte des jumeaux ?**
Dites 66 !

**– Pourquoi le communisme n'a-t-il jamais percé en Corse ?**
À cause des outils sur le drapeau.

**– Qu'est-ce qu'un Chinois avec des écouteurs ?**

**Un NemP3.**

**– Pourquoi les Belges enlèvent-ils leurs lunettes de soleil lors des contrôles d'alcoolémie ?**

Parce que ça fait toujours deux verres de moins !

**– Comment sait-on que la ville de Zagreb est jumelée avec celle de Lisieux ?**

Parce que Zagreb-Lisieux !

**– Quelle est la différence entre la liposuccion et l'équipe de France de football ?**

La liposuccion, elle au moins, élimine la graisse *(Grèce)*.

**– Quel est l'oiseau capable de soulever un éléphant ?**

La grue.

**– Un poisson rouge et un sous-marin belge entrent en collision. Qui est fautif ?**

**Le sous-marin, parce qu'il n'a rien à faire dans le bocal.**

**– Pourquoi les Bretons sont-ils tous frères ?**

Parce qu'ils ont Quimper !

**– Que dit Ben Laden quand on lui tire la barbe ?**

Oussama fait mal !

**– Pourquoi les blagues machos sont si courtes ?**

Pour que les hommes les comprennent.

**– Pourquoi les blondes agitent-elles leurs mains par la vitre de leur voiture quand elles partent en vacances ?**

Pour amuser la galerie.

**– Comment les chasseurs font-ils pour attirer les lapins ?**

**Ils imitent le cri de la carotte.**

**– Pourquoi les frères siamois français aiment aller en Angleterre ?**

Comme ça, l'autre peut conduire.

**– Quelle est la différence entre un terroriste et un banquier ?**

Avec un terroriste, on peut toujours négocier.

**– Que dit un rappeur en entrant dans une fromagerie ?**

« Faites du brie !!! »

**– Une crème coûte 9 euros. Combien coûte une crème renversée ?**

6 euros, bien sûr !

**– Que donne un combat entre un haricot et un petit pois ?**

Un Bonduel !

**– Pourquoi une femme met-elle plus de temps à s'habiller qu'un homme ?**
Parce qu'elle doit ralentir dans les courbes…

**– Comment appelle-t-on un homme qui a perdu son intelligence ?**
Un veuf.

**– Tu connais la blague du diable ?**
Elle est d'enfer !

**– Savez-vous pourquoi il y a eu peu de votants au référendum sur l'Europe ?**
Les Français n'aiment pas qu'on les dérange pour un oui ou pour un non.

**– Pourquoi les banquiers n'épousent jamais leur maîtresse ?**
Pour ne pas transformer une action en obligation.

**– Quelle est la similitude entre une police d'assurance et un nudiste ?**
**Il y a beaucoup de choses qui ne sont pas couvertes.**

**– Daffy Duck et Donald Duck se bagarrent : qu'est-ce que ça donne ?**
Un conflit de canard.

**– Qu'est-ce que c'est des traces de griffes sur un comptoir ?**
Un Écossais qui a pris sa monnaie.

**– Que fait un Parisien quand son équipe a gagné la ligue des champions ?**
Il éteint sa PlayStation !

**– Où porte-t-on les bretelles les plus longues ?**
À Cuba !

**– Quelle est la différence entre la grammaire et un divorce ?**
En grammaire, c'est le masculin qui l'emporte.

**– Comment cuire des carottes sans feu ?**
Vous en mettez 9 dans une casserole, puis vous en enlevez une. Et les carottes sont qu'8 !

**– Quelle est la différence entre un chien et une femme ?**
Le prix du collier.

**– Pourquoi les hommes mariés prennent-ils du poids alors que les célibataires restent maigres ?**
Les célibataires ouvrent leur frigo, n'y trouvent rien qui leur plaise, alors ils retournent au lit. Les hommes mariés vont au lit, n'y trouvent rien qui leur plaise, alors ils vont au frigo.

**– Quand les Chinois se sont-ils intéressés au Tour de France ?**
Le jour où ils ont cru entendre parler d'un certain Mao jaune...

ZOO
CIRCUS
ZOO
CIRCUS

– À quoi faut-il faire attention quand on jette une gousse d'ail?

Au retour du jet d'ail!

– Que trouve-t-on à l'intérieur d'un nez bien propre?

Des empreintes digitales.

– Quelle différence y a-t-il entre un homme et un chat?

**Aucune: tous les deux ont peur de l'aspirateur.**

– Pourquoi les marchands de savon font-ils fortune?

Parce que leurs clients les savent honnêtes.

– Comment appelle-t-on un nain qui sort des W-C?

Un espresso, car c'est un petit qu'a fait.

– Et que dit une poule pour séduire un coq?

Jamais d'œufs sans toi!

– Qu'est-ce qu'une limace?

C'est un escargot SDF.

– Quelle est la différence entre un gendarme et une Cocotte-Minute?

Aucune, quand les deux sifflent, c'est cuit!

**– Pourquoi, lorsque le bateau coule, on crie : « Les femmes et les enfants d'abord » ?**

Parce que après les requins n'ont plus faim.

**– Quels sont les cours préférés des garçons ?**

**Maths et dessin…**

**– Comment reconnaît-on une blonde dans un circuit de formule 1 ?**

C'est la seule qui met le clignotant dans les virages !

**– Combien d'animaux faut-il pour rendre une femme heureuse ?**

Quatre : une Jaguar dans le garage,
un vison sur le dos, un lion au lit
et un âne pour payer les factures.

**– Que dit un aveugle lorsqu'on lui donne du papier de verre ?**

C'est écrit serré.

**– Comment font les muets pour se dire des secrets ?**

Ils mettent des moufles.

**– Quelle est la différence entre un homme et une prison ?**

Dans une prison, il y a des cellules grises.

**– Quelle différence y a-t-il entre la pâtée pour chien et un hooligan ?**

**Dans la pâtée pour chien, il y a de la cervelle et du cœur !**

# Histoires drôles

C'est Francis Lalanne qui donne un concert dans un petit village. L'après-midi, l'épicier voit arriver un mec qui lui dit :

– Je viens acheter tout votre stock de tomates pourries, tout ce que vous avez !

– Ah ! je comprends, c'est pour aller au gala de Francis Lalanne !

– Non. Je suis Francis Lalanne !

*

Deux copains se rencontrent un après-midi.

– Salut, Robert ! Tu ne travailles donc plus ?

– Non, mon patron ne m'a gardé que deux jours.

– C'est pas de chance !

– Ce n'est rien, il va bientôt me reprendre...

– Quand ça ?

– En août sans doute... Le patron m'a dit en me renvoyant : « Vous, quand je vous reprendrai, il fera chaud. »

*

Savez-vous ce que les Belges font des vieux camions de pompiers qui ne marchent plus ?
Ils les gardent pour des fausses alertes.

*

Un jeune garçon se coiffe, ajoute du gel, se recoiffe, s'admire dans le miroir, s'asperge d'eau de Cologne, se recoiffe encore, ajuste sa mèche à gauche, puis la remet à droite, appuie sur sa tignasse crépue, en recouvre ses oreilles, se recoiffe, bref, il n'en finit pas de se préparer.
N'y tenant plus, la copine de sa sœur éclate :
– Enfin, Bruno, est-ce qu'une fille t'a déjà dit que tu étais beau ?
– ... Non !
– Alors pourquoi t'insistes ?!

*

C'est un Belge qui dit à un autre :
– Tu vois ma nouvelle Porsche ? On peut facilement monter jusqu'à 200...
– Ben dis donc, on doit être vachement tassés !

*

Une dame visite son amie et s'extasie :
– Mais quelle magnifique commode vous avez, de quelle époque est-elle ?
– De l'époque où j'avais de l'argent !

*

Une jeune fille qui pend sa crémaillère demande à une de ses amies qui vient elle aussi de fêter son nouvel appartement les quantités de victuailles à prévoir :

– Il y aura les mêmes gens que chez toi. Combien de petits-fours as-tu achetés, toi ?

– Huit cents.

– Ah bon ? Et combien de bouteilles ?

– Cinquante.

– Tant que ça ?

– Eh oui !

La jeune fille va donc acheter huit cents petits-fours et cinquante bouteilles et fait sa fête. Le lendemain, elle rappelle son amie :

– Dis-moi, je ne comprends pas, on avait le même nombre d'invités, on a acheté autant de choses, et moi, ce matin, il me reste trois cents petits-fours et vingt bouteilles !

– Et alors, répond son amie, c'est normal ! Moi aussi, le lendemain, il m'est resté trois cents petits-fours et vingt bouteilles !

Un ouvrier répond à une offre d'emploi. Il se présente au directeur de l'usine, qui lui propose :

– Mille euros par mois et une machine qui fait la moitié de votre travail. Ça vous convient ?

– Ça colle, mais il faudra mettre une machine de plus !

Un petit garçon entre dans la cuisine en pleurant. Sa mère le questionne, lui demande ce qu'il a.
– C'est papa, en voulant accrocher un cadre, il s'est donné un coup de marteau sur un doigt.
– Il n'y a pas de quoi pleurer, au contraire, tu aurais dû rire.
– C'est ce que j'ai fait.

*

Un homme est tombé fou amoureux. Il arrange un dîner avec sa mère pour lui présenter l'élue de son cœur.
Quand elle arrive dans la maison de son fils, la mère découvre qu'il a invité trois superbes jeunes femmes, une blonde, une brune et une rousse.
Le fils demande :

– À ton avis, de laquelle je suis amoureux ?
– De la brune.
– Comment tu as deviné ?
– Je ne peux pas la supporter.

Après le mariage, le marié demande au curé combien il lui doit. Le curé lui répond que les tarifs sont en fonction de la beauté de la femme. Le marié réfléchit un instant, puis, l'air un peu gêné, donne un franc au curé. Le curé regarde alors la femme et, l'air entendu, se retourne vers le marié en lui disant :
– Bougez pas, je vais chercher la monnaie…

C'est un Belge qui a une paire de chaussettes avec une rouge et une verte. Un autre lui dit :
– Ça doit être rare, une paire comme ça !
– Pas du tout, j'en ai une autre paire à la maison !

*

Moshé travaille depuis longtemps dans un casino et il a toujours l'habitude de mettre sa kippa de travers. Un soir, son patron rentre plus tôt.
– Moshé, ça fait un bail que tu bosses pour moi et à chaque fois je t'ai toujours vu avec la kippa de côté, c'est pas normal et pas poli, pourquoi tu fais ça ?
– Patron, ça fait exactement vingt-cinq ans que je bosse pour vous et la kippa, c'est la seule chose que j'aie pu mettre de côté, alors elle y reste.

*

Un restaurateur chinois à Paris, très réputé pour sa longue carte de plats, rencontre une très jolie Chinoise. Il lui propose un verre et, très vite, ils sortent ensemble. Après quelques semaines de rendez-vous, la jeune femme lui avoue qu'elle est encore vierge. Le restaurateur répond que cela ne lui pose aucun problème et qu'il attendra le temps qu'il faut. Elle lui confie qu'elle se réserve pour le mariage mais qu'elle se documente beaucoup sur la question. Quelques mois plus tard, les deux se marient. Durant la nuit de noces, le restaurateur demande à sa femme, puisqu'elle est vierge et qu'il ne veut pas la brusquer, ce qu'elle souhaiterait qu'il lui fasse. La femme rougit un peu puis lui dit à voix basse : « Un 69... »
Alors le mari, un peu décontenancé, lui dit : « Tu es sûre ?... Tu veux du poulet au gingembre ??? »

*

**Pourquoi les poules ne se mouchent pas?**
Pour que les œufs aient du blanc!

*

Une vieille dame qui a eu une vie particulièrement active sur le plan sexuel avoue à l'un de ses nombreux amants:
– J'aimerais tant léguer mon corps à la science, pour que, après ma mort, on puisse faire des expériences dessus…
– … Vous ne croyez pas que tout a déjà été essayé?

*

Un couple arrive amoureusement enlacé à l'hôtel. L'homme embrasse la jeune femme dans le cou et lui demande:
– Tu m'aimes au moins?
– Oui, Marc chéri!
– Hey, je m'appelle Éric!
– … Oh non!… On est déjà mercredi!

*

Dans le métro bondé, une jeune femme sent une main qui s'appuie sur le bas de ses reins. Elle se retourne furieuse:
– Dites donc, vous ne pourriez pas la mettre ailleurs, votre main?
– … Si, mais j'ose pas!

*

Un touriste qui se balade sur les hauteurs de Bonifacio est attiré par le charme d'une petite ferme. Arrivé devant la maison, il engage la conversation avec le paysan qui est allongé sur un banc, en train de manger des cerises.
– ... Ça va, la vie ?
Le paysan recrache un noyau du plus loin qu'il peut et marmonne à l'attention de l'intrus :
– Eh oui ! Vous voyez, on plante !

*

Pendant la campagne présidentielle, le candidat des Verts fustige entre autres méfaits de notre société celui de la luxure :
– ... Vous ne vous rendez pas compte ! On a vite fait de détruire une famille ! Il vous suffit de fumer un petit cigare pour succomber aux fausses joies de l'alcool, aux filles faciles et, pour finir, à toutes les perversions du libertinage avec des femmes dévergondées qu'on change aussi souvent que de chemise...
Dans la salle, un homme se penche vers son voisin :
– ... Vous savez, vous, où on peut le trouver, ce petit cigare ?

*

Le petit Joseph se promène avec son père, ils passent devant la synagogue...
– Dis, papa, c'est quoi au juste une synagogue ?
– Voyons, mon fils, c'est la maison du bon Dieu !
– Mais, papa... Tu m'as toujours dit que le bon Dieu, « Il » habite au ciel !
– ...Voui... voui... ! « Il » habite au ciel, mais l'affaire est sur Terre !

*

Une immense soucoupe atterrit près d'une route. Il fait nuit noire et les deux Martiens qui en sortent tombent sur une station aux pompes à essence faiblement éclairées. Après une observation rapide, ils reviennent à l'intérieur de la soucoupe et font leur rapport.
Impatient, le chef des Martiens demande:
– Alors, ces Terriens!... Vous en avez rencontré?
– Oui, chef!... Ils sont comme nous, sauf qu'ils se la mettent dans l'oreille!

*

**Un général sermonne un jeune militaire qui ne l'a pas salué.**
– Soldat, à l'avenir, je vous conseille de ne pas oublier de saluer un gradé.
Un peu plus tard, le jeune soldat croise, hélas, le même général et ne le salue toujours pas.
Le général l'interpelle sèchement:
– Alors, soldat, on ne salue toujours pas son supérieur?
– ...Ben, mon général, j'croyais qu'on était fâchés!

Une jolie blonde est en train de s'acheter un téléphone portable. Concentré sur sa démonstration, le vendeur lui demande en levant le nez vers elle:
– SFR ?
– ... Non... Mais elle va apprendre!

Un homme d'affaires se fait aborder dans un bar par une belle jeune femme aux mœurs aguichantes. Comme il attend sa femme, il lui tend un billet de 20 euros pour s'en débarrasser. La fille hausse les épaules et se détourne de lui, vexée. Sa femme le rejoint quelques minutes plus tard. La jeune péripatéticienne s'approche du couple et lance, dédaigneuse :
– Pfff... Tu vois, c'est tout ce qu'on s'offre pour 20 euros !

*

Une femme très forte dépose son linge au nettoyage. Visiblement préoccupée par ce qui se passe derrière elle, l'employée déplie machinalement une culotte et fait non de la tête :
– Désolée, madame, on ne fait pas les housses de voiture !

*

L'équipe de football belge est dernière du championnat. L'entraîneur passe un savon à ses joueurs.
– À chaque match, c'est pareil, vous n'êtes pas foutus de m'en mettre une dedans !
– Mais, coach, c'est vous qui nous avez dit qu'à l'extérieur les buts comptent double !

*

Un client interpelle, furieux, le garçon :
– Expliquez-moi ce que fait cette mouche dans mon potage !
– Moi, je sers les plats, je ne suis pas sorcier !
– Ne croyez pas que je vais manger cette saleté ! Appelez-moi le patron !
– ... Ça ne sert à rien, il ne la mangera pas non plus !

*

En Belgique, la contraception fait des progrès. Maintenant, ils ont des pilules. Avant, ils avaient des fusils. Pour tirer sur les cigognes.

*

Le président des États-Unis est chez une voyante :
– Combien coûtera un baril de pétrole en 2050 ?
– Autour de 100 yuans le baril, président.

*

– Allez, hop, à la diète ! Ça fait une semaine que je bouffe plus que du poisson ! C'est super !
– Et t'as maigri ?
– Pas d'un gramme, mais j'ai beaucoup moins peur de l'eau !

*

C'est un petit vieux qui retrouve une petite vieille avec qui il a eu une histoire d'amour. Il lui dit :
– Tu te souviens quand je te faisais ton affaire contre le grillage du champ de ton père ?
– Oh, oui !
– Ça te dirait qu'on recommence une dernière fois ?
– Oh, oui !

Ils vont donc près du champ du père, et il commence à lui faire son affaire contre le grillage. Et là, la petite vieille fait preuve d'un enthousiasme délirant. Le vieux lui dit :
– Ben dis donc, t'as pas perdu la main ! C'était même mieux qu'avant…
– Oui. Mais avant le grillage n'était pas électrifié !

*

**Un mec rentre de voyage et trouve sa femme au lit avec un nain. Scandalisé, il lui dit :**
– Je croyais que tu m'avais promis de ne plus me tromper !
Et elle répond en montrant le nain :
– Mais tu vois bien que j'essaie de diminuer progressivement !

*

– C'est un mec qui a un super boulot, avec plus de 600 personnes en dessous de lui !
– Il est chef d'entreprise ?
– Non, il est jardinier dans un cimetière !

*

Un homme essaie de vendre sa voiture d'occasion. Il rencontre un acheteur potentiel, qui a l'air très intéressé. Le client regarde le moteur, les pneus, l'intérieur, il semble prêt à signer son chèque. Pour être sûr, il refait le tour de la voiture. Soudain, il s'exclame :

– Mais dites donc, elle est bien plus vieille que ce que vous prétendez !

– Non, voyons !

– Alors comment vous expliquez l'autocollant « OM Champions de France » sur le pare-brise arrière ?

*

La scène se passe en Suisse, dans un train. Un monsieur est assis en face d'une dame et lui demande :

– Dites-moi, madame, Lausanne, c'est bien par ici ?

– Ah non, là vous lui tournez l'dos.

– Oh ben, comme j'vais à Lausanne, ça n'vous ennuie pas qu'on change de place ?

*

Un homme vient d'être accidenté. Il est mourant. Le curé passe et lui dit :

**– Si vous voulez, je peux vous donner l'extrême-onction...**

**– C'est pas la peine, dans dix minutes, je vais parler directement au patron.**

*

Un type assiste à une conférence. Le professeur fait son exposé :

– L'alcool est un facteur important dans les problèmes de couple. Souvent, la femme quitte son mari parce qu'il boit.

Alors, le type demande :

– Pratiquement, il faut boire quelle quantité pour que ça arrive ?

*

Une association de nains décide de monter son propre club de football ; ils sont assez nombreux pour former deux équipes. Un samedi, avant l'entraînement, ils se retrouvent dans un café, tous en tenue, afin de discuter de l'avenir de leur club. Le patron leur a réservé une petite salle dans le fond du bistrot.
Un client bien éméché, appuyé sur le comptoir, voit soudain passer trois nains, qui sortent du bar. Ahuri, il recommande un verre et l'avale cul sec. Mais les nains continuent à défiler, dans leurs maillots de foot, et à sortir du bar.
Le type se lève, se précipite devant la porte pour les empêcher de partir et se met à hurler, paniqué :
– Patron, vite ! Votre baby-foot fout le camp !

*

Un mec n'a que des embrouilles. Il dit à sa femme :
– Si on me demande au téléphone, tu réponds que ton mari est sorti.
À peine a-t-il fini sa phrase que le téléphone sonne. Elle décroche et dit :
– Ah non, désolé, en ce moment mon mari est à la maison.
Et elle raccroche. Le mari l'engueule :
– Mais t'as rien compris. T'as fait exactement le contraire de ce que je t'ai dit !
Et elle :
– Mais ce n'était pas pour toi, chéri.

*

**Un patron convoque un de ses employés et lui demande :**

– Tu aimes le vin tiède ?
– Non.
– Tu aimes les femmes qui transpirent sous les bras ?
– Non.
– Formidable, alors tu prendras tes vacances d'été en hiver.

*

Est-ce que tu sais pourquoi c'est les Belges qui ont des frites et les Arabes qui ont du pétrole ? C'est parce que c'est les Belges qui ont choisi les premiers.

*

Un notaire se passionne pour le golf, il fait son parcours tous les jours. Il s'entraîne avec un tel acharnement que sa femme finit par le laisser tomber. Peu importe, il continue à jouer.

Un jour, sur le green, il croise une grande brune ultra-sexy, très élégante et lui propose de finir la partie avec lui. La demoiselle se révèle être une excellente golfeuse, et le notaire en tombe amoureux. Il l'invite à dîner le soir même. Le repas se passe extrêmement bien, les tourtereaux se découvrent beaucoup de points communs. La soirée se termine par un baiser et ils se donnent rendez-vous au golf pour le lendemain.

Le lendemain, ils refont un parcours, dînent ensemble, s'embrassent et se donnent rendez-vous sur le green pour le lendemain.

Au bout d'une semaine, totalement conquis par la fille, le notaire essaie d'aller plus loin qu'un baiser mais elle se dérobe.

– Écoute, j'ai quelque chose d'important à te dire... Je suis un travesti...

Le notaire se met alors dans une colère noire :

– Quoi ?! Tu t'es foutue de moi : ça fait une semaine que je te laisse jouer dans la catégorie dames !

C'est deux femmes dans la rue qui sont en noir avec une voilette. L'une s'approche de l'autre et dit :

– Vous aussi, vous êtes veuve ?

– Non, moi, je suis moche.

Le président chinois trouve que sa population est trop nombreuse, il convoque son conseiller.

– Mais enfin, pourquoi y a-t-il autant de naissances ? Nous avions fait distribuer des préservatifs.

– Oui, président, mais vous aviez exigé qu'on ne distribue que des préservatifs fabriqués en Chine.

*

**Le docteur convoque la femme d'un de ses patients :**
– Madame, votre mari a besoin de repos. Voici une ordonnance pour obtenir un puissant calmant.
– Je lui donne combien de comprimés par jour ?
– Aucun. Mais vous, vous en prenez deux à chaque repas.

*

Un gardien demande à deux prisonniers belges de mesurer la hauteur d'un poteau téléphonique situé en pleine campagne. Ceux-ci commencent à essayer d'escalader le poteau mais celui-ci est très glissant et ils ne peuvent arriver au sommet. Un troisième prisonnier, français, arrive alors et dit aux autres : « Vous êtes bêtes, il suffit d'arracher le poteau, de le coucher, de le mesurer et de le remettre en place ! » L'un des Belges se retourne alors vers l'autre et lui dit :
« Ça, c'est bien les Français. Tu leur demandes la hauteur et eux veulent mesurer la longueur ! »

*

Trois prisonniers chinois discutent dans leur cellule. « Moi, je suis ici parce que j'avais cinq minutes de retard au boulot et on m'a accusé de sabotage », dit le premier. « Moi, je suis ici parce que je suis arrivé au travail cinq minutes en avance : on m'a accusé d'espionnage », dit le deuxième. « Et moi, dit le troisième, j'arrive tous les jours à l'heure. On m'accuse de détenir illégalement une montre occidentale. »

*

Une grand-mère prend l'avion pour la première fois. Quelques minutes après le décollage, elle se plaint à l'hôtesse :

– J'ai les oreilles qui se bouchent, ça me fait mal.

– Ne craignez rien, madame, répond l'hôtesse en souriant, c'est normal. Je vais vous donner quelques chewing-gums, avec ça, ça passera.

Lorsque l'avion atterrit, la mamie appelle de nouveau l'hôtesse :

– Les chewing-gums m'ont beaucoup aidée, comme vous me l'aviez dit, je vous remercie infiniment. Mais dites-moi, comment dois-je faire pour les retirer de mes oreilles, maintenant ?

*

Un touriste circule en voiture en Amérique du Sud. Il roule tranquillement à quatre-vingt-dix kilomètres-heure, quand il voit indiqué sur la route : « Maxima 40 ». La route est grande, complètement dégagée, mais comme il ne veut pas avoir d'ennuis, il ralentit jusqu'à quarante kilomètres-heure. Au bout de quelques minutes, nouveau panneau : « Maxima 30 ». Un peu énervé contre la législation, il ralentit et continue. Un peu plus loin, il voit indiqué « Maxima 20 », il baisse la vitesse, puis « Maxima 10 », il n'en peut plus, se traîne sur la route en rouspétant, jusqu'à un village à l'entrée duquel il voit écrit : « Bienvenue à Maxima ».

*

La Fédération internationale de pétanque a décidé d'exclure les Belges du championnat.
L'entraîneur appelle pour obtenir des explications.
– Écoutez, soit vos joueurs arrêtent de faire des têtes, soit on suspend l'équipe.

*

Un vieux bonhomme pleure dans la rue. Un passant s'arrête et lui dit :
– Mais voyons, il ne faut pas pleurer comme ça ! Vous n'avez pas où aller ?
– Si, si.
– Vous n'avez pas de domicile ?
– Si, j'ai un hôtel particulier dans un grand parc en plein Paris. Avec quarante et une pièces, piscine et tennis !
– Ah... euh... mais vous vous sentez seul, c'est ça ?
– Non, non, je suis marié avec une superbe jeune fille de 26 ans, ancien mannequin, elle est adorable avec moi, une vraie beauté, et en plus un cordon-bleu, elle me prépare tout ce que j'aime. À l'heure qu'il est, elle doit m'attendre pour se plier à mes quatre volontés ! Une sainte !
– Mais alors, pourquoi pleurez-vous comme ça ?
– Parce que je ne sais plus où j'habite !

*

**Un type se présente à l'ANPE et dit :**
– Je n'ai aucun diplôme, aucune expérience, je sors de prison et je voudrais tout de suite un boulot tranquille et très bien payé.
– Bien, monsieur. Justement, on recherche un gardien pour une somptueuse propriété en bord de Loire, château du XVIII<sup>e</sup>, étang, golf, tennis et piscine privés, Rolls-Royce à faire tourner, avec la jouissance de tout le domaine pour vous. Le propriétaire ne vient qu'une fois tous les deux ans. C'est payé soixante-quinze mille francs par mois.
– Vous vous foutez de moi ?
– Oui, mais c'est vous qui avez commencé !

Une femme demande à son mari :
– Chéri, tu préfères une femme belle ou une femme intelligente ?
– Ni l'une ni l'autre, lui répond-il, tu sais bien que je n'aime que toi !

Un type va chez le coiffeur et lui dit :
– Je voudrais que vous me rasiez sur le côté gauche, que vous me fassiez une brosse sur le dessus avec un trou en plein milieu, la nuque dégarnie avec quelques touffes de cheveux par-ci par-là et une frange de travers.
– Mais je ne peux pas faire ça ! Ce n'est pas une coupe !
– C'est pourtant ce que vous m'avez fait la dernière fois !

*

Deux vieux fêtent leurs cinquante ans de concubinage.
– Au bout de tout ce temps, suggère la vieille femme, on ferait peut-être bien de se marier, non ?
– Tu ne nous as pas regardés, lui répond son mari, qui voudrait de nous ?

*

Un patient à son médecin :
– Docteur, on a calculé que j'avais un quotient intellectuel de 52. Je ne comprends pas pourquoi !
– 52 ! Alors, il est normal que vous ne compreniez pas !

*

La secrétaire dit à son patron :
– Chef, j'ai une bonne et une mauvaise nouvelle !
– Eh bien, donnez-moi la bonne !
– Vous n'êtes pas stérile !

*

Le jardinier d'un grand hôtel coupe ses rosiers, l'air énervé :
– Pfff, trois mètres de haut...
Il va ramasser ses tomates, l'air toujours maussade :
– Et ça, des tomates de deux kilos chacune...
Agacé, il appelle le directeur :
– Écoutez, c'est très bien que l'hôtel accueille les coureurs du Tour de France, mais il faut leur dire d'arrêter de pisser dans le jardin !

*

C'est un riche Corse sur son lit de mort qui appelle ses fils pour savoir qui va hériter. Par tradition, c'est le plus fainéant qui l'emportera.
– Jean, monte, je dois te poser une question.
Le fils monte :
– Jean, imagine que dans la rue tu voies un billet de cinquante francs par terre, qu'est-ce que tu fais ?
– Je le ramasse pas, c'est trop fatigant.
– C'est bien, mon fils. Paulo, monte, toi aussi.
Le fils monte :
– Paulo, tu vois une fille superbe nue sur ton lit qui te tend les bras, qu'est-ce que tu fais ?
– Je lui fais rien, c'est trop fatigant.
Même réponse.
– Antonio, monte !
– Hé non, descends plutôt, toi.

*

**Une femme très avare téléphone à son journal local et demande à parler au responsable de la rubrique nécrologique :**

– J'aimerais passer une annonce.
– Je vous écoute, quel est le texte ?
– « Dupond mort. »
– Et c'est tout ? « Dupond mort » ?
– Oui, c'est tout.
– Mais vous avez droit à cinq mots pour votre annonce, c'est le même prix...
– D'accord, alors mettez : « Dupond mort, Mercedes à vendre. »

*

Un homme bourré se trouve dans un bistrot et demande à un homme en uniforme :
– Portier, appelez-moi un taxi.
– Je ne suis pas portier, je suis officier de marine.
– Bon, appelez-moi un bateau.

*

C'est un type qui a écrasé une poule en Belgique. Il s'arrête et puis il prend la poule toute plate, et il va voir le fermier le plus proche. Il le trouve et lui dit :
– Je suis désolé, regardez, je crois bien que j'ai écrasé une poule.
Et l'autre fait :
– Ben, ça n'est pas à nous, nous, on ne les fait pas toutes plates...

*

Un Belge dit à son collègue :
– Tu sens drôlement bon, toi, hein !
– Ben, il dit, oui, je sens bon, c'est parce que je me mets de l'eau de toilette.
– Ah, ben ça, c'est un truc que je n'aurais vraiment pas pensé, hein, de l'eau de toilette ?
Et le lendemain, le Belge revient voir son collègue avec un gros pansement sur la tête.
– Qu'est-ce qui t'est arrivé ?
– J'ai fait comme toi, j'ai voulu me mettre de l'eau de toilette et puis le couvercle m'est retombé dessus.

*

C'est un type qui est dans un restaurant :
**– Dites-moi, garçon, venez voir là, le poulet a une cuisse plus courte que l'autre !**
Et le garçon :
**– Dites, c'est pour manger ou c'est pour danser ?**

*

Lors d'une grande compétition de natation, dans les starting-blocks, le nageur anglais discute avec le finlandais :
– Méfie-toi de l'Américain, il est très fort.
– Moi, c'est plutôt le Français qui me fait peur.
– Pas de quoi s'inquiéter, il boit tout le temps la tasse !
– Ah bon ?
– Mais oui, ces fichus Français, même sous l'eau, ils se sentent obligés d'ouvrir leur grande bouche.

*

C'est un mec qui dit :
– Ça va bien, toi ?
– Ben, non, ça va pas, non, j'me marie plus !
– Ah ? tu t'maries plus avec ta fiancée ?
– Ben, non, j'me marie plus, ben non.
– Mais pourquoi ?
– Ben, écoute, est-ce que tu te marierais, toi, avec un être sans scrupules, sans cœur et sans dot en plus ?
– Ça non !
– Ben, tu vois, elle non plus !

C'est un mec qui prépare les funérailles de sa belle-mère et on lui demande :
– Vous voulez l'embaumer, l'incinérer ou l'enterrer ?
– Je voudrais être sûr du coup, faites donc les trois !

C'est en Galilée, un charpentier du nom de Joseph qui regarde sa femme et qui lui dit :
– Et tu crois que je vais avaler ça ?

*

Deux vieux amis se retrouvent dans un bar:
– Alors, il paraît que tu as eu des ennuis de santé?
– Oh oui, mais maintenant je suis les conseils de mon médecin à la lettre!
– Et quels conseils?
– Il m'a ordonné de me mettre au sport.
– Ah, et tu fais quoi?
– Ben, comme tu le vois, j'ai choisi les barres parallèles.
– C'est-à-dire?
– Je bois un coup dans ce bistrot, puis dans celui d'en face, et ainsi de suite...

C'est un type qui est au restaurant et qui a très très mal mangé, les boutons commencent à pousser et il a la nausée. Le garçon arrive et lui demande:
– Alors, vous avez bien mangé?
– ... Si en plus la patronne voulait bien me faire la gueule, ça serait exactement comme à la maison...

À Pékin, dans un restaurant, la moitié de la salle est occupée par un repas de mariage d'autochtones et l'autre moitié par un car de touristes occidentaux. La tradition veut que le couple de jeunes mariés porte un toast et aille trinquer avec chaque invité. En levant son verre, on se souhaite *«GAN BEI»* («Cul sec!»). Plus les mariés trinquent avec leurs convives et plus le refrain *«GAN BEI»* devient fort, ce qui commence à agacer un des touristes. Il lance quelques regards noirs à la tablée de mariage mais rien n'y fait:
*«GAN BEI!!!!!!! GAN BEI!!!!!!!! GAN BEI!!!!!»*
Le touriste n'y tient plus, il se lève de sa chaise et hurle: *«OK, YOU CAN'T PAY, YOU CAN'T PAY!!!* EH BIEN, ON VA PAYER POUR VOUS!!!»

*

C'est un type qui rencontre un de ses copains, il lui dit :
– Alors, comment ça va en ce moment, les affaires ?
– Oh, tu sais, en ce moment, les affaires... je bouffe de l'argent.
Et l'autre dit :
– Ça t'ennuie pas de venir aux toilettes à la maison ?

*

C'est un cannibale qui dit à un autre :
– Pourquoi on mange pas celui-là ?
– Parce qu'il est mort du diabète, on va en faire des confitures.

*

Dans un cabaret, un ventriloque fait un numéro comique avec sa marionnette sous le bras. Le ventriloque commence :
– Bon, pour ouvrir le spectacle, je crois que notre ami Diego la marionnette a une bonne histoire à nous raconter... Pas vrai, Diego ?
La marionnette :
– Ah, bah oui ! J'en connais une bonne !
Le ventriloque :
– OK, Diego, fais-nous rire !
La marionnette :
– C'est l'histoire d'un Belge qui dé...
Mais à cet instant précis, un Belge dans l'assistance se lève et lui coupe la parole :
– Oh non, arrête ! On n'en peut plus de ces blagues stupides sur les Belges !
Le ventriloque lui répond gentiment :
– Du calme, monsieur, c'est pas la peine de s'énerver, on est là pour s'amuser !
Et là le gars lui lance :
– J't'ai pas sonné, toi, c'est au petit que je cause !

*

BALLES DUNDEN
JE PORTE UNE CHEMISE "LAPOSTE"
LISE7
RAQUETTE "PLOK"
SHORT "PLOOM"
CHAUSSURES "SMOTH"
PIEM

Dans la forêt vierge, un explorateur belge perdu dans la jungle parvient à une petite maison isolée au toit de chaume. Dessus, il est écrit: « À la bonne chair, restaurant cannibale. »
Intrigué, il s'approche et consulte le menu sur la porte: viande hollandaise, 10 euros les 200 g; viande italienne, 10 euros les 200 g; viande allemande, 10 euros les 200 g; viande belge, 10 euros les 200 g; et en fin de liste: viande française, 50 euros les 200 g!
Soudain, le chef cuistot sort du restaurant, en tablier et toque blanche. L'explorateur lui demande alors:
– Pourriez-vous m'expliquer? Vous vendez toutes les chairs humaines au prix de 10 euros mais la viande française est à 50 euros, pourquoi est-ce tellement plus cher?
Le chef lève les yeux au ciel et soupire:
– Ah, mon bon monsieur, si vous saviez le temps qu'on passe à les nettoyer!

*

Un type entre dans un bar et demande un whisky dans un verre et un deuxième dans un petit dé à coudre... Le serveur s'exécute... Le gars sort alors de la poche de sa chemise un petit bonhomme de 10 cm de haut... Il descend en rappel sur la chemise, glisse sur une manche et se retrouve sur le comptoir... Il saisit à deux mains le dé à coudre, trinque avec le gars qui l'avait dans la poche, s'enfile son dé à coudre cul sec, et hop! remonte dans la poche... Le barman est complètement scié:
– Mais vous l'avez eu où??? J'adorerais avoir un petit bonhomme comme ça...
Alors le client entrouvre la poche de sa chemise et dit au petit bonhomme:
– Eh, Bernard! C'était où, déjà, le village où t'as traité le sorcier d'enfoiré?

*

Dans un restaurant en Somalie :
– Excusez-moi, monsieur, dit un homme au serveur du restaurant, mais il y a une mouche dans ma soupe !
– Chut, répond le serveur, ne le dites pas si fort, il n'y en a pas pour tout le monde...

*

Deux cannibales n'ont plus rien à manger. Et pas un missionnaire, pas un touriste en vue.
Soudain, l'un dit à l'autre :
– J'ai une idée. On va commander un frigo chez Darty.
– Tu es fou ou quoi ? On n'a rien à bouffer, et toi tu veux commander un frigo ?
– Fais marcher ta cervelle, mon vieux. Le frigo qu'on va commander, il va bien falloir deux types pour le livrer...

*

À l'hôpital psychiatrique, Mathurin tombe soudainement dans l'étang et coule à pic. Basile saute à son tour et le ramène à la surface. Quand le directeur de l'hôpital apprend l'acte héroïque de Basile, il ordonne immédiatement de le laisser sortir de l'hôpital. Le directeur en personne va voir Basile et lui dit :
– Basile, j'ai une bonne et une mauvaise nouvelle à t'apprendre ! La bonne, c'est que nous te laissons sortir de

l'hôpital parce que tu as été capable d'accomplir un acte de bravoure en sauvant la vie d'une autre personne. Je crois que tu as retrouvé ton équilibre mental. La mauvaise, c'est que Mathurin s'est pendu, dans la salle de bains, avec la ceinture de sa robe de chambre.

Basile répond au directeur :
– Mais il ne s'est pas pendu ! C'est moi qui l'ai accroché là pour qu'il sèche...

Un Français débarque dans une gare anglaise et lit sur une enseigne : « Café de la marine ». Il entre aussitôt dans la gare et demande au préposé :
– Comment se fait-il que vous ayez un Café de la marine alors que vous n'avez ni mer ni océan ?
– Et alors ? En France vous avez bien des maisons de la culture !

Au temps de Staline en 1950, c'est la guerre froide entre l'URSS et les États-Unis. La course insensée aux armes nucléaires prive les Russes de toutes les matières premières. Les files d'attente s'allongent à Moscou devant les magasins de produits alimentaires. Un géant tatar demande à la cantonade qu'on lui désigne le responsable de cette pénurie. « Staline ! » hurle une voix anonyme. Le géant sort alors un grand coutelas et crie en s'en allant : « Je vais aller le tuer ! Vous m'entendez tous ! Je vais aller tuer Staline ! » Deux heures plus tard, il est de retour, la tête basse, et se remet dans la file. Tous les regards sont tournés vers lui. « As-tu tué Staline ? » lui demande un camarade. Le Tatar fait non de la tête, et ajoute : « La file est encore plus longue là-bas pour le tuer. »

*

Deux inspecteurs d'Interpol examinent le dossier d'un suspect :
– Il est resté dix ans à Paris, dix années d'escroqueries, de corruptions, de chantages et de détournement de fonds.
– Et après ?
– Après, il a quitté la vie politique.

*

**Deux ouvriers corses se promènent tranquillement sur leur chantier, l'air fatigué, lorsqu'ils sont interpellés par le contremaître :**
– Eh ! Vous deux ! Qu'est-ce que vous êtes en train de faire ?
– Nous ? Mais on porte ces planches de l'autre côté du chantier.
– Quelles planches ?
– Eh bien, dis donc ! On a oublié les planches ?

*

Au zoo, des animaux discutent des prochaines vacances :
– Dis-moi, la girafe, où vas-tu en vacances ?
– Eh bien, j'ai un grand cou, ma femme a un grand cou et mes enfants aussi ont des grands cous. Et comme on n'aime pas se faire remarquer, on va en Afrique, là où il y a d'autres girafes.
– Et toi, l'ours polaire, où vas-tu ?
– Eh bien, j'ai une grosse fourrure, ma femme a une grosse fourrure et mes enfants aussi ont de grosses fourrures. Et comme on n'aime pas se faire remarquer, on va au pôle Nord, là où il y a d'autres ours polaires.
– Et toi, le crocodile, où vas-tu ?
– Eh bien moi, j'ai une grande gueule, ma femme a une grande gueule, mes enfants aussi ont une grande gueule alors, comme on n'aime pas se faire remarquer, on va à Marseille...

*

Un gendarme arrête un automobiliste.
– Alors comme ça on n'a pas vu le feu rouge ?
– Si, bien sûr ! C'est vous que je n'avais pas vu !

*

Un petit lapin court dans la brousse. Il arrive devant l'hippopotame qui est en train de se rouler un joint.
Il s'arrête et lui dit :
– Allez, l'hippopotame, arrête la drogue, jette-moi tout ça et viens courir avec moi !
L'hippopotame réfléchit et finit par accepter. Et c'est reparti, le petit lapin et l'hippopotame courent tous les deux. Puis ils arrivent devant le zèbre en train de se préparer un fix.
– Allez, le zèbre, arrête la drogue et viens courir avec nous, c'est meilleur pour la santé !
Le zèbre réfléchit et accepte. Et les trois se mettent à courir dans la brousse. Ils arrivent devant le lion en train de se chauffer une petite cuillère.
– Allez, le lion, fais comme nous, arrête cette saleté de drogue et viens courir avec nous !
Alors, le lion met un énorme coup de patte au lapin et le balance dans le décor. Le zèbre et l'hippopotame le regardent, étonnés :
– Mais pourquoi t'as fait ça ? Il nous a sauvés de la drogue et toi, tu le frappes !!!
Le lion les regarde et leur dit :
– Ce con de lapin, faut toujours qu'il vienne me faire chier pour que je coure avec lui quand il a pris de l'ecsta !

*

Un homme va au cinéma. Il achète son billet à la caisse et entre. Une minute plus tard, il revient et en achète un autre. Une minute plus tard, il revient et achète encore un autre billet. La caissière lui demande :

– Je ne comprends pas, je vous ai déjà vendu trois billets et vous en voulez encore ?

L'homme lui explique :

– Je sais, mais à chaque fois que je veux entrer dans la salle, il y a un mec qui me le déchire !

*

C'est un retraité de la marine qui va acheter un oiseau. Il demande un perroquet pour avoir quelqu'un à qui parler.

– Je n'en ai plus, lui répond le vendeur, mais prenez ce pic-vert, il connaît le morse !

*

Deux Belges ont tué un sanglier. Ils doivent maintenant le ramener à la voiture. Ils prennent donc chacun une patte arrière et le traînent dans la forêt en direction du véhicule. Au bout d'une demi-heure, ils croisent un vieux chasseur qui leur dit : « Si j'étais vous, je ne traînerais pas le sanglier par les pattes arrière, mais par les défenses, c'est plus commode ! » Ils décident donc de suivre les conseils du vieil homme et repartent en traînant le sanglier par les défenses. Une demi-heure après, l'un dit à l'autre :

– Il avait raison, c'est bien plus pratique comme ça !

– Oui, répond l'autre, le seul inconvénient, c'est qu'on s'éloigne de plus en plus de la voiture !

*

Pendant la finale de la Coupe du monde, on remarque un homme assis, seul, sans personne à côté de lui...

– Vous êtes seul ? lui demande un supporter.

– Oui, j'avais des billets pour moi et ma femme, mais elle est décédée...

– Mais il fallait venir avec des amis, des connaissances...

– J'aurais bien voulu, répond le veuf, mais ils sont tous partis à son enterrement !

*

Toto est au tribunal avec ses parents qui divorcent :

**Le juge :** Toto, je vais te confier à la garde de ta maman !
**Toto :** Ah non, monsieur le juge, elle me bat !
**Le juge :** Alors je vais te confier à ton papa !
**Toto :** Ah non, monsieur le juge, mon père me bat !
**Le juge :** Ton père te bat aussi ? Mais alors qui veux-tu qui te garde ?
**Toto :** Le PSG, monsieur le juge.
**Le juge :** Gardé par le PSG ? Pourquoi ?
**Toto :** Monsieur le juge, eux, ils ne battent jamais personne !

Un savant fait travailler une puce. Il lui ordonne :
– Saute !
La puce saute. Il lui coupe les pattes et dit :
– Saute !
La puce ne saute pas. Le savant saisit alors son carnet et note : « Lorsqu'on coupe les pattes d'une puce, elle devient sourde. »

Une jeune femme qui cherche à se marier vient s'inscrire dans une agence matrimoniale. Elle précise à l'employée :
– Je suis bien ennuyée… Comme vous le voyez, je suis borgne. Ça sera sans doute difficile de trouver un bon parti…
– Mais non, ne vous inquiétez pas !
L'employée tape la fiche descriptive : « Jeune femme, deux merveilleux yeux bleus, dont un en moins. »

*

C'est un gars énorme qui frappe à la porte du chef du personnel d'une entreprise de bûcherons au Canada, car il cherche du travail.
– Vous avez l'air costaud. Vous avez des références ?
– Ouais ! J'ai travaillé au Sahara !
– Vous vous foutez de ma gueule ? Y a pas d'arbres au Sahara !
– Y a PLUS d'arbres !!!

*

Dans un parc national, la direction met en garde les promeneurs contre les grizzlis.
Quelques conseils :
– portez des petites clochettes pour éviter de surprendre le grizzli ;
– munissez-vous d'un flacon de poivre en spray pour pulvériser vers l'animal ;
– apprenez à reconnaître les crottes des ours bruns des crottes des grizzlis : les ours bruns font de petites crottes qui contiennent des pépins de baie et de la fourrure d'écureuil ; les grizzlis font des crottes beaucoup plus grosses qui contiennent des petites clochettes et qui sentent le poivre.

*

**– Maman, c'est vrai que j'ai des grands pieds ?**
**– Pas du tout, mon chéri ! Mais s'il te plaît, enlève tes chaussures du garage, ton père voudrait rentrer la voiture.**

*

Un homme complètement saoul joue au chamboule-tout à la fête foraine. Malgré son état, il gagne une tortue. Il part avec, tout content.
Il revient jouer une heure plus tard et, cette fois-ci, il gagne une peluche et dit : « Je préférerais le même sandwich que tout à l'heure. »

*

Dans un magasin d'électroménager, un imbécile demande au vendeur s'il peut emporter cette télé tout de suite. Mais le vendeur lui répond qu'il ne veut pas lui vendre. L'imbécile rentre chez lui, très en colère, et se promet d'y retourner le lendemain.
Le lendemain, il montre la même télé à un autre vendeur mais celui-ci refuse également de lui vendre. Excédé, l'imbécile crie dans le magasin :
– On peut savoir pourquoi je ne pourrais pas acheter cette télé ? C'est ma tête qui ne vous plaît pas, peut-être ?!
Et le vendeur lui répond :
– Pas du tout, monsieur. Seulement, c'est un four à micro-ondes.

*

Dans les vestiaires, l'entraîneur de foot explique sa stratégie à l'équipe :
– Aujourd'hui, Maurice, tu vas jouer avant.
Et Maurice s'écrie :
– Oh non, coach, moi, j'ai envie de jouer avec les autres !

Un Esquimau installe sa canne à pêche sur la glace. Tout à coup, il entend une grosse voix :
– Il n'y a pas de poisson ici !
Alors, l'Esquimau prend son matériel et part s'installer plus loin.
De nouveau, la voix gronde :
– Il n'y a pas de poisson ici !
Très étonné, l'Esquimau s'éloigne encore mais la voix l'interrompt :
– Monsieur, il n'y a pas de poisson ici : vous êtes à la patinoire !!!

Un Indien arrive au saloon, un fusil à pompe dans une main et un seau de bouse de bison dans l'autre.
– Bison mugissant vouloir café !
Le serveur lui apporte, l'Indien descend la tasse en une gorgée, jette le contenu du seau en l'air, met un coup de fusil dedans et part.
Le lendemain, il revient au saloon et redemande du café.
– Ho ! Attends un peu là ! s'exclame le patron, on est encore en train de nettoyer ton coup d'hier. C'est quoi c't'histoire ?
– Moi prendre cours de management pour être cadre supérieur. C'est travaux pratiques. Moi arriver le matin, boire café, semer la merde puis disparaître toute la journée !

*

Deux hommes sortent ivres de la maison d'un collègue chez qui ils sont allés prendre l'apéritif.
– Où t'as mis la bagnole ?
– J'sais plus !
– Bon, je vais chercher par là et toi par là…
Et les voilà qui tâtent le toit de deux voitures.
– C'est pas celle-là !
– Pas celle-là non plus !
Et ils tâtent les toits de deux autres voitures.
– Pas celle-là…
– Pas celle-là non plus…
Et ils continuent.
Un passant qui promène son chien, intrigué, demande au plus proche :
– Je suis sans doute curieux mais j'aimerais savoir comment vous pouvez reconnaître votre voiture en tâtant le toit ?
– C'est tout bête, sur le toit de la nôtre, il y a un gyrophare bleu…

*

Hier soir, je suis allé manger « Chez Alphonse ». Et j'ai remarqué un truc bizarre.
Tous les serveurs et serveuses avaient une petite cuillère dans la poche de leur chemisette.
Aussi, quand le serveur est venu prendre la commande, je lui ai demandé :
« Pourquoi portez-vous tous une petite cuillère ? »
Il m'explique alors qu'Alphonse a demandé conseil à Springt Consulting qui, après des mois d'analyses, a conclu que la petite cuillère était le couvert qui tombait le plus souvent, à une fréquence de 3 cuillères/table/heure !
Depuis, ils n'ont plus besoin de courir à la cuisine pour chercher une nouvelle cuillère. L'économie de rendement en temps de travail est estimée à 5,21 %.
L'indice de satisfaction du client se trouve également accru de 3,75 %.
Deux minutes plus tard, je faisais effectivement tomber ma petite cuillère et ça n'a pas manqué : le serveur m'a aussitôt apporté sa cuillère en me disant qu'il en prendrait une autre à son prochain passage en cuisine. Bravo Springt Consulting !
Mais plus curieux, les serveurs avaient tous une ficelle qui dépassait un petit peu de leur braguette. Quand il m'a apporté l'addition, j'ai demandé au serveur à quoi servait cette ficelle.
« Bien observé, me dit-il en baissant la voix, Springt Consulting a aussi vu que nous pouvions gagner du temps dans les toilettes : la ficelle est attachée autour du pénis, on peut donc le sortir sans le toucher et éviter d'avoir à se laver les mains, ce qui représente une économie d'eau, et le temps passé aux toilettes est réduit d'environ 7,39 %. »
« Après l'avoir sorti, comment le remettez-vous dedans sans le toucher ? » demandai-je.
« Eh bien, me dit-il en chuchotant, je ne sais pas pour les autres... mais moi, je me sers de la petite cuillère... »

*

Un jeune homme se présente au directeur des ressources humaines d'une banque, qui serre la main de ce soixantième postulant, et lui tend un balai :

– Pour commencer, vous allez balayer le hall d'entrée.

– Mais, je suis diplômé bac + 7 ! réplique le candidat indigné.

– Oh, pardon, je ne savais pas. Je suis confus. Donnez-moi le balai, je vais vous montrer comment faire...

*

Transcription d'une communication radio réelle entre un bateau de la US Navy et les autorités canadiennes au large de Newfoundland...
Américains : Veuillez vous dérouter de 15 degrés nord pour éviter une collision. À vous.
Canadiens : Veuillez plutôt vous dérouter de 15 degrés sud pour éviter une collision. À vous.
Américains : Ici le capitaine d'un navire des forces navales américaines. Je répète : veuillez modifier votre course. À vous.
Canadiens : Non, veuillez dérouter, je vous prie. À vous.
Américains : ICI, C'EST LE PORTE-AVIONS *USS LINCOLN*, LE SECOND NAVIRE EN IMPORTANCE DE LA FLOTTE NAVALE DES ÉTATS-UNIS D'AMÉRIQUE. NOUS SOMMES ACCOMPAGNÉS PAR 3 DESTROYERS, 3 CROISEURS ET UN NOMBRE IMPORTANT DE NAVIRES D'ESCORTE. JE VOUS DEMANDE DE DÉVIER DE VOTRE ROUTE DE 15 DEGRÉS NORD OU DES MESURES CONTRAIGNANTES VONT ÊTRE PRISES POUR ASSURER LA SÉCURITÉ DE NOTRE NAVIRE. À VOUS.

**Canadiens : Ici, c'est un phare. À vous.**

*

Un épicier est victime d'un contrôle fiscal. L'inspecteur lui demande :
– Dites-moi, monsieur, je vois là deux billets d'avion pour les États-Unis. Qu'est-ce que cela fait dans votre comptabilité professionnelle ?
– Eh bien quoi, il est interdit de livrer les clients à domicile ?

*

Trois Écossais se retrouvent après le mariage d'un de leurs amis :
– Moi, dit le premier, je lui ai offert un service à café pour douze personnes.
– Moi, dit le deuxième, un service à thé pour vingt-quatre personnes.
– Et moi, déclare le dernier, je lui ai apporté une pince à sucre pour deux cent cinquante personnes !

*

**Un couple rend visite à des amis belges qui viennent d'avoir un enfant :**
– Comme il est mignon !
– Ça, vous pouvez le dire, c'est le plus beau des bébés.
– Et il ressemble au papa, hein ?
– Oui, il me ressemble !
– Et tout se passe bien avec lui ?
– C'est le bonheur !
– Et comment il s'appelle, le petit ange ?
– Ça, c'est le seul problème. On sait pas.
– Comment ça, vous savez pas ?
– Non, on sait pas. On comprend pas encore ce qu'il nous dit.

*

Un homme, dans la nacelle d'une montgolfière ne sait plus où il se trouve. Il descend et aperçoit une femme au sol. Il descend encore plus bas et l'interpelle :

– Excusez-moi ! Pouvez-vous m'aider ? J'avais promis à un ami de le rencontrer et j'ai déjà une heure de retard car je ne sais plus où je me trouve.

La femme au sol répond :

– Vous êtes dans la nacelle d'un ballon à air chaud à environ 10 m du sol. Vous vous trouvez exactement à 49° 28′ et 11″ nord et 8° 25′ et 58″ est.

– Vous devez être ingénieur, dit l'homme.

– Effectivement, répond la femme. Comment avez-vous deviné ?

– Eh bien, tout ce que vous m'avez dit à l'air techniquement parfaitement correct, mais je n'ai pas la moindre idée de ce que je peux faire de vos informations et, en fait, je ne sais toujours pas où je me trouve. Pour parler ouvertement, vous ne m'avez été d'aucune aide. Pire, vous avez encore retardé mon voyage.

La femme lui répond :

– Vous devez être un directeur.

– Oui, répond l'homme avec fierté. Comment avez-vous deviné ?

– Eh bien, vous ne savez ni où vous êtes, ni où vous allez. Vous avez atteint votre position actuelle en chauffant et en brassant une énorme quantité d'air. Vous avez fait une promesse sans avoir la moindre idée de comment vous pourrez la tenir et vous comptez maintenant sur les gens situés en dessous de vous pour qu'ils résolvent votre problème. Votre situation avant et après notre rencontre n'a pas changé, mais, comme par hasard, c'est moi maintenant qui, à vos yeux, en suis responsable !

*

— Mademoiselle Delphine, dit un patron à sa secrétaire, en voyant le texte de la lettre que vous me donnez à signer, je me pose deux questions. *Primo* : qu'est-ce que vous avez bien pu fumer avant de taper ça ? *Secundo* : il ne vous en resterait pas un peu ?

*

À la fête annuelle du bureau, la femme d'un petit employé a largement fait honneur au buffet.
Soudain, elle se précipite vers un monsieur, qui parle avec quelques invités.
– Vous, dit-elle, vous êtes le patron de l'entreprise.
– En effet. Mais comment l'avez-vous deviné ?
– Oh, je vous ai bien reconnu, grâce aux imitations que mon mari fait de vous et qui amusent tellement les enfants !

Une jeune employée arrive en retard un matin à son bureau, avec un bras bandé.
– Pourquoi êtes-vous en retard ? s'écrie son patron. Vous vous êtes cassé le bras ?
– J'ai voulu éviter un enfant.
– Et alors ?
– Je suis tombée du lit.

C'est un fermier qui découvre un beau jour que l'une de ses poules ne pond plus que des œufs carrés. Décidant d'exploiter cette anomalie spectaculaire, il prévient l'INRA de son cas, lequel, vivement intéressé, prend la poule en pension contre une bonne compensation financière.
Le problème, c'est qu'une fois installée à l'INRA la poule recommence à pondre des œufs ovales. Convoqué pour constater le fait, le fermier va voir sa poule et lui demande ce qui ne va pas. Laquelle lui répond alors :
« Eh alors… tu crois que j'vais continuer à me casser le cul, maintenant que je suis fonctionnaire ? »

*

**– Quelle différence y a-t-il entre la Sécurité sociale et les lessives ?**
Dans les lessives, il y a des agents actifs.

*

En faisant sa valise, un homme explique enthousiaste à sa femme :
– Je file en Laponie, il paraît que là-bas les femmes donnent 20 dollars à l'homme chaque fois qu'il leur fait l'amour !
Aussitôt sa femme se précipite au grenier pour chercher une autre valise :
– … Je t'accompagne là-bas, je suis curieuse de voir comment tu te débrouilles pour vivre avec 40 dollars par mois !

*

Un curé discute avec deux de ses paroissiens. Il leur demande :
– Que feriez-vous si vous n'aviez plus qu'un mois à vivre ?
Un des deux lui répond :
– J'irais me recueillir dans un monastère pour me retrouver et me préparer à rejoindre le Seigneur.
– Ah, voilà qui est sage. Et vous ? demande le curé à l'autre.
– Moi, j'irais passer le dernier mois qui me resterait à vivre chez ma belle-mère !
– Ah bon ?... Et pourquoi ?
Alors le gars répond en arborant une grimace évocatrice :
– Parce que ça serait le plus long mois de mon existence.

*

Une femme engueule son chirurgien esthétique :
**– J'vous ai d'mandé des seins en poire, pas en compote !**

*

Le chirurgien à l'interne :
– Je sais que c'est votre première opération, mon vieux, ça ne peut pas être parfait, mais tout de même, quand vous ouvrez un malade, appuyez moins fort sur le bistouri, ça abîme la table...

*

C'est un type qui va rendre visite à un copain. Il regarde les tableaux aux murs, ils sont tous signés Madeleine. Madeleine, Madeleine, Madeleine, Madeleine. Il dit à son pote :
– Dis donc, mais c'est formidable ces tableaux, on dirait des Velázquez.
– Oui, c'est des Velázquez.
– Mais c'est signé Madeleine.
– Parce que j'ai eu des retours de fortune, alors, on m'a conseillé de tout mettre au nom de ma femme.

*

C'est un condamné à mort à la chaise électrique qu'on emmène pour son exécution. Il demande au maton :
– Qu'est-ce qu'on va me faire ?
– Du calme, asseyez-vous sur cette chaise, on va vous mettre au courant.

*

Après quelques années passées dans les bureaux, un énarque décide de prendre l'air à la campagne. Au milieu de collines remplies de moutons, il rencontre un berger. La conversation s'engage.
– Savez-vous combien de moutons vous gardez ? demande l'énarque. Je suis prêt à parier cent francs contre un de vos moutons que je peux les compter d'ici sans faire d'erreurs.

Le berger, sûr de gagner, accepte le pari. L'énarque observe un instant les collines, puis déclare :
– Vous avez exactement 243 moutons à garder.
– C'est exact, constate le berger abasourdi : prenez un des moutons, vous avez gagné.

L'énarque s'exécute et va pour s'en aller, quand le berger l'arrête :
– Tenez, à mon tour : je parie que vous, vous avez fait l'ENA...
– Co... Comment avez-vous deviné ?
– Vous avez pris mon chien à la place du mouton.

*

Un homme légèrement éméché pénètre dans une église, trempe ses mains dans le bénitier et, après les avoir longuement égouttées, il s'écrie :
– Alors, c'est quoi ça ? Pas de savons... pas de serviettes ?
Attiré par le bruit, le curé se dirige vers le poivrot qui l'interpelle :
– ... Si c'est vous la dame des lavabos, je ne vous félicite pas !

*

Deux collègues de bureau parlent de leurs prochaines vacances :
– Je pense que nous irons passer deux semaines à la montagne, et toi ?
– Je ne sais pas encore... Il y a deux ans, je suis allé à la mer, et ma femme est tombée enceinte. L'année dernière, je suis parti à la montagne, et ma femme est de nouveau tombée enceinte. Alors peu importe où je vais, mais ce qui est certain, c'est que, cette année, j'emmène ma femme avec moi !

*

**Deux hommes considèrent une grosse femme qui traverse la rue avec deux petits chiens:**

– Tu la reconnais?
– Non.
– C'est Marie, tu sais, qui était si belle à l'époque!
– Mais qu'est-ce qui lui est arrivé?
– L'itinéraire Bardot, classique!
– L'itinéraire Bardot?
– Oui, avant elle avait des dizaines d'amants, maintenant elle n'a plus que trente millions d'amis.

*

Chirac reçoit le lauréat du prix Nobel de littérature à l'Élysée. Il lui demande affable:
– Dites-moi, cher monsieur, que faut-il faire exactement pour obtenir le prix Nobel de littérature?
Naipaul sourit et lui répond:
– C'est tout simple, il faut écrire…
– … Oui, mais à qui?

*

En laissant sa place à son successeur, Winston Churchill lui confia deux enveloppes, à ouvrir seulement en cas de grandes difficultés.
Un jour, en proie à des difficultés certaines, son successeur ouvrit la première enveloppe. Il y était écrit: « Mettez-moi tout sur le dos! »
Quelques mois plus tard, les difficultés persistant, il ouvre la seconde enveloppe. Et il lit: « Préparez deux enveloppes. »

*

Trois jeunes cadres dînent ensemble dans un grand restaurant. Soudain, une sonnerie retentit et l'un d'eux porte sa main à l'oreille et se met à parler. Alors que la conversation se termine, les autres l'interrogent : « Mais tu as téléphoné ? » « Oui, je me suis fait greffer un micro dans le petit doigt et un écouteur dans le pouce. Comme ça, je téléphone quand je veux. »

Puis une nouvelle sonnerie retentit et le deuxième homme se met à parler tout seul puis s'arrête. Inquiétés, les deux autres lui demandent ce qui lui arrive. « Eh bien, on m'a greffé un micro près des cordes vocales et un écouteur dans l'oreille. Comme ça, je peux téléphoner n'importe où et quand je veux. »

Après quelques minutes de calme, le troisième lâche un énorme pet. Les deux autres, très gênés, le regardent en s'interrogeant. Il leur répond : « C'est rien, je viens d'envoyer un fax. »

*

Un homme rentre du travail un soir, fatigué et le moral à zéro. Il entend une voix qui lui dit : « Abandonne ton travail, vends ta voiture, vide ton compte en banque, et pars à Monte-Carlo pour jouer le 9. » L'homme pense être en état d'hallucination. Mais le lendemain dans la nuit, la même voix lui répète : « Abandonne ton travail, vends ta voiture, vide ton compte en banque, et pars à Monte-Carlo pour jouer le 9. » S'il se dit bien que, cette fois, cette voix n'est pas le fruit de son imagination, l'homme ne prend pas cela au sérieux. Mais chaque soir, en rentrant du travail, il entend la même voix qui lui dit : « Abandonne ton job, vends ta voiture, vide ton compte en banque, et pars à Monte-Carlo pour jouer le 9. » Au bout de quelques semaines, il finit par craquer. Il démissionne, vend tous ses effets personnels, prend son argent et se rend en principauté. Aussitôt arrivé, il se rue au casino et s'empresse de jouer à la roulette. À ce moment, la voix resurgit et dit à l'homme : « Mets tout ton argent sur le 9... » Il s'exécute nerveusement. La roulette tourne et la boule ralentit pour finalement s'immobiliser sur le 13. Et la voix dit : « Merde... »

*

Un type l'air assez gêné entre dans une pharmacie. Il est superbe, bronzé, athlétique, yeux bleus, le très beau mec. Il demande à la pharmacienne :
– Excusez-moi, madame, j'ai un léger problème d'ordre sexuel.
– Qu'est-ce qui vous arrive ?
– Voilà, sachez d'abord que je ne peux pas dépenser beaucoup, je suis au chômage, je n'ai pas d'argent, je mets le peu que j'ai dans la culture physique. Mais il me faut tout de même quelque chose parce que depuis trois mois je suis en érection permanente et ça commence à me gêner sérieusement. Qu'est-ce que vous pouvez me donner ?
La pharmacienne le regarde un peu, réfléchit, s'approche de lui et lui dit à voix basse :
– Dix mille francs par mois nourri logé, ça vous irait ?

*

Deux amis se rencontrent :
– J'ai appris que tu avais été très malade. Aucun docteur n'a pu t'aider ?
– Non, il m'a dit de boire une grande bouteille de whisky après un bon bain chaud.
– Et tu as fait ce qu'il t'a dit ?
– Je n'ai pas réussi à boire le bain chaud.

Deux petits vieux sur le banc de la maison de retraite :
– Tu te souviens quand on courait après les filles ?
– Oui, mais je ne me souviens plus pourquoi !

Un aveugle rend à un ami la râpe à fromage qu'il lui a prêtée en lui disant :
– Je te remercie. Je crois que c'est le bouquin le plus violent que j'ai lu !

*

C'est Adam qui rentre à la maison très tard. Ève, très en colère, hurle :
– JE SUIS SÛRE QUE TU VOIS UNE AUTRE FEMME !
Adam répond :
– Ne sois pas stupide, tu es la seule femme sur la Terre. Comment ferais-je ?
Sur ce, ils vont se coucher.
Plus tard dans la nuit, Adam est réveillé par un chatouillement à la poitrine et il constate que c'est Ève qui est en train de le palper.
– Mais bon sang, qu'est-ce que tu fais encore ?
Et Ève lui répond :
– Je compte tes côtes...

*

Deux amis discutent au bar. L'un dit à l'autre :
– Tiens, regarde, tu prends Raquel Welch, tu lui retires les seins, tu lui retires les fesses, tu lui coupes les jambes, qu'est-ce qu'il reste ?
– Ma femme.

*

La jeune femme à son mari qui vient de rentrer du travail :
– Chéri, j'ai une grande nouvelle pour toi : très bientôt nous serons 3 dans cette maison au lieu de 2 !
Le mari est fou de joie et embrasse sa femme qui poursuit :
– ... Je suis bien contente que tu le prennes comme ça. Maman arrive demain matin.

*

Deux cousins se retrouvent après s'être perdus de vue pendant de longues années. L'un, un peu m'as-tu-vu, dit à l'autre :
– Moi, près de Los Angeles, j'ai une propriété... tu devrais voir ça ! En partant à l'aube, j'arrive pas à en faire le tour en voiture avant le coucher du soleil.
– Ah ! oui ? répond son cousin, l'air blasé. Moi aussi, une fois, un vendeur m'a refilé une voiture comme ça.

*

C'est un gosse qui regarde des photos avec sa mère.
– Dis donc, maman, qui c'est le monsieur en maillot d'bain qu'est à côté d'toi sur la plage ?
– Ah, c'est ton papa, il y a vingt ans.
– C'est mon père, ça ? Et le vieux chauve qui vit à la maison, c'est qui alors ?

*

Un représentant sonne à la porte d'une maison. Un petit garçon de 10 ans lui ouvre, un cigare à la bouche, une bière à la main. Un peu surpris, le représentant lui demande :
**– Bonjour, petit. Est-ce que ta maman est là ?**
Et le petit garçon lui répond :
**– Devinez...**

*

Un juif revient de Rome. Un ami lui demande :
– Et qu'as-tu pensé du Vatican ?
– Très bien, si tu aimes le moderne.

*

**Un homme est convoqué par la police :**
– C'est bien vous qui aviez signalé la disparition de votre femme ?
– Parfaitement, m'sieur le commissaire !
– Eh bien, on l'a retrouvée !
– Tant mieux, et qu'a-t-elle dit ?
– Rien !
– Rien ? Alors, ce n'est pas elle !

*

Un journaliste aborde des passants dans la rue pour leur demander leur avis sur les candidats en lice.
Un premier passant fait :
– Non, je ne vais pas me déplacer pour aller voter.
– Pourquoi ?
– Parce que je ne connais aucun des candidats !
Le journaliste s'adresse alors à un autre passant qui s'était arrêté pour écouter.
– Et vous ?
– Moi ? Eh bien, moi non plus, je ne vais pas aller voter...
– Ah bon ? Alors vous aussi, vous ne connaissez pas les candidats ?
– Ah non, moi, c'est parce que je les connais trop bien...

*

Deux bons vivants sont partis en vacances en club. Ils mangent, ils boivent, ils draguent et un jour, pour impressionner les demoiselles, ils décident de participer à une régate. Seulement voilà, le vent se lève, et très vite ils sont perdus au milieu de l'océan. Depuis deux jours que leur radeau dérive, les deux hommes sont désespérés de ne voir autour d'eux qu'une immense étendue de mer bleue. Soudain, le plus exténué tombe à genoux et joint ses mains :
– À l'aide, Seigneur !... Si vous me sauvez, je vous promets de consacrer ma vie à me racheter, je mènerai une existence de pénitent, je vivrai dans un cloître, je...
Son compagnon d'infortune lui tapote l'épaule :
– Arrête, je vois un bateau qui arrive vers nous...

*

Deux amis discutent :
– Moi, je n'avais jamais fait l'amour avec ma femme avant notre mariage !... Et toi ?
– J'en sais rien !... Elle s'appelle comment, ta femme ?

*

En Corse, assis à l'ombre d'un platane de la place du village, deux grands-pères discutent :
– Té... Hier, le petit a eu 20 ans...
**– ... Ah bon ? Il avait pas un bon avocat ?**

*

Un ventriloque qui s'ennuie un peu arrive dans la cour d'une ferme. Il affirme au fermier que les animaux parlent. Le paysan hausse les épaules et grimpe dans son tracteur.
– C'est ça, cause toujours...
L'artiste, qui a envie de s'amuser un peu, demande à une poule qui passe si elle est contente de sa vie. Tout en continuant de picorer, la poule lui répond :
– Ben, tout irait bien si ce n'est qu'ce paysan de malheur ne m'piquait pas tout le temps mes œufs ! J'pourrai jamais avoir de poussins !
Surpris, le paysan relève son béret et se gratte la tête en répétant :
– Ben ça alors, ben ça alors... les voilà qui s'mettent à parler maintenant !
Le ventriloque s'approche d'une vache et lui demande si elle se sent bien ici. La vache lève mollement la tête et lui répond en continuant de mâchouiller :
– ... Ben oui, sauf qu'le vieux, y'm'pique tout mon lait et que j'peux point avoir de p'tits veaux !
Le paysan regarde stupéfait le ventriloque. Celui-ci insiste :
– Alors, vous me croyez maintenant ? Vous avez entendu, ils parlent ! Tiens, regardez la chèvre là-bas...
Le paysan saute du haut de son tracteur et retient le ventriloque par la manche :
– Oh non, celle-là, c'est pas la peine, c'est une menteuse !

*

chaval

Sur une autoroute, un automobiliste arrive à un énorme bouchon. Un homme vient frapper à sa vitre.
Le chauffeur la baisse, lui demande ce qui se passe.
Le type répond :
– Des terroristes ont pris le président en otage ! Maintenant, ils réclament trois millions d'euros tout de suite. Sinon, ils ont juré qu'ils l'arroseraient d'essence et qu'ils jetteraient une allumette dessus... Du coup, on se mobilise, on demande un petit quelque chose à chaque auto.
– Ah ? Et les gens donnent combien en général ?
– 1 ou 2 litres par personne, c'est déjà pas mal.

Avant que les États-Unis ne déclarent la guerre à l'Irak, Kofi Annan appelle George W. Bush pour obtenir une explication :
– Mais enfin, George, quelle preuve avez-vous que l'Irak possède des armes de destruction massive ?
– C'est simple, Kofi, nous avons gardé toutes les factures !

On se souvient que Saddam Hussein avait engagé plusieurs sosies pour le remplacer dans les moments difficiles...
Alors que le véritable Saddam vient d'échapper de justesse à un attentat, son chirurgien les convoque tous :
– Messieurs, j'ai une bonne et une mauvaise nouvelle à vous annoncer. La bonne, c'est que Saddam est vivant. La mauvaise, c'est que l'explosion lui a arraché un bras.

*

Bill et Hillary se promènent en voiture lorsque le chauffeur s'arrête pour prendre de l'essence.
Le pompiste se pointe et commence à faire le plein.
Soudain, Hillary sort de la voiture et crie :
– Bobby ! Tu me reconnais ?
– Oh, Hillary ! Ça fait combien d'années ?!
Et les voilà partis à se raconter leurs souvenirs d'adolescents... Trente minutes plus tard, Hillary fait la bise à son vieux copain, remonte dans la voiture et repart avec Bill.
Bill, un peu jaloux, demande :
– C'est un vieux copain ?
– Oui, c'est Bobby !
– Tu te rends compte que si tu l'avais épousés, tu serais une femme de pompiste !
– Je ne crois pas, non ! Si je l'avais épousé, il serait président des États-Unis !

*

Bill Clinton, Hillary et Chelsea sont partis en vacances. Pendant leur absence, le perroquet de la Maison-Blanche est retrouvé mort au fond de sa cage.
Le majordome de la Maison, afin d'éviter les problèmes et les explications, décide de se procurer un nouveau perroquet. Il va dans toutes les animaleries de Washington afin de trouver un perroquet ayant le même aspect que l'ancien, et finalement, après avoir visité plusieurs magasins, il trouve la réplique exacte de l'ancien perroquet.
Le majordome, trop heureux, achète toute de suite le volatile.

En passant à la caisse, le vendeur le prévient pourtant :
– Attention, ce perroquet a vécu pendant plusieurs années dans une maison close.
Mais cela n'arrête pas le majordome qui a bien d'autres chats à fouetter.
De retour de ses vacances, la famille Clinton réapparaît à la Maison-Blanche. Hillary passe devant la cage : « Tiens, la patronne a changé ! » Chelsea passe devant la cage : « Tiens, les filles ont changé aussi ? ! ? » Enfin Bill passe devant la cage : « Ah, au moins, les clients n'ont pas changé. Salut, Bill ! »

*

Pendant la passation des pouvoirs aux États-Unis entre Bush et Clinton... Clinton fait visiter la Maison-Blanche à Bush pour que ce dernier ne soit pas perdu lors de son entrée en fonction. Bill lui montre les cuisines, les chambres, le bureau ovale...
Bush lui demande s'il peut lui indiquer les toilettes. Clinton, tout content, décide de lui montrer la salle de bains privée du président. Lorsqu'il se retrouve seul, Bush se dit en lui-même : « Eh ben, il se fait pas chier le Clinton, il s'est fait installer un urinoir en or ! Quelle classe ! »
Rentré chez lui, Bush raconte la visite à sa femme et lui dit avoir vraiment été impressionné par le luxe de la salle de bains présidentielle : il a même pissé dans un urinoir en or !
Quelques jours plus tard, Laura Bush rencontre Hillary Clinton et la remercie de l'accueil que Bill a réservé à son mari. Elle lui avoue que son mari a été fort impressionné par l'urinoir en or de Bill.
Le soir même, Hillary se couche aux côtés de Bill et lui lance : « Au fait, j'ai rencontré Laura Bush aujourd'hui et je sais qui a pissé dans ton saxo. »

*

Un journaliste de renom, grand chrétien, vient de disparaître et se présente devant saint Pierre. Il remarque, installées derrière le maître des lieux, une douzaine d'horloges sous lesquelles figurent des noms : « Jacques Chirac », « Jean-Paul II »...

Curieux, il n'hésite pas à demander : « À quoi servent toutes ces horloges étonnantes ? »

Saint Pierre explique aimablement : « Ce sont les horloges de vie de tous les hommes importants de ce monde. À chaque fois que l'un d'entre eux dit une connerie, elle avance d'une heure. »

Le visiteur remarque : « Le pape, Eltsine, Chirac, Netanyahou, Tony Blair, Yasser Arafat... et même Bill Gates ! Mais où est celle de George W. Bush, c'est pourtant l'une des personnes les plus importantes sur Terre... »

Saint Pierre, un peu confus, réplique : « Ah oui, ne le répétez pas mais je l'ai installée sur mon bureau. Elle me sert de ventilateur ! »

*

À New York, dans un bar, un juif et un Chinois sont assis côte à côte sans se connaître. Tout à coup, sans raison, le juif balance un grand coup de pied dans le tabouret du Chinois et le fait tomber par terre. Le Chinois n'en revient pas.

– Oh, qu'est-ce qui vous prend ?

Et le juif répond :

– Ça, c'est pour Pearl Harbor.

Le Chinois s'énerve :

– Mais je ne suis pas japonais, je suis chinois !

Le juif ne s'excuse pas, au contraire :

– Chinois, Japonais, tout ça, c'est pareil pour moi !

Plus d'une heure se passe sans que les deux hommes s'adressent la parole et, subitement, le Chinois donne un grand coup de pied dans le tabouret du juif et le fait tomber par terre.

Le juif demande :

– Vous vous vengez de ce que je vous ai fait tout à l'heure ?

Le Chinois secoue la tête :

– Non, ça, c'est pour avoir coulé le *Titanic* !

Le juif n'en croit pas ses oreilles :

– Mais le *Titanic*, c'était un iceberg !!!

Et le Chinois réplique :

– Iceberg, Goldberg, tout ça, c'est pareil pour moi !

*

Le président George W. Bush, désirant améliorer sa cote de popularité auprès des jeunes, se rend dans une école et expose les objectifs de son gouvernement. Ensuite, il demande aux enfants de lui poser des questions. Le petit Bob prend alors la parole :

**– M'sieur l'président, j'ai trois questions :**

1. Comment avez-vous réussi à gagner les élections alors que vous avez perdu au décompte des urnes ?
2. Pourquoi insistez-vous autant à vouloir attaquer l'Irak ?
3. Ne croyez-vous pas que la bombe d'Hiroshima fut la plus grande attaque terroriste de l'histoire ?

À ce moment même résonne la sonnerie de la récréation, et tous les élèves sortent de la salle.

Au retour de la pause, Bush invite une fois de plus les enfants à lui poser des questions, et le petit Joey lui dit alors :

**– M'sieur l'président, j'ai cinq questions :**

1. Comment avez-vous réussi à gagner les élections alors que vous avez perdu au décompte des urnes ?
2. Pourquoi insistez-vous autant à vouloir attaquer l'Irak ?
3. Ne croyez-vous pas que la bombe d'Hiroshima fut la plus grande attaque terroriste de l'histoire ?
4. Pourquoi la cloche de la récré a-t-elle sonné vingt minutes plus tôt que d'habitude ?
5. Où est passé Bob ?

*

Le dentiste dit à son patient :
– Je vais creuser la dent : criez aussi fort que possible !
– Ça va faire si mal que ça ?
– Non, mais il y a dix personnes dans la salle d'attente et j'ai pas envie de manquer mon match de foot à la télé !

*

Une mamie va consulter son généraliste, indiquant sceptiquement que c'est parce que son entourage serait incommodé par ses flatulences.

Son médecin l'examine, la questionne puis lui prescrit une ordonnance.

« Prenez déjà ces médicaments, et on se revoit dans quinze jours », lui dit-il.

Quinze jours plus tard, la mamie revient au cabinet médical, mais cette fois avec un air fort contrarié.

Le praticien lui demande :

« Eh bien, chère madame, comment allez-vous maintenant ?
– Mais c'est pire, docteur, rétorque-t-elle. Avant j'avais peut-être des gaz, mais maintenant, en plus, quelle odeur ! »

Le médecin, toujours aussi flegmatique, la rassure et lui dit :

« Eh bien, madame, maintenant qu'on a soigné le nez, on va pouvoir soigner les oreilles. »

*

Un malheureux est en train de se noyer :
– Au secours, hurle-t-il, je ne sais pas nager !
Passe un Anglais, flegmatique, qui lui lance :
– Eh bien, mon cher, justement ! Belle occasion pour apprendre !

Le malicieux petit Sacha, qui vient d'avoir 4 ans, offre un dessin au rabbin. Celui-ci le remercie et désigne du doigt le drôle de personnage représenté en plein milieu de la feuille :
– Dis-moi, Sacha, qui est cette personne ?
– C'est Dieu !
Surpris, le rabbin hoche la tête et se penche vers l'enfant :
– ... Tu sais, mon petit, personne ne sait comment il est fait, le bon Dieu !
Sacha s'exclame :
– ... Ben maintenant, on le saura !

*

Un homme rend visite à son voisin japonais qui a eu un grave accident de voiture.
Dans la chambre d'hôpital, il trouve son voisin complètement momifié dans des kilomètres de bandage, avec des tuyaux branchés partout.
Le Japonais ne bouge pas du tout et seuls ses yeux apparaissent sous les bandages, il dort. Le voisin s'installe à côté du blessé, s'assoit et reste silencieusement à le regarder en le plaignant intérieurement.
Tout à coup, le Japonais commence à s'affoler puis il ouvre des grands yeux exorbités et se met à crier : *« MANAGAZI KUTU KANABI, FUYU PATOSHI ! »*
Puis il tombe raide mort.

Le voisin, très impressionné, décide de ne jamais oublier ces paroles et de parvenir un jour à éclaircir ce mystère.

Le jour de l'enterrement du Japonais, le voisin va présenter ses condoléances à la veuve. Puis il lui répète les dernières paroles de son défunt mari :

*« MANAGAZI KUTU KANABI, FUYU PATOSHI ! »*

L'épouse le regarde d'un air complètement ahuri.

Le voisin demande :

– Que signifient ces paroles ?

Et la veuve répond :

**– TU MARCHES SUR MON TUYAU D'OXYGÈNE, CONNARD !!!!!!!**

*

C'est un petit garçon qui rentre de son premier jour de maternelle avec une grande question pour sa maman :
– Maman, maman, c'est quoi le « sexe » ?
La maman est un peu décontenancée d'avoir à expliquer ça à son bambin. Mais il faut vivre avec son temps, se dit-elle, et, du coup, elle se lance dans une explication hyperdétaillée de tout ce qu'il faut savoir sur le sujet.
Lorsqu'elle a terminé, le petit garçon, qui a tout écouté bien sagement, sort de sa poche un formulaire d'inscription qu'il avait rapporté de l'école et dit :
– Oui, d'accord, maman, mais comment est-ce que je vais faire entrer tout ça dans la petite case ?

*

**Un type passe la douane hollandaise. Le douanier lui demande :**

– Vous avez de l'alcool ?

– Non.

– Vous avez des armes ?

– Non.

– Vous avez de la drogue ?

– Non.

– Vous en voulez ?

*

C'est la rentrée des classes. Le professeur demande :
– Si ton papa achète 10 litres de vin à 2,50 francs, ça fait combien ?
Et le gosse répond :
– Ça fait 2 jours.

Au théâtre, un comédien plutôt « moyen » déclame d'un ton pénétré :
– ... *To be or not to be...*
L'acteur se fait gentiment huer par le public.
Excédé, il se tourne vers la salle en se justifiant :
– Écoutez, y en a marre, ce n'est pas moi qui ai écrit cette daube !

*

Deux Alsaciens attablés au bistrot. L'un d'eux demande :
– Dis-moi, Alfred, si tu avais le choix, tu préfères avoir Alzheimer ou Parkinson ?
L'autre réfléchit une minute et répond :
**– Écoute, moi, je choisis Alzheimer, parce que je préfère oublier de payer mon verre plutôt que de le renverser !**

*

Dans un bistrot, deux types dont l'un est Belge regardent le journal de vingt heures à la télé et voient une femme montée sur la fenêtre du sixième étage qui crie : « Je vais me jeter, je vais me jeter. » Un des deux types dit alors :

– Je parie qu'elle va sauter.

Le Belge lui dit :

– Et moi qu'elle sautera pas.

Ils parient et la bonne femme saute.

Alors le type dit au Belge :

– Bon, alors j'avoue, j'ai triché, je l'avais vue dans le journal de treize heures !

– Ben, moi aussi, je l'avais vue au journal de treize heures, répond le Belge, mais je croyais pas qu'elle était conne au point d'sauter deux fois, hein !

*

En quittant la piscine avec les élèves de sa classe, une petite fille a oublié sa serviette de bain. La mère, refusant de croire que sa petite ait pu commettre une erreur, appelle l'institutrice, indignée :

– Il y a un voleur ou une voleuse parmi les camarades de ma fille et je ne peux pas supporter cette idée ! J'ai horreur des gens malhonnêtes !

– On va la retrouver, cette serviette, dit la maîtresse. Pouvez-vous me la décrire ?

– Elle mesure environ 1,60 mètre sur 80, elle est en coton blanc avec, inscrit dessus, en lettres bleues : « Hôtel des Bains, Saint-Malo ».

*

Un prêtre, un pasteur et un rabbin discutent pour savoir lequel consacre le plus d'argent à Dieu.
– Moi, dit le prêtre, c'est facile. Je trace une ligne par terre et je me place dans son prolongement. Puis je prends le denier du culte et je le lance en l'air. Ce qui retombe à droite de la ligne est pour moi, ce qui est à gauche sera consacré à Dieu.
– Ma méthode, rétorque le pasteur, est presque semblable à la vôtre. Je me place au centre d'un cercle tracé par terre et j'envoie tout en l'air. Ce qui reste dans le cercle est à moi, en dehors, c'est pour Dieu.
– Vous n'êtes pas très généreux, dit le rabbin. Moi, j'envoie tout en l'air, ce que Dieu veut, il le prend, ce qui retombe est à moi !

Un employé va voir son patron et lui dit :
– Il manque 2000 francs sur mon chèque de paie !
– C'est vrai. Mais tu as eu par erreur 2000 francs en trop le mois dernier. D'ailleurs, pourquoi ne t'es-tu pas plaint à ce moment-là, hein ?
– Une erreur, ça va, répond l'employé, je peux passer dessus, mais pas deux d'affilée !

Un homme perdu dans la forêt trouve la trace d'une maison où il est accueilli par un vieux Chinois. L'homme demande :

– Je suis perdu, pouvez-vous m'héberger pour la nuit ?

– Bien sûr, mais je vous préviens que si vous touchez à un cheveu de ma fille, je vous infligerai les trois pires supplices chinois.

L'homme accepte, la fille en question doit être bien vieille. Au dîner, il s'aperçoit que la fille est superbe et elle n'arrête pas de lui lancer des clins d'œil. Mais comme il se souvient de l'avertissement du vieillard, il préfère s'abstenir de quoi que ce soit. Cependant, au milieu de la nuit, il n'en peut plus. Il sort de sa chambre et rejoint la jeune fille avec laquelle il passe une nuit de folie. Puis il retourne se coucher en faisant bien attention à ne pas faire de bruit.

Le lendemain, il se réveille avec une énorme pression sur la poitrine. En ouvrant les yeux, il voit un gros bloc de pierre posé sur son torse. Le vieux Chinois est debout à côté de lui et dit :

– **Premier supplice chinois**, grosse pierre posée sur poitrine.

L'homme se dit que les supplices ne sont pas si terribles, il prend le bloc, marche jusqu'à la fenêtre et le balance par-dessus bord. À ce moment, le vieux Chinois dit :

– **Deuxième supplice chinois**, grosse pierre attachée à testicule gauche.

Pris de panique, il voit le fil liant son testicule gauche à la pierre qui commence à se tendre. Décidant que quelques os cassés valent mieux que la castration, il saute par la fenêtre. En tombant sur le sol, il entend le vieux Chinois crier par la fenêtre :

– **Troisième supplice chinois**, testicule droit attaché au pied du lit.

*

**C'est un Belge qui dit à un autre:**

– Regarde, je viens de m'acheter un fusil de chasse.
– Oui, il est joli, mais enfin il faut faire quand même un peu attention parce que c'est dangereux, hein.
– J'aimerais bien l'essayer, ça t'ennuie pas d'te mettre devant?
– Non mais ça va pas, je vais pas rester devant!
– Mais sois pas bête, je ne vais pas tirer fort.

*

C'est un Parisien qui regarde un match de foot à la télé dans un bar. Son chien est assis à ses côtés et regarde aussi le match quand, enfin, Paris marque un but. Le chien se met à japper et à courir dans tous les sens! Le voisin demande au propriétaire du chien:
– Qu'est-ce qui lui arrive à votre chien?
– Il est supporter de Paris, il est content.
– Ben dites donc, juste pour un but! Et que fait-il quand Paris gagne un match?
– Je sais pas, je ne l'ai que depuis quatre ans...

*

Un type s'est fait arrêter par un douanier belge avec tout un tas de trucs de contrebande. Le douanier lui dit:
– Il va falloir que vous veniez avec moi...
Le type lui répond:
– Ah! ça va pas être possible, je dois aller acheter des cigarettes avant.
Alors le douanier:
– Ah! mais vous ne m'aurez pas, on me l'a déjà faite celle-là, c'est moi qui vais acheter les cigarettes, vous, vous restez ici!

*

C'est un astronaute américain qui atterrit sur Jupiter et qui est tout fier d'être le premier homme à y poser le pied.
Tout d'un coup, il appelle sa base, complètement excité.
– Allô, Houston, j'ai une bonne nouvelle et une mauvaise nouvelle. La bonne nouvelle, c'est que j'ai trouvé un parcmètre sur Jupiter !
– Et la mauvaise nouvelle ?
– Il n'accepte que des yens.

*

Depuis plus dix ans, Mme Marguerite tente de dialoguer avec son perroquet qui refuse de parler. Malgré cela, tous les matins elle le salue d'un jovial :
– Bonjour !...
Pas une seule fois le perroquet n'a daigné lui répondre. Un matin, Mme Marguerite se lève aphone et passe devant la cage sans rien dire. Vexé, le volatile l'interpelle dans son dos :
– Alors, la vieille, on fait la gueule ?

*

La limousine du pape, suivie d'une vingtaine de Cadillac noires, s'immobilise devant l'immeuble de l'ONU. Un rabbin qui observe la scène de loin hoche la tête, admiratif, et marmonne :
– ... Quand je pense, quand ils ont commencé l'affaire, ils avaient juste un âne...

*

Le taxi passe au ralenti dans une petite rue où de jolies femmes se promènent le long du trottoir. Assis à l'arrière, le père tente d'expliquer à son jeune fils qui a le nez collé contre la vitre que toutes ces femmes attendent leur mari. Le chauffeur de taxi s'en mêle :

– C'est des putes, oui !
– ... C'est quoi des putes, papa ?
Contrarié, le père tente de sauver les apparences :
– Ce sont des femmes qui ont de nombreux maris !
Le petit s'exclame :
– Ouah ! Alors, elles doivent avoir beaucoup d'enfants ! Elles en font quoi ?
– ... Des chauffeurs de taxi !

*

Un couple très snob se trouve contraint de faire des économies. Le mari dit à la femme :
– Ma chérie, si vous appreniez à faire la cuisine, nous pourrions renvoyer la cuisinière, non ?

Et elle lui répond du tac au tac :
– Mon cher, si vous appreniez à faire l'amour, nous pourrions aussi renvoyer le chauffeur.

*

Un alpiniste qui a dévissé est suspendu à sa corde. Il tournoie dans le vide, hurle à l'aide, implore l'aide de Dieu. Soudain, il entend une voix, une sorte de murmure. Plein d'espoir, il demande haletant :
– Qui est là ?
– ... C'est moi, ton Créateur, tu peux lâcher prise... Je suis là !
Il regarde autour de lui et hurle de plus belle :
**– ... Y a quelqu'un d'autre ?**

Complètement sous le charme d'une très jolie fille, un jeune homme tente de la convaincre :
– On pourrait se mettre ensemble !... Et si on a fait une boulette, on pourra toujours se séparer...
La jeune fille impassible :
– Ah oui ?... Et qui gardera la boulette ?

**Un gamin de 10 ans demande à son père :**
– Papa, tu m'achètes un pistolet, dis ? Un vrai de vrai !
– Quoi ?... Il est fou, mon fils ! Pas question !... T'entends ?
Alors, fou de rage, le gamin se roule par terre, hurle si fort que son père lui assène une fessée carabinée. Le père, qui veut vraiment marquer le coup, demande à son fils en larmes :
– Qui est-ce qui commande ici ?
Le gamin s'éloigne en se tenant les fesses et murmure :
– ... C'est toi !... Mais si j'avais un pistolet...

*

**– Mes biens chers frères,** dit un curé, après avoir vu la file d'attente des joueurs de Loto, au bureau de tabac, il est de mon devoir de vous rappeler que l'Église proscrit tous les jeux de hasard – à l'exception du mariage, bien sûr.

*

Un type marié revient d'un voyage d'affaires en Chine où il a pris du bon temps avec quelques jolies filles aux yeux bridés.
Seulement, quand il revient, il se rend compte que son truc est tout vert.
Il cache d'abord la chose à sa femme tant bien que mal et s'en va voir un docteur.

– Ha, ha ! on a été en Chine, cher ami... ?

– Ben oui !

– Et on a fait des bêtises avec les petites Chinoises ?

– Ben oui !

– C'est très grave ce qui vous arrive !... Vous allez vous en sortir, malheureusement, on ne peut rien faire pour ça, il va falloir couper votre chose.

Le gars n'en croit pas ses oreilles ! Il décide donc de consulter un deuxième médecin qui lui confirme le diagnostic.
Le mec est complètement déprimé et va voir un urologue de renommée mondiale qui, lui aussi, confirme le diagnostic.
Il décide alors d'avouer ses escapades à sa femme qui, après une bonne engueulade, lui conseille d'aller voir un médecin chinois directement sur place, en Chine. Après tout, ils sont sûrement familiers avec cette infection.
Le gars retourne donc en Chine et prend rendez-vous avec un médecin réputé.
En l'examinant, le médecin chinois ricane et dit :

– Hi, hi, on est venu en Cine lécemment ?

– Ben oui !

– Et l'on a fait bêtises avec petites Cinoises ?

– Ben oui !

– Et on a été voil docteul eulopéen ?

– Ben oui !

– Et docteul eulopéen a dit fallait couper ?

– Ben oui !

– Eh bien non ! Pas besoin couper !

Le type n'en croit pas ses oreilles ! Il est fou de joie.
Le médecin chinois précise alors :

– Non, docteul eulopéen nul ! c'est pas besoin couper, va tomber tout seul.

*

Un Gaulois, un Romain et un Grec se retrouvent en haut d'une falaise.
Toute leur fortune personnelle est entassée au pied de la falaise.
Ils se sont lancé un défi : celui qui parviendra à sauter jusqu'en bas sans mourir pourra prendre le magot.
Le Romain s'avance, regarde le ciel et lance un cri triomphant : « Par Jupiter ! » se lance dans le vide… et s'écrase en bas comme une crêpe.
Le Grec y va, met la main sur sa poitrine, ferme les jeux et s'écrie : « Par Zeus ! » et s'éclate lui aussi cinquante mètres plus bas…
Alors le Gaulois crie : « Par l'escalier ! » descend et s'en va avec l'argent.

*

Dans un magasin de jouets, un homme plutôt jeune s'adresse au vendeur :
– Je voudrais deux vélos pour les jumeaux de 8 ans, deux poupées qui parlent pour les jumelles de 6 ans et deux hochets pour les jumeaux de 1 an, s'il vous plaît…
Impressionné, le vendeur s'exclame :
– Dites, vous avez des jumeaux à tous les coups, vous !
– Non ! Il y a des fois où j'ai rien…

*

Une superbe blonde, très court vêtue, montre le haut de ses cuisses en montant dans le bus. Une passante indignée dit à son mari :
– Tu ne trouves pas cela honteux, cette façon qu'ont les hommes de regarder le derrière de cette fille qui monte dans le bus ?
Et le type répond :
– Quel bus ?

*

Un type voit passer un corbillard suivi par un chien et, un peu derrière lui, des centaines de personnes. Il arrête l'homme qui est en tête du cortège et lui demande :
– Qui est le mort ?
– C'est ma belle-mère.
– Ah ! je vois ! Et c'est sans doute son pauvre chien qui la suit !
– Non, c'est le mien, il l'a tuée en lui sautant à la gorge !
– Oh ! ah bon, ah bon ! Dites-moi, je pense à quelque chose, là, vous me donnez une idée. Ça vous embêterait de me le prêter, votre chien ?
L'homme lui dit alors en se retournant vers le long cortège qui le suit :
– Non, mais il faut que vous fassiez la queue, comme tout le monde !

*

**Une dame accouche. La sage-femme vient la voir avec le bébé dans ses bras et la prévient en ces termes :**
– Bon, madame, il va falloir être courageuse, votre enfant est un peu… comment dire ?… différent…
Et elle lui présente le môme, qui est en fait une énorme oreille. C'est juste une oreille, pas d'yeux, pas de bouche, pas de bras, rien, juste une oreille. Alors la femme prend l'oreille dans ses bras, la cajole, la caresse en lui disant :
– Tu sais, mon petit bébé chéri, même si tu es différent, je t'aimerai quand même, tu verras, tu auras une vie agréable, je te chérirai comme jamais aucune mère n'a…
Et la sage-femme de l'interrompre :
– Vous fatiguez pas, madame, il est sourd.

*

Après un accident de voiture, une femme doit avoir recours à la chirurgie. Le chirurgien doit prélever de la peau sur les fesses de son mari pour réparer les blessures sur les joues de la femme.
Un mois plus tard, les résultats sont assez satisfaisants, la femme est presque aussi belle qu'avant. Elle dit à son mari :

– Chéri, tu t'es sacrifié pour moi ! Qu'est-ce que je peux faire pour te remercier ?

– Rien, rien, mon amour. Ça me fait tellement plaisir de regarder ta mère t'embrasser sur la joue.

*

C'est deux singes dans un zoo après une explosion atomique.
Ils sont les deux seuls survivants, il n'y a plus qu'eux au monde.
Alors le mâle se retourne vers la femelle et demande :

**– Qu'est-ce qu'on fait : on recommence ou on laisse tomber ?**

*

Une blonde va passer ses vacances au bord de la mer. En arrivant à l'hôtel où elle doit loger, le réceptionniste la renseigne en lui remettant les clés de sa chambre :
– Le petit déjeuner est servi de 7 h 30 à 11 h, le déjeuner, de midi à 15 h, nous servons le thé de 15 h 30 à 18 h et enfin le souper de 18 h 30 à 22 h.
– Oh ! là là ! Oh ! là là !
– Vous avez un souci, mademoiselle ?
– Ben, oui, ça ne laisse pas beaucoup de temps pour aller à la plage !

*

Deux vieilles dames sont assises dans un salon de thé, deux très très vieilles, et une dit :
– Je n'sais pas c'qu'il a le jeune homme qu'est assis là-bas, il me regarde fixement depuis une demi-heure.
Et l'autre lui dit :
– Ça doit être un antiquaire.

*

Un pasteur explique en chaire la façon dont s'est déroulée la multiplication des pains…
– Vous vous rendez compte, frères et sœurs, nourrir cinq hommes avec cinq mille pains ?
Au fond du temple, un paroissien à la langue un peu fourchue s'aperçoit du lapsus du pasteur et, se penchant vers son voisin, lui glisse à l'oreille de façon un peu forte, ce qui fait que tout l'auditoire l'entend :
– C'est pas difficile, tout le monde en aurait fait autant !
Le dimanche suivant, notre pasteur décide de réparer son erreur :
– Certains se sont gentiment moqués de moi la semaine dernière, du fait de mon erreur. Bien entendu, je voulais dire que notre Seigneur avait nourri cinq mille personnes avec cinq pains… et personne, là, ne peut dire qu'il en aurait fait autant !
– Bien sûr que si, vous pensez, avec tout ce qui restait de dimanche dernier… !

*

**Deux jeunes filles discutent :**
– Et toi, tu utilises quoi comme moyen de contraception ?
– Moi, rien !
– Mais comment fais-tu ?
– Je croise les jambes.
– Et si ça ne marche pas ?
– Je croise les doigts.

*

Un homme entre dans une bijouterie pour acheter un cadeau à sa femme. Il voit un crucifix brillant et demande au vendeur.

– Combien coûte-t-il ?

– Cinq mille francs !

– Ah bon ! Et sans l'acrobate ?

*

Un étudiant se rend auprès d'un vieux rabbin et lui dit :

– J'ai décidé de mourir.

– Ce n'est pas une solution, lui dit le rabbin.

Le jeune homme s'en va et revient le lendemain en disant :

– J'ai bien réfléchi et j'ai décidé de vivre.

– Ce n'est pas une solution, lui dit le rabbin.

– Mais tu m'as dit que mourir n'était pas une solution ! Maintenant tu me dis que vivre n'est pas une solution. Alors quelle est la solution ?

– Parce que tu crois qu'il y a une solution ? lui dit le rabbin.

*

Un Écossais a décidé de faire de l'alpinisme. Hélas, un jour, il est pris avec sa famille dans une tempête de neige. Heureusement, la famille trouve un refuge où elle reste trois jours sans eau ni vivres. Les secours, au courant de leur disparition, finissent, malgré la tempête, par trouver le refuge. Ils s'y dirigent donc et frappent à la porte. La femme de l'Écossais entrouvre la porte et, folle de joie, crie à son mari :

– Mon amour, c'est la Croix-Rouge !

Et celui-ci répond :

– Envoie-les paître, j'ai déjà donné !

*

Dans la cour de l'Élysée, un chauffeur demande au chef de cabinet :
– Dites-moi, c'est vrai que les crocodiles volent ?
– Qui a pu vous dire une bêtise pareille ?
– … Le président !
Le chef de cabinet s'étrangle et ajoute :
– Euh… C'est-à-dire, oui, ils volent, mais alors, très, très bas…

*

**Trois mères parlent de leurs relations avec leurs fils :**

– Le mien, dit la première, mon fils, il m'aime tellement que, pour mon anniversaire, il m'a payé un voyage en Afrique.
– Le mien, dit la deuxième, est encore mieux, il m'a offert une grande maison à la campagne.
– Mon fils, renchérit alors la troisième, il fait encore mieux que les vôtres : trois fois par semaine, il laisse six cents francs à son psychanalyste. Et pour lui parler de qui ? De moi !

# Table

**l'humour**
au cherche midi

## Collection « les pensées »

Pensées, maximes et anecdotes
**de Sacha Guitry**

Pensées, répliques et anecdotes
**de Jacques Martin**

Pensées, répliques et anecdotes
**des Marx Brothers**

Pensées, répliques et anecdotes
**de François Mitterrand**

Pensées, répliques et anecdotes
**de Jean-Pierre Mocky**

Les Pensées
**des Monty Python**

Les Pensées
**de Pierre Perret**

Les Pensées
**de Daniel Prévost**

Pensées
**de Jules Renard**

Pensées, répliques et portraits
**de Rivarol**

Pense-bêtes
**de Topor**
**illustré par lui-même**

Vracs
**de Tomi Ungerer**

Pensées
**d'Oscar Wilde**

Les Pensées
**de Wolinski**
illustrées par lui-même

Mes aveux
**de Wolinski**

Pensées, textes, répliques et anecdotes
**de Jean Yanne**

Je suis un être exquis
**de Jean Yanne**

## Collection « le sens de l'humour »

**JOSÉ ARTUR**

J'ose en rire

**MISTER BEAN**

L'Agenda de Mister Bean

**PHILIPPE BOUVARD**

Journal de Bouvard (1992-1996)
Journal de Bouvard (1997-2000)
Le Meilleur des Grosses Têtes

**COLUCHE**

Le Pavé

**PIERRE DAC**

Les Meilleures
Petites Annonces
de l'Os à moelle
Essais, maximes et conférences
Avec mes meilleures pensées

**GÉRARD DARMON**

Le Plus Drôle de l'humour américain

**PATRICE DELBOURG**

Demandez nos calembours
Demandez nos exquis mots

**ALEXANDRE DESPRETZ**

Brèves de volant

**PIERRE DRACHLINE**

Dictionnaire humoristique des surréalistes et des dadaïstes
Le Grand Livre de la méchanceté

**JACQUES FREXINOS**

Le Petit Dictionnaire de l'humour médical

**PHILIPPE HÉRACLÈS**

Le Grand Livre de l'humour noir
Le Petit Livre de l'humour noir
Éternellement vôtre !
Le Petit Livre des épitaphes les plus drôles
Feu à volonté

**OLIVIER DE KERSAUSON**

T'as pas honte ?
illustré par Wolinski

**GUY MONTAGNÉ**

Le Best of

**LES MONTY PYTHON**

Le Grand Livre des Monty Python

**PIERRE RICHARD**

Comme un poisson dans l'eau

**JEAN YANNE**

J'me marre
Le Petit Livre de l'humour anglo-saxon
Le Petit Livre des répliques les plus drôles du cinéma
On n'arrête pas la connerie

## Collection « Bibliothèque du dessinateur »

**BOSC**

Alors, on se promène ?
Dessins inédits
Deux pour la vie
Voyage en Boscavie

**BLACHON**

Encore ! Encore !
Enfin seuls !
Rugby d'avant, rugby d'après

**CABU**

Duo à l'Élysée
Grossesse nerveuse
L'Étranger de Cabu
Les Dessins les plus drôles
Les nouveaux beaufs sont arrivés
Sarko Circus

**CHAVAL**

Chaval inconnu
Faites des économies
Les Cent Meilleurs dessins

**Jean-Michel DELAMBRE**

Da Vinci Corse
Le Diable au Corse

**DUBOUT**

Le Mariage

**Pierre ÉTAIX**

Étaix Pierre qui roule ménage sa monture

**Jean GOURMELIN**

Les Univers de J. Gourmelin
Instants d'espace
À la mémoire de l'humanité

**Jean HIN**

Ti Mimite le petit chat

**KERLEROUX**

L'Homme qui a vu l'homme

**LOUP**

L'Art comptant pour rien

**MOSE**

Mose à la mer
Le Golf

**PIEM**

Au revoir
Bonne santé, mode d'emploi (Prix de l'humour médical)
Enfants parents Dieu et vous
Je t'aime
L'Argent, encore plus
L'École
Les Accros du portable
Les Gendarmes
Les Joies de la retraite
Les Mordus de l'automobile
Les Mordus du foot
Les Mordus du ski
Les Mordus du tennis
Mon stress, mon psy et moi
Petits-enfants, grands-parents, mode d'emploi
Le Petit Piem illustré

**SINÉ**

Les Chats de Siné
Siné sème sa zone

**Ronald SEARLE**

Ronald Searle dans Le Monde

**SOULAS**

Vieux, c'est mieux

**TETSU**

La Vie à deux

**Tomi UNGERER**

Cœur à cœur
Les Chats

**VOUTCH**

Agenda 2004
Agenda 2007
Calendrier 2003
Chaque jour est une fête
L'amour triomphe toujours
Le futur ne recule jamais
Le Grand Tourbillon de la vie
Le Monde merveilleux de l'entreprise
Le pire n'est même pas certain
Personne n'est tout blanc

**Georges WOLINSKI**

Défense de fumer !
Dialogues de sourds
Les droits de la femme (et de l'homme)

***

Mis en pages par DV Arts Graphiques à La Rochelle
Imprimé en France par CPI Brodard et Taupin

Dépôt légal : octobre 2011
N° d'édition : 1626 – N° d'impression : 66380
ISBN : 978-2-7491-1626-6